高等学校旅游管理专业
系列教材

研学旅行政策与法规

YANXUE LÜXING ZHENGCE YU FAGUI

◎ 主 编 李 利 甘 婷 杨红峰

◎ 副主编 李巧玲 李 婷

重庆大学出版社

内容简介

本书是高等院校研学旅行相关专业的核心基础课程的通用教材。全书共分为九个项目,系统介绍了研学旅行政策法规概述、研学旅行主体对象、研学旅行主办方、研学旅行承办方、研学旅行从业人员、研学旅行供应方、研学旅行合同、研学旅行安全与保险、研学旅行纠纷的解决等。本书理论体系完整、内容翔实,且具有任务驱动、知行合一的特点,按照研学旅行参与主体的身份进行框架设计,对研学旅行主体对象、主办方、承办方、从业人员、供应方、合同、安全管理、纠纷解决等相关法律法规、政策文件、行业标准进行全面归纳整理。

本教材可作为高校旅游管理、旅游管理与服务教育、研学旅行策划与管理、研学旅行管理与服务等专业的教学用书,也可以作为中小学教师、研学旅行从业人员的培训用书。

图书在版编目(CIP)数据

研学旅行政策与法规 / 李利,甘婷,杨红峰主编. -- 重庆:重庆大学出版社,2025. 2. --(高等学校旅游管理专业系列教材). -- ISBN 978-7-5689-5022-0

Ⅰ. F592.0;D922.296

中国国家版本馆 CIP 数据核字第 2025D76J32 号

研学旅行政策与法规

主 编 李 利 甘 婷 杨红峰
副主编 李巧玲 李 婷
策划编辑:尚东亮

责任编辑:石 可   版式设计:尚东亮
责任校对:王 倩   责任印制:张 策

*

重庆大学出版社出版发行
出版人:陈晓阳
社址:重庆市沙坪坝区大学城西路 21 号
邮编:401331
电话:(023)88617190   88617185(中小学)
传真:(023)88617186   88617166
网址:http://www.cqup.com.cn
邮箱:fxk@cqup.com.cn(营销中心)
全国新华书店经销
重庆华林天美印务有限公司印刷

*

开本:787mm×1092mm   1/16   印张:14.75   字数:359 千
2025 年 2 月第 1 版   2025 年 2 月第 1 次印刷
ISBN 978-7-5689-5022-0   定价:49.00 元

前言

　　研学旅行古已有之,但聚焦到中小学研学旅行还要从《教育部等11部门关于推进中小学生研学旅行的意见》开始。2016年被视为研学旅行元年,各地研学旅行轰轰烈烈地开展起来。第三方调研数据显示,2023年全国中小学生研学实践教育基地超过1 600个,研学企业多达30 000余家,研学市场规模达到1 469亿元,预计到2026年,市场规模将达到2 422亿元。随着研学旅行的蓬勃发展,各种问题也不断呈现,如研学旅行市场主体定位不清、研学产品质量不佳、研学机构资质欠缺、研学服务良莠不齐、专业人才缺乏、评价机制不健全等,亟待解决。中小学生研学旅行兼具教育属性和旅游属性,涉及利益主体广泛,尚无一部专门的法律规范可以对所有主体进行规范。2017年原国家旅游局发布的《研学旅行服务规范》,对研学旅行活动的主办方、承办方、供应方等概念进行了明确界定,但缺乏操作层面的市场准入办法。在实践中,从事研学旅行的机构也并未严格按照《研学旅行服务规范》来进行划分。目前国内市场上不乏与研学旅行相关的教材和专著,经过统计分析可以发现,这些书籍多集中在研学旅行概论、研学旅行课程开发、研学旅行产品设计、研学导师实务、研学基地建设、研学旅行管理与服务、研学旅行安全管理等方面。

　　有鉴于此,本书按照《教育部等11部门关于推进中小学生研学旅行的意见》指示,参照《研学旅行服务规范》,从研学旅行主体对象、研学旅行主办方、研学旅行承办方、研学旅行供应方等利益主体入手进行框架设计,对涉及各利益主体的法律法规、政策文件、规范标准等进行归纳整理,以"项目—任务"的结构进行编排,全书包括九个项目:项目一从研学旅行政策法规的基础知识入手,对国内外研学旅行进行了梳理,对国内研学旅行政策文件进行了解读;项目二对研学旅行主体对象的范围进行了明晰界定,按照相关法律对主体对象在不同领域的身份进行了剖析,进而分析其享有的权利和应当履行的义务;项目三对研学旅行主办方的范围、法律地位、设立条件和基本要求、权利和义务等进行了介绍;项目四、项目五分别对承办方及其从业人员的管理进行了分析;项目六就研学基地、交通运输、住宿企业、餐饮企业等关键供应方的法律法规和管理制度进行了归纳整理,合同在研学实践中起着至关重要的作用;项目七对研学旅行合同相关法律进行了汇总;项目八、项目九分别对研学旅行安全与保险、研学旅行纠纷解决办法进行了介绍,为研学旅行主体权益的保障提供了依据和方法。本书对与研学旅行利益主体相关的法律法规进行了全面介绍,体系完整,内容翔实,可作为高校旅游管理、旅游管理与服务教育、研学旅行策划与管理、研学旅行管理与服务等专业教学用书,也可以作为中小学教师、研学旅行从业人员的培训用书。

　　本书编写团队成员来自西华师范大学、黄冈师范学院、南充科技职业学院、四川西南航空职业学院、南充职业技术学院。由西华师范大学李利、黄冈师范学院甘婷、南充科技职业学院杨红峰担任主编,副主编为南充职业技术学院李巧玲和四川西南航空职业学院的李婷老师,其中李利老师负责内容框架拟定、章节编写及全书修订统稿工作。各章节分工大致如下:项目一至项目三由李利、杨红峰编写,项目四、项目五由杨红峰编写,项目六由李婷编写,项目七至项目九由甘婷编写,李巧玲协助主编对全书进行了修订统稿。此外,本书获西华师范大学校级规划教材项目出版基金资助,本书的编写还得到了四川研学旅行发展研究中心、西华师范大学科研创新团队"研学旅行理论与实践创新团队"(SCXTD2022—6)、重庆大学出版社的鼎力支持,特此致谢!

　　最后,由于编者水平有限,书中难免有不当或错误之处,敬请各位同行、专家学者和广大读者批评指正。

编　者
2024 年 9 月

目录

项目一
研学旅行政策与法规概述

【思维导图】

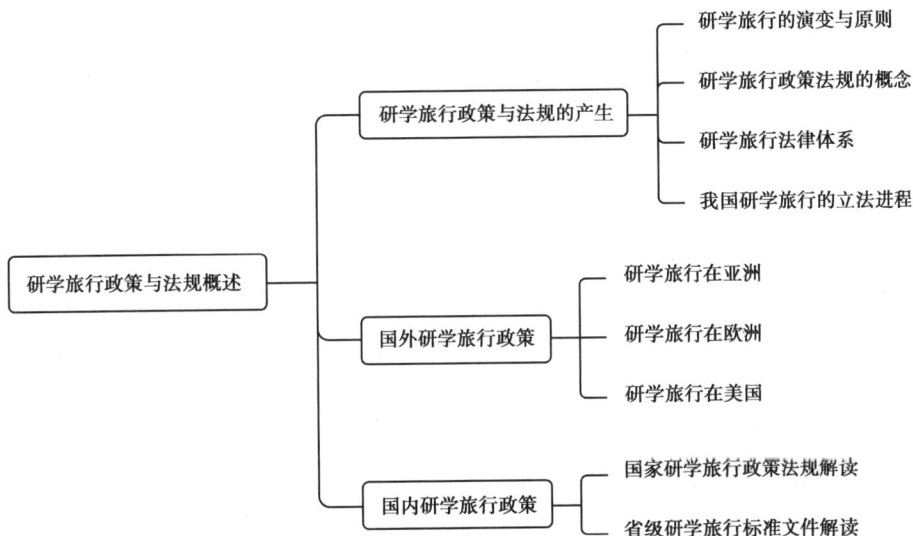

【知识目标】

1.了解研学旅行的产生和发展,研学旅行的立法进程、国内外研学旅行政策。

2.明确研学旅行政策、法律法规的定义。

3.掌握研学旅行法律关系。

【能力目标】

1.能依据研学旅行的产生与发展理解研学旅行政策法规的变化。

2.能依据国外研学旅行政策分析其对我国研学旅行的启示。

3.能依据国内研学旅行政府文件发现并分析其中存在的问题。

【素养目标】

1.能够正确理解我国对研学旅行的界定,辨析与其相关的政策法规。

2. 能够认识到国外研学旅行的优势与不足,解决国内研学旅行中的问题。

3. 能够厘清国内研学旅行政策法规的脉络,结合研学实践中存在的问题提出解决方案。

【项目导入】

利益之下 研学乱象丛生

暑期将至,名校研学、科技研学、乡村研学等五花八门的研学旅行广告日渐多起来。随着研学热度的持续飙升,价格过高、游而不学等问题也暴露出来。目前,市面上的研学旅行通常有两种:一种是学校组织的,由老师带队,是中小学实践课程的一部分;另外一种是商业性质的研学旅行,通常是由家长和旅行社等商业机构签订合同,类似团队游。对于后者,王老师坦言:"经常有家长在假期会给孩子报一些商业研学团,结果却并不理想,钱花了不少,孩子啥也没学到的情况不在少数。"

在西安市南二环的一家教育培训机构里,虽然离暑假还有一个多月,但前来咨询暑期研学的家长却络绎不绝。刚刚跟工作人员咨询完暑假海外研学线路的赵先生说:"我娃今年中考,他说考完试想出国转转。我们做父母的工作忙,这种研学团有老师带,至少不用担心安全问题。"据了解,赵先生咨询的这个"美国常春藤名校游"研学为期14天,价格为6.98万元。在飞猪、携程等旅行网站搜索后可以发现,类似的跟团游项目报价基本上为2万至4万元,只有极少数的高端定制游的报价在5万元以上。对于价格如此高昂的"研学游",赵先生也表示:"我已经咨询过多家机构,研学游的价格基本上都比旅行社的团费高出不少。"有旅行社内部工作人员透露:"家长们是最舍得给孩子花钱的,同样的线路加上'研学'两个字立马身价翻倍。普通旅行团的团费价格低,通常只收取成本费用,要赚钱还是要靠购物等二次消费,而研学团基本上没有购物消费,想盈利肯定要把定价提高。"

除了"天价"研学游,"货不对板"、敷衍了事也是许多家长诟病的现象。家住西安市莲湖区的吴女士去年暑假期间花费5 000多元为女儿报了一个北京研学课程:"宣传册上说得天花乱坠,结果就是去故宫、长城这些常规景点。女儿最期待的名校参观,也不过是在清华、北大的校园里走了一圈就结束了。"虽然已经过去一年,但吴女士谈到这次的研学游依然耿耿于怀:"当时找商家维权,商家说宣传册的内容仅供参考,具体行程有变动也是在合理范围内的,我也不懂这种研学团到底归哪个部门管,最后只能吃了哑巴亏。"

研学导师的资质也是家长们关心的问题。女儿正在读小学二年级的韩女士表示:"报名的时候,这些研学团都跟我保证,带队的是持证上岗的导师,可是这个所谓的'导师证'含金量有多高,我们家长也不清楚,把娃交给这样的导师是否能保障安全都是未知的。"记者在搜索"研学旅行指导师"时,网络上出现了大量培训考证的广告。记者以咨询者的身份随机联系了一家培训机构,对方表示,学历在高中以上就能报名,对工作经验也没有具体要求,"有题库,交钱就能过"。

什么是研学旅行? 研学旅行乱象谁来管? 我们将在本项目中予以解答。

(案例节选自:热度与乱象并存! 委员:研学市场还需细化规范)

任务一　研学旅行政策与法规的产生

【任务导入】

作为研学旅行服务与管理专业的毕业生,今年7月你即将到研学机构工作,请你谈谈对研学旅行的看法。

【任务剖析】

研学旅行是一种将旅游与教育相结合的学习方式,能够通过亲身体验和参与,在旅行中获得知识、经验和感悟。在我国,国家认定的研学旅行的主体对象是中小学生,其通过集体的方式开展,最终达到实践育人的效果,这也就是狭义上的研学旅行。研学旅行对于促进中小学生全面发展、推动基础教育改革、促进经济社会发展有重要意义。本任务主要介绍研学旅行的概念、演变。

一、研学旅行的演变与原则

(一)研学旅行的演变

研学旅行在我国古已有之,继承和发展了我国"读万卷书,行万里路"的游学传统,成为素质教育的新内容和新形式。从古代到当代,我国研学旅行主要经历了古代游学、近代修学旅游、现代修学旅行、当代研学旅行四个时期。

1. 古代游学

游学是指离开自己熟悉的环境,到另一个全新的环境里进行学习和游玩,既不是单纯的旅游,也不是简单的学习,而是在学习之中潜移默化地体验人生,在体验当中学习。[①] 自古以来,"游学"就是中国古代文人雅士常见的一种求学方式。例如,春秋战国时期先秦诸子周游列国推行各自的学说及治国之道,汉魏时期司马迁遍访各地撰写《史记》,隋唐时期高僧玄奘西行五万里拜佛求法,明清时期徐霞客踏遍千山万水留下传世之作《徐霞客游记》。

2. 近代修学旅游

游学发展到近代,成为仁人志士寻求民族振兴、国家富强的道路,出现了出国求学的"海外修学旅游",留美、留日、留法……学习西方科技文化,寻求救国之道。这一时期的留学形式形成了新的多元化局面,涌现出大批著名的科学家、学者和文人,为中国科技事业和教育事业的发展奠定了坚实基础。

---

① 薛兵旺,杨崇君.研学旅行概论[M].2版.北京:旅游教育出版社,2021.

3. 现代修学旅行

20 世纪 30 年代,中国著名教育家陶行知先生在一篇名为《中国普及教育方案商讨》的文章中提出"修学旅行应该特别提倡"。他抱着教育救国理想,积极倡导"知行合一",认为"行是知之始,知是行之成",并在其创办的晓庄师范、新安小学等学校积极践行,推动"新安小学长途研学旅行团"在全国旅行,一路修学,一路宣传抗日、慰问抗日军人。"新安旅行团""在做中学,在学中做",成为跨时代的研学典范。生活教育理论是陶行知先生教育思想的理论核心,他提出了"生活即教育""社会即学校""教学做合一"三大主张,成为近代中国的教育典范,开创了中国研学旅行的先河。

改革开放后,研学旅行慢慢进入国人视野。大量来自日韩、东南亚和欧美国家与地区的修学旅行团来华访问,规模日渐扩大,频次不断增加,所到之处由当地政府和旅行社接待,并且当地政府和旅行社还会设计、组合并推出多种具有中国修学旅行特色的活动内容与参与形式。一些教育理念相对大胆、开放的学校作为先行者,开始组织学生进行一定范围的、带有研学性质的旅游活动。这些入境、出境修学旅行活动的开展为我国实施中小学研学旅行积累了经验、提供了借鉴。

4. 当代研学旅行

根据参与群体范围的不同,研学旅行有广义和狭义之分。

广义上的研学旅行是指任何社会成员出于探究性学习的目的,以个人、结伴或组团等方式,暂时性地离开自己的常住地、前往目的地进行的专项旅行探究活动。[①] 广义的研学旅行参与主体可以是全体公民。

相较而言,我国当代的研学旅行是狭义的概念。

2013 年 2 月 2 日,国务院办公厅颁发《国民旅游休闲纲要(2013—2020 年)》,要求"逐步推行中小学生研学旅行",首次正式提出"研学旅行"这一概念。

2014 年 7 月 14 日,教育部发布《中小学学生赴境外研学旅行活动指南(试行)》,该指南将中小学学生赴境外研学旅行的活动界定为"根据中小学学生的特点和教育教学需要,在学期中或者假期以集体旅行和集中住宿方式,组织中小学学生到境外学习语言和其他短期课程、开展文艺演出和交流比赛、访问友好学校、参加夏(冬)令营等开拓学生视野、有益学生成长的活动"。

2016 年 3 月 18 日,教育部基础教育一司发布的《关于做好全国中小学研学旅行实验区工作的通知》中,将"研学旅行"界定为"面向全体中小学生,由学校有计划地组织安排,通过集体旅行、集中食宿方式开展的研究学习和旅行体验相结合的校外教育活动"。

2016 年 11 月 30 日,《教育部等 11 部门关于推进中小学生研学旅行的意见》对研学旅行进行了释义:"中小学生研学旅行是由教育部门和学校有计划地组织安排,通过集体旅行、集中食宿方式开展的研究性学习和旅行体验相结合的校外教育活动,是学校教育和校外教育衔接的创新形式,是教育教学的重要内容,是综合实践育人的有效途径。"并首次提出将研学

---

① 孙月飞,朱嘉奇,杨卫晶.解码研学旅行[M].长沙:湖南教育出版社,2019.

旅行纳入中小学教育教学计划。

2016 年 12 月 19 日,原国家旅游局(现文化和旅游部)发布《研学旅行服务规范》(LB/T 054—2016),将研学旅行定义为"以中小学生为主体对象,以集体旅行生活为载体,以提升学生素质为教学目的,依托旅游吸引物等社会资源,进行体验式教育和研究性学习的一种教育旅游活动"。

(二)研学旅行的原则

教育部基础教育一司发布的《关于做好全国中小学研学旅行实验区工作的通知》和教育部等 11 部门联合发布的《教育部等 11 部门关于推进中小学生研学旅行的意见》指出,研学旅行要坚持教育性原则、实践性原则、安全性原则、公益性原则、普及性原则。

1. 教育性原则

研学旅行是学校实践教育的重要环节,本质上是教育活动。在实施过程中,要结合学生身心特点、接受能力和实际需要,注重系统性、知识性、科学性和趣味性,为培养个性化、创新型人才提供良好成长空间。作为一种教育方式,研学旅行旨在通过实践活动促进学生全面发展,体现在以下四个方面:

(1)结合学生身心特点

研学旅行的主体对象是中小学生,他们具有强烈的好奇心和求知欲,对外界事物充满好奇,喜欢探索和学习新知识。中小学生包含小学、初中、高中三个阶段,不同学段的学生在认知、情感、社交和学习方式上体现出不同的特征,研学旅行活动的设计要充分考虑到学生的年龄、心理和生理发展特点,确保活动内容适合不同学段学生的接受能力。

(2)注重系统性

研学旅行作为一种结合学习和实践的教育形式,不仅要让学生走出教室、接触外部世界,更要促进学生全面发展、提升综合素质。通过研学旅行,引导学生拓宽视野、丰富知识,推动素质教育的全面实施。研学旅行活动应具有一定的系统性和连贯性,使学生能够通过一系列活动获得连贯的知识积累和技能提升。

(3)知识性和科学性

研学旅行是将研究学习和旅行体验相结合的校外教育活动,旨在通过实地体验和实践活动,增强学生的知识理解和实际应用能力。研学活动内容应具有一定的知识性和科学性,通过实践活动让学生学习和掌握科学知识,培养科学素养。

(4)趣味性

研学旅行作为中小学教育教学实践的重要组成部分,趣味性是一个重要的考量因素。为了激发学生的兴趣,提高学生的参与度和学习效果,研学旅行活动应具有一定的趣味性和娱乐性,使学生在轻松愉快的氛围中学习和成长。具体而言,可以通过量身定制主题鲜明、内涵丰富的游学项目,设定明确的学习目标,融入动手实操、沉浸体验等互动环节,让研学过程变得生动有趣,确保每个孩子都能在研学中学有所获、心有所悟。

2. 实践性原则

研学旅行要因地制宜,呈现地域特色,引导学生走出校园,在与日常生活不同的环境中拓宽视野、丰富知识、了解社会、亲近自然、参与体验。通过这样的方式,学生不仅能够学习到课本上的知识,还能亲身体验和感受自然和社会的多元性,从而更好地理解和应用所学的知识。此外,实践性原则还强调活动的真实性、学生的亲身参与性以及过程的体验性,通过参与各类活动,学生得以在真实环境中进行学习和体验,这有助于提高学生的综合素质,促进学生的全面发展。通过引导学生参与各种实践活动,培养学生的实际操作能力、问题解决能力和创新精神,同时增强学生对社会的认识和适应能力。

3. 安全性原则

研学旅行作为一种结合学习和旅行的教育方式,其安全性原则是至关重要的。为了确保学生在研学旅行过程中的安全,必须坚持安全第一的原则,通过建立完善的安全保障机制,明确安全保障责任,并采取有效的安全保障措施,确保学生安全。这包括但不限于以下几点:

(1)安全管理人员配置

研学旅行过程中应明确安全管理责任人员及其工作职责,确保每一区域、每一时段、每一课程都有"第一安全责任人",以应对可能的安全风险。

(2)安全理念和标准

研学旅行全程强调"安全无小事",通过专业化的管理、全方位的保障措施,如资质审查、现场检查、中后期反复抽查等,确保食品安全和住宿安全。

(3)安全措施和预案

进行安全风险评估、更新安全工作方案、制定安全预案、进行安全检查监督、开展宣传培训以及教授事故应急处理,确保学生的安全。

(4)统一指挥和整体掌控

制定整体研学计划,全程掌控研学进程,统筹协调各研学流程,确保学生安全,让他们没有后顾之忧。

(5)学生行为规范

学生在研学旅行中应听从研学指导老师和带队教师的指挥,遵守研学旅行课程的有关时间规定,如乘车期间禁止将头或手伸出窗外、不得私自脱离队伍等,以减少安全隐患。

上述措施可以有效地保障研学旅行的安全性,让学生在安全的环境中进行学习和探索,从而达到教育的目的。不能因安全问题而因噎废食,阻碍研学旅行工作的开展。

4. 公益性原则

研学旅行要坚持公益性质,所需费用确定由学生个人承担的,收费标准须经物价部门核准,只能收取成本费用,不得开展以营利为目的的经营性创收。对于贫困家庭的学生,要减免费用,确保研学旅行机会的普及和平等。具体而言,研学旅行是为了学生的教育和成长,对于贫困家庭的学生,应提供费用减免的机会,以确保所有学生都有机会参与这种有益的学习体验,使研学旅行真正惠及广大中小学生。

5. 普及性原则

研学旅行要坚持以人为本,以学生为主体,面向全体中小学生,保障每一个学生都能享有平等参与研学活动的机会。

二、研学旅行政策法规的概念

(一)研学旅行的概念

国家有关研学旅行的政策文件不约而同地将研学主体定位为中小学生,契合狭义的"研学旅行"概念。自此以后,教育部、文化和旅游部等相关部门出台的政策文件也紧密围绕这一主体进行研学基地、研学课程、研学导师等方面的配套建设。

无论是国务院、教育部,还是文化和旅游部,在"研学旅行"上都达成了以下共识:

1.研学主体

研学旅行的主体对象是中小学生。

2.组织方式

研学旅行通过集体旅行、集中生活的方式开展。

3.活动性质

研学旅行归根结底是教育活动,最终要达到实践育人的效果。

本书遵照我国研学旅行相关文件规定,将研学旅行定义为:以中小学生为主体对象,由教育部门和学校有计划地组织安排,通过集体旅行、集中食宿方式开展的将研究学习和旅行体验相结合的校外教育活动。

(二)研学旅行政策的概念

政策是一种由政府或权威机构制定的、用于指导特定领域行为或活动的准则和规定。这些准则和规定通常是为了实现某种特定的目标或解决某一类问题。政策是一个广泛而重要的概念,在社会的各个领域都能见到其身影。

本书所指的研学旅行政策,即国务院、教育部、文化和旅游部,各省、自治区、直辖市制定的与研学旅行相关的准则和规定。

(三)研学旅行法律法规的概念

研学旅行法律法规,即调整研学旅行活动领域中各种社会关系的各种法律法规的总称。这表明:研学旅行法律法规调整的对象,主要是指在研学活动中(包括教育行业管理、旅游企业经营、中小学生参观游览学习等与研学旅行有关的活动)形成的带有研学或体现研学活动特点的社会关系。例如,学校按照教学计划,安排学生参加研学活动,旅行社或研学机构为满足学生的研学需求提供服务,相互间形成供需关系,这种关系通过买卖形式来实现,为此,要建立合法的合同关系。这方面的法律关系主要通过《中华人民共和国民法典》《中华人民共和国旅游法》《中华人民共和国消费者权益保护法》等法律来调整。中小学生同时也是其他法律关系的主体,也会形成其他方面的社会关系,如学生身份、未成年身份,这些关系则分别由《中华人民共和国教育法》《中华人民共和国未成年人保护法》等其他法律来调整。

　　研学旅行法律法规是调整研学旅行活动领域中各种社会关系的各种法律法规的总称。这里强调"各种法律法规的总称",是为了表明研学旅行法律法规的概念是广义的。我国的研学旅行尚处于初级阶段,没有专门的研学旅行法对研学旅行进行规范。本书所指的研学旅行法律法规既包括调整研学旅行活动中各种法律关系的有关法律、法规,也包括国务院、教育主管部门、文化和旅游主管部门制定并颁布的单项研学旅行行政法规和部门规章。

三、研学旅行法律关系

(一)法律关系

　　法律关系是指法律规范在调整人们行为的过程中形成的权利和义务关系。

1. 法律关系的特征

　　法律关系是社会关系的一种特殊形态,包括以下三个最重要的特征:

　　(1)法律关系是以法律为前提而产生的社会关系

　　在社会生活中,人们之间不可避免地要产生多方面的联系,产生各种社会关系。法律将社会关系中的一些重要部分进行了规定和调整,按照这些法律规定形成的社会关系就是法律关系;反之,法律没有调整的社会关系,就不具有法律关系的性质。

　　(2)法律关系是以法律中的权利、义务为内容而形成的社会关系

　　法律关系是法律在实际生活中的具体体现,只有在人们按照法律规定进行活动或违反了法律规定,形成具体的权利和义务关系时,才构成某种特定的法律关系。

　　(3)法律关系是以国家强制力作为保障手段的社会关系

　　在法律规范中,一个人可以做什么、不能做什么和必须做什么的行为模式反映的是国家意志,体现了国家对各种行为的态度。某种社会关系一旦被纳入法律调整的范围内,即成为法律关系,要受到国家的保障,不得任意违反或破坏。例如,研学旅行合同关系一旦依法成立,任何一方不得擅自变更或解除。

　　2. 法律关系的要素

　　法律关系包含三个要素:①参与法律关系的主体,包括自然人、法人、国家、其他社会组织;①②构成法律关系内容的权利和义务;③主体间权利和义务的共同指向对象,即权利客体。

(二)研学旅行法律关系

　　研学旅行法律关系是指研学旅行法律法规所确认和调整的,研学主体在研学活动中以及在保护、培育与合理开发、利用研学资源和研学实践过程中形成的,以权利和义务为内容的社会关系。

　　研学旅行处于教育事业与旅游产业的交汇处。在研学旅行过程中,政府部门起着政策

---

　　① 国家工商行政管理局培训中心.现代法学基础教程[M].北京:中国统计出版社,2000.

指引与监管作用,学校扮演着组织者的角色,家庭(家长)在一定程度上参与研学旅行的策划与执行,研学机构及支持部门作为第三方机构负责研学旅行的具体执行。与研学旅行行业相关的利益主体包括学校、学生、教师、家庭(家长)、政府部门、研学机构、研学旅行基地营地,还涉及旅游交通、餐饮、住宿等。

(三)研学旅行法律关系的构成要素

同其他法律关系一样,研学旅行法律关系也是由主体、客体和内容三个构成要素组成的,缺少其中一个要素,就不能构成研学旅行法律关系。

1. 研学旅行法律关系的主体

研学旅行法律关系的主体是指由研学旅行法规所确认的、享有一定权利并承担一定义务的当事人或参加者,即在研学旅行法律关系中享有权利、承担义务的个人或社会组织。我国研学旅行法律关系的主体主要包括:

(1)中小学生

我国研学旅行的主体对象是中小学生,是在国家法律认可的各级各类中等或初等学校或教育机构中接受教育的未成年公民。小学生是指正在小学上学的学生,年龄一般为 6 至 12 岁。中学生是指接受中等教育的学生,包括初中生和高中生,年龄一般为 12 至 18 岁。根据中国的教育政策,小学阶段为 6 年,初中阶段为 3 年,高中阶段也为 3 年。中小学生在法律上属于无民事行为能力人(8 周岁以下)和限制民事行为能力人(8～18 周岁)。

(2)学校

学校是指经主管机关批准或登记注册、以实施学制系统内各阶段教育为主的教育机构。[①] 在教育部等 11 部门联合发布的《教育部等 11 部门关于推进中小学生研学旅行的意见》中,明确指出研学旅行是在教育部门和学校有计划的组织安排下开展的集体活动。《研学旅行服务规范》将主办方表述为"有明确研学旅行主题和教育目的的研学旅行活动组织方"。学校是研学旅行的重要主办方,也是研学旅行法律关系的重要主体。

(3)国家教育主管部门

教育部和地方教育厅是我国的研学旅行行政管理机关。教育部是国务院主管全国教育事业的部门,在研学旅行方面,其主要职责是:制定国家教育事业发展的战略目标、方针政策、行政法规和行业标准,制定并实施研学旅行发展规划,负责对研学旅行相关行业进行管理,组织开拓研学旅行市场,协调同研学旅行事业有关的事项等。各省、自治区、直辖市的教育厅是地方研学旅行的行政管理机构,受地方政府和教育部双重领导,负责管理本地区的研学旅行工作。

(4)与研学旅行事业密切相关的政府部门

文化和旅游部、交通运输部、公安部门、财政部门等政府管理部门,可以依照各自的权限管理研学旅行方面的事务。

---

① 高君智.教育法学[M].兰州:甘肃人民出版社,2011.

（5）研学旅行相关企事业单位

与我国研学旅行相关的企事业单位主要包括旅行社、研学公司、旅游饭店、旅游交通运输企业、旅游景区（点）管理部门，此外还有可以为研学对象提供各种服务的餐饮、邮电、银行等行业。在《研学旅行服务规范》中，旅行社被归为研学旅行的承办方，旅游饭店、旅游交通等企业被归为研学旅行的供应方。企事业单位一般都应具备法人资格，能够独立享有民事权利、承担民事义务，在其经营范围和职责范围内开展研学服务活动。

2. 研学旅行法律关系的客体

研学旅行法律关系的客体是研学旅行法律关系主体间权利和义务的共同指向对象，如旅行社或研学机构提供的研学课程、研学服务以及研学旅行合同的价金等，均属于研学旅行法律关系的客体。研学旅行法律关系中的客体可分为四类，即物、行为、智力成果和特定的精神利益。

①物，是指现实存在的人们可以控制、支配和具有一定使用价值的一切自然和劳动创造的物，如研学旅行基地、旅游资源等。

②行为，是指研学旅行法律关系主体实施的具有法律意义的行为，而不是人的任何行为，如签订研学旅行合同、履行合同约定的义务等。

③智力成果，是指人类脑力劳动的成果，属于精神财富，如研学课程、研学线路。

④特定的精神利益，是指《中华人民共和国宪法》和法律所保护的人身权利和人格利益，如人身自由、名誉等精神利益。

3. 研学旅行法律关系的内容

研学旅行法律关系的内容，是指研学旅行法律关系的主体依法享有的权利和承担的义务。研学旅行法律关系的内容是研学旅行法律关系的核心。

（1）研学旅行法律关系主体的权利

权利，一般是指法律赋予人实现其利益的一种力量。

研学旅行权利，是指国家通过法律规定，许可和保障研学旅行法律关系主体可以自主决定作出或不作出某种行为。例如，中小学生有权决定是否参加学校组织的研学旅行活动，研学实践基地有权要求学生禁止进入未开放区域，旅行社不按约定提供服务时可以依法投诉等。

（2）研学旅行法律主体关系的义务

法律义务，与"权利"相对，是指法律规定权利主体必须作出一定行为或不作出一定行为的责任，是保证法律权利得以实现的条件。

研学旅行义务，是与研学旅行权利相对的概念，是指研学旅行法律关系主体依法承担的某种必须履行的责任。例如，中小学生在研学过程中应当选择自己能够把控的活动项目，旅行社不得虚假宣传，旅行社不按约定提供导游服务时应承担法律责任等。

研学旅行权利和研学旅行义务是相互依存、不可分割的。

四、我国研学旅行的立法进程

我国的研学旅行法制建设是随着国家法制体系的逐步健全和研学旅行的逐步壮大而日

益完善的。在研学旅行发展的不同阶段,研学旅行法制建设也会呈现出不同的特征。目前我国研学旅行发展处于初级阶段,尚无研学旅行专项法规。但纵观我国研学旅行行业法制建设的发展历程,可以将其大体分为三个阶段,即缺乏专项法规期、相关行业法制建设高速发展期和研学旅行法制建设萌芽期。与研学旅行相关的法律法规见表1-1。

表1-1 研学旅行相关法律法规

发布年份	文件名称	现行版本
1986年	《中华人民共和国义务教育法》	2024年第三次修订版本
1991年	《中华人民共和国未成年人保护法》	2023年修订
1993年	《中华人民共和国消费者权益保护法》	2013年修订
1994年	《中华人民共和国教师法》	2009年修正
1995年	《中华人民共和国教育法》	2021年修订
2009年	《旅行社条例》	2022年修订
2013年	《中华人民共和国旅游法》	2018年修订
2016年	《旅游安全管理办法》	
2017年	《导游管理办法》	
2020年	《中华人民共和国民法典》	
2021年	《未成年人学校保护规定》	

(一)改革开放以前,缺乏专项法规期

改革开放以前,国家的法制体系尚不完善。加上我国研学旅行规模小且接待不规范,研学旅行法制建设根本无从谈起。研学旅行接待管理主要依靠国家的基本法律规范和政策性文件。

(二)1978年至20世纪末,我国研学旅行相关行业法制建设处于高速发展期

在这一时期,我国教育事业和旅游产业开始真正起步并迅速发展,法制建设也随之完善。

1986年4月,《中华人民共和国义务教育法》颁布,规定我国义务教育的年限为九年,明确了国家、社会、学校和家庭依法保障适龄儿童、少年接受义务教育的权利。2006年修订后的《中华人民共和国义务教育法》明确提出我国义务教育学制为小学六年、初中三年,部分省市为小学五年、初中四年,少数地区实行八年制的义务教育,实施义务教育不收学费、杂费。1994年,《中华人民共和国教师法》颁布,对教师的权利、义务、法律责任等进行了明确界定。1995年通过的《中华人民共和国教育法》,从根本上明确了教育的地位、作用、基本制度,有关各方的权利与义务、教育投入等关系教育发展的基本问题,是教育领域的基本法。

1985年,国务院旅游行政管理部门设立旅游法制工作机构,专门负责旅游法规的制定、贯彻执行和检查监督工作。为了加强对旅行社的管理,保障旅游者和旅行社的合法权益,1985 年 5 月 1 日,《旅行社管理暂行条例》(已废止,现行《旅行社条例》发布于 2009 年)经国务院发布实施,这是我国第一部旅游行政管理法规,标志着我国旅游法制建设取得突破性发展。1987 年 11 月 14 日,国务院批准发布《导游人员管理暂行规定》(已废止,现行《导游管理办法》发布于 2017 年),进一步规范导游行为,提高导游服务质量。在 1997 年原国家旅游局和公安部联合发布的《中国公民自费出国旅游管理暂行办法》的基础上,《中国公民出国旅游管理办法》于 2002 年开始施行。全国各省市、自治区也颁布了地方性旅游法规。

(三)21 世纪,研学旅行法制建设进入萌芽期

2013 年 4 月 25 日,第十二届全国人民代表大会常务委员会第二次会议通过的《中华人民共和国旅游法》,是我国旅游业发展史上的第一部法律,包含了关于旅游规划、旅游资源保护、旅游经营、旅游服务合同、旅游安全、旅游监督管理以及旅游纠纷处理等多方面的规定。《中华人民共和国旅游法》是保障旅游者和旅游经营者的合法权益、规范旅游市场秩序、保护和合理利用旅游资源、促进旅游业持续健康发展的基本法。

2020 年 5 月 28 日通过的《中华人民共和国民法典》,被称为"社会生活的百科全书",是新中国第一部以法典命名的法律,在法律体系中居于基础性地位。《中华人民共和国民法典》共 7 编,依次为总则、物权、合同、人格权、婚姻家庭、继承、侵权责任。

民法典的出台,以及教育事业、旅游产业法制建设的不断完善,为研学旅行相关主体行为的规范提供了借鉴,为研学旅行法律法规的出台奠定了基础。

【任务实训】

把全班分成四个小组,每个小组需要对研学旅行法律关系进行分析,特别是主体、客体、内容的辨析。

【任务完成】

通过该任务的学习,学生能够清晰认知研学旅行法律关系的各要素,这有助于后续对各参与主体的学习。

任务二　国外研学旅行政策

【任务导入】

作为国内研学旅行行业的一员,请你谈谈对国外研学旅行的看法。

【任务剖析】

研学旅行在国内外都有着较为悠久的发展历程,不乏一些在这些方面经验丰富的国家,它们可以为我国的研学实践提供借鉴。本任务主要介绍世界上研学旅行发展较好的国家在研学方面的经验。

在中国国民收入不断提高、消费日趋升级和多产业融合发展的新时期,素质教育理念成为中小学基础教育的主流。研学旅行作为推动素质教育的重要抓手,市场需求从国家引导逐步向刚需发展,中国的研学旅行正向着学生广泛参与、项目按计划实施、学生必修的方向发展。对比研学旅行活动开展较早的国家,我国的研学旅行实践还相对较少,各方面的标准尚未完善,借鉴其他国家的发展经验具有重要意义。

一、研学旅行在亚洲

(一)日本修学旅行

研学旅行,在日语中叫作"修学旅行"。在亚洲,日本的修学旅行制度最为完善,是日本中小学教育活动的重要一环。日本的修学旅行,是政府主导、全社会关注和支持的一种教育形式。

1. 日本修学旅行的发展

日本"修学旅行"起源于19世纪80年代日本第一位文部大臣森有礼倡导的军事教育。1882年,栃木县第一中学的教师带领学生到东京上野参观"第二届实业发展促进博览会",开启了日本修学之旅。1886年2月15日,东京师范学校("二战"后实行新学制而改名为东京教育大学,现为筑波大学)约100名学生上午从学校出发,开始了为期11天的长途远足,他们学习的重点是参观博物馆、文化遗迹、文化遗产,开展气象调查,访问各地学校等。这次活动被认为是真正意义上的日本修学旅行的开始。"修学旅行"一词首次出现于1886年12月《东京茗溪会杂志》登载的一篇名为"修学旅行记"的文章中。

20世纪初由于战争的频发,日本社会民不聊生,修学旅行的发展进程遭受严重打击。直到1947年,日本修学旅行才得以从战争中复苏,在全国中小学范围内广泛开展。1948年日本长野县诹访市高岛小学的修学旅行创造性地提出以"综合探究临近太平洋的日本自然景观"为活动目的,加深了日本修学旅行中的学术研究色彩。20世纪50年代,日本中小学修学旅行的目的地主要是动物园和博物馆,乘坐电车或巴士为主的交通工具,彻底摒弃了旅行中的行军因素,开启了日本中小学修学旅行的新篇章。

随着新型交通工具的广泛使用,日本中小学修学旅行安全事故频发,引发了社会恐慌,开始面对民众的质疑和指责,日本文部省迅速出台政策解决安全问题。1955年6月1日,日本文部省召开第一届修学旅行协议会,6月29日出台相关对策。这次会议肯定了修学旅行的教育意义和价值,并对修学旅行的实施范围、实施规模、交通方式和费用等作出了明确规定。在此期间,日本修学旅行协会诞生,以财团法人为代表,以保障安全性、提高教育性、优化经济性为基本方针,协助政府推进修学旅行的顺利开展。

2. 日本修学的法律保障

修学旅行被视为日本教育的重要手段和组成部分,受到国家的高度重视。主要体现在以下几个方面：

（1）国家的支持

1888年，日本文部省将"修学旅行"写入"普通师范学校设施准则"。1946年，日本文部省将修学旅行正式纳入学校教育体系，活动对象主要是中小学生团体，规定包括特殊学校在内的所有学校必须开展修学旅行。1956年9月20日，根据修学旅行协议会的协议，发行了"修学旅行指南"，对修学旅行事业进一步作出了指导和指示。1958年10月1日，文部省发布中小学学习指导要领，将修学旅行规定为"学校活动"的内容，鼓励青少年学生通过修学旅行，接触自然、感受文化、了解社会、体验成长，修学旅行的教育职能得到正式认可。1959年4月7日，文部省通告表示，为了更好地发挥修学旅行的教育意义，可以利用国库补助来改善修学旅行。1968年，日本文部省专门向各都道府县教育委员会发出了"关于小学、初中、高中远足、修学旅行的通知"，要求各地教育委员会要指导所辖区域内的学校妥善组织修学旅行活动，对动员学生、分组指导、选择目的地、旅途住宿、带队教职员任务、职员分工、费用开销、商业委托、评价反思等方面都作了详细指导。①

有着日本教育母法之称的《教育基本法》（2006年通过）在其第二条教育的目的中载明："培育尊重生命、珍爱自然、保护环境的态度。培育尊重传统和文化、热爱祖国和乡土以及为国际和平与发展作出贡献的态度。"可以说，此法条是日本修学旅行活动开展的最上位的法律依据。为达成《教育基本法》所规定的教育培养目标，作为下位法的日本《学校教育法》进行了更加详细的阐述：促进学校内外自然体验活动，培养尊重生命和自然的精神与保护环境的态度；正确理解本国和乡土的现状与历史，尊重传统和文化；在培育对自己的国家和乡土的态度的同时，还要培养理解国外文化、尊重别国以及对国际社会的和平与发展作出贡献的态度。两部教育法规为修学旅行的制度化和规范化奠定了法律基础。②

（2）地方的响应

日本47个都道府县（省级行政区）及政令都市（计划单列市）的教育委员会根据文部省的要求制定了《修学旅行实施基准》，对修学旅行的实施目标、出行路线、活动内容和日程、带队人员组成、学校组织管理、住宿餐饮、环境条件、旅费支出、健康和应急管理机制、旅行保险等进行全面审核。修学旅行开展之前，学校依据制度必须提前做好旅行计划并上报有关部门审批，旅行结束后组织学生进行自我总结评价。

（3）社会的配合

1955年6月25日，日本专门的修学旅行公益机构——修学旅行研究协会（简称"全修协"；Educational Tour Institute, ETI）成立。它是一个教育和研究基金会，通过各种调查向社会各界提供广泛的修学旅行信息，诸如安全、交通、资金、学习环境、学习经验、理论研究数据等，指导修学旅行活动的组织和管理，监督修学旅行活动的运营质量。全修协所做的实地考察、资金支持、理论研讨等工作，为政府决策者提供了可靠的参考材料，为旅游部门、交通运

① 李虹.日本中小学修学旅行的实践经验及其对中国的启示[D].武汉：华中科技大学，2019.

② 华高莱斯.文旅瞭望：研学旅行——诗与远方的相聚[EB/OL].（2019-08-01）[2024-08-23].

输部门、学校、学术界和个体提供了较为全面的信息参考。[①]

为保障学生修学旅行途中的交通安全,在20世纪70年代,日本政府为中小学修学旅行开通了专列。此后,日本拥有了新干线列车(高铁)。为保障学生修学旅行的安全与快捷,新干线列车公司以优先和优惠的方式开设部分专用车厢,为学生开展修学旅行提供便利与服务。

(二)韩国修学旅行

在韩国,研学旅行也被称为"修学旅行",属于"体验式学习"的一种。体验式学习特指在校外开展且以学生体验为主的教育活动,包括当日往返的集体活动——"修炼活动"和以住宿1~3日为主的修学旅行。早在20世纪初,作为日本殖民地的韩国承袭其教育制度,开展了修学旅行。20世纪70年代,韩国的修学旅行曾停滞过一段时间。20世纪90年代以后,随着全球化趋势的加强、海外旅行的普及等,修学旅行再次兴起。目前,修学旅行已成为重要的学校教育活动。韩国教育部在2016年颁布《修学旅行、修炼活动等体验式学习管理手册》,以期对体验式学习进行规范化管理。该手册详细规定了修学活动的十个步骤,要求学校参照实施,具体流程包括纳入学校计划、建立修学旅行专门委员会、现场勘查、校长及学校管理委员会决策、签订旅行合同、再次现场勘查、行前教育、管理、实施、评价。[②]

二、研学旅行在欧洲

早在17世纪,欧洲就兴起了"大陆游学"(或称"大游学";Grand Tour)运动,英国、德国、法国和意大利都崇尚"漫游式修学旅行"。起初,年轻人一到中学毕业,就被送往外国旅行,一边游历名胜古迹,一边学习社交艺术等,后来这种形式逐渐形成风气,成为知识阶层和社会上层的一种生活方式。

(一)英国

英国作为现代旅游业的诞生地,也是近代研学旅行的发源地,一直以来就有崇尚研学旅行的风尚。英国的研学实践历史可以追溯至大陆游学传统。早期,英国大批信仰天主教的民众经常前往欧亚大陆朝圣,这种大陆朝圣之旅可以被看作研学旅行在英国的滥觞。[③] 16世纪到18世纪,大陆游学是英国贵族青年进行教育的必经阶段。17世纪,英国王室教师带领王子们周游列国。到了18世纪,游学之风流行于英国上流阶层。到了19世纪,倘若当时英国的青年学子,尤其是贵族子弟不曾有过海外研学旅行的经历,就会被人看不起。在18、19世纪交接之际,大量中产阶级和普通工人阶级的子女都参与研学活动之中,英国游学人数激增,"为教育而旅行"的理念从贵族流向大众。欧洲各国也纷纷效仿英国开展游学活动,游学逐渐演变为一种以欧洲为平台、具有网络性和国际性的文化交往行为。进入现代社会后,游学逐渐受到英国教育部门的重视,成为英国教育体系的重要组成部分,被纳入地方教

---

① 山林田野.日本修学旅行发展模式与经验探究[EB/OL].(2020-11-25)[2024-08-23].
② 姜英敏,闫旭.研学旅行制度建设的国际经验[J].人民教育,2019(24):24-27.
③ 王霞,何云峰,高志强.研学实践活动的国际向度及本土镜鉴[J].煤炭高等教育,2021,39(3):71-77.

学大纲。英国教育与技能部在 2006 年发布的报告《课外教育宣言》中明确表示,研学旅行的最终目标在于促进学校为每一个学生提供高质量且安全的学校参观活动。[①] 今天,许多英国家长依然会选择在暑假带孩子一起旅行,有些没有家庭出游计划的学生也会参加学校组织的出游。

(二)法国

在法国,研学旅行并未形成系统的教育理念或者教育方式。但在法国的基础教育领域,研究性学习得到了普遍的认可和推广,如夏令营。法国的夏令营具有鲜明的教育特征。法国青年、体育和社团生活部(以下简称"青年部")明文要求,任何夏令营都必须向省级有关部门上报教学计划。教学计划是夏令营应该达到的具体目标,由主管和教学团队共同起草,具体策划详细的活动日程。教学计划既包括日常生活的安排,也涵盖各项具体活动的开展。夏令营是建立在教学计划之上,对青少年进行社会化、公民化教育的最好机会。1920 年,法国政府着手进行有关夏令营规章制度的文件起草工作。1935 年,法国颁布了夏令营章程。1938 年,有关夏令营的第一部法律诞生。1976 年,法国颁布了现代夏令营纲领性文件。2006 年通过的《社会行为和家庭法》以法律条文的形式明确了青年部负责管理和监督暑期开放的各类未成年人活动中心,这部法典还规定了开办未成年人夏令营的基本要求。[②]

三、研学旅行在美国

美国历来重视校外教育。美国的研学旅行起源于 1980 年的"探究式学习"。研学就是研究性学习、体验性学习,研学旅行就是将研究性学习和旅游体验相结合,是校内教育和校外教育的衔接。在美国,孩子没有书面的暑假作业,他们会通过暑期学校、夏令营、社会工作、旅行等方式度过假期。孩子参加假期活动主要凭兴趣爱好,研学旅行和夏令营、冬令营一样,为满足或培养孩子的兴趣爱好提供了多种多样的选择,是非常受欢迎的假期活动。在美国,按照相关规定,在正规夏令营中任教的老师需要获得专业认证,负责海外游学的夏令营老师还需要获得国际认证。

【任务实训】

把全班分成四个小组,每组随机选取一个国家,搜集该国历年来有关研学旅行的政策文件,并进行归纳整理。

【任务完成】

通过该任务的学习,学生能熟悉并掌握该国在研学旅行方面的政策变化,发现其优势所在,并指出可以为我国研学旅行提供的借鉴。

---

① 潘淑兰,王晓倩.研学旅行概论[M].武汉:华中科技大学出版社,2022.
② 邹燕舞.法国夏令营的特色[J].教学与管理,2015(24):121-124.

任务三　国内研学旅行政策

【任务导入】

作为研学旅行机构工作人员,请谈谈你对国内研学旅行政策发展的看法。

【任务剖析】

在我国,现代意义上的研学旅行起步较晚,但上至国家、下至各地县市,都对其给予高度重视。研学旅行实践活动正如火如荼地开展,相应的研学旅行政策也在不断出台并处于实施过程中。本任务主要介绍国家层面、省级层面与研学旅行相关的政策法规。

自2016年11月,教育部等11部门发布《教育部等11部门关于推进中小学生研学旅行的意见》一文以来,研学旅行活动逐渐受到各地的高度重视。国务院、教育部、文化和旅游部相继出台了一系列与研学旅行相关的政策法规来指导和规范研学旅行活动。

一、国家研学旅行相关政策法规解读

为了中小学生的身心健康发展,国家大力支持研学旅行的开展。近年来,国务院、教育部、文化和旅游部颁布了多个与研学旅行相关的重要政策文件,有序指导研学旅行活动的落地实施,旨在为中小学生提供更为广阔的研学空间,创造更为安全的研学环境。具体的研学旅行政策文件见表1-2。

表1-2　国家有关研学旅行文件一览表

序号	发文时间	发文单位	文件名称
1	2013-02-02	国务院办公厅	《国民旅游休闲发展纲要(2013—2020年)》
2	2014-07-14	教育部	《中小学学生赴境外研学旅行活动指南(试行)》
3	2014-08-21	国务院	《国务院关于促进旅游业改革发展的若干意见》
4	2015-07-20	教育部、共青团中央、全国少工委	《关于加强中小学劳动教育的意见》
5	2015-08-04	国务院办公厅	《国务院办公厅关于进一步促进旅游投资和消费的若干意见》
6	2016-01-25	原国家旅游局	《关于公布首批"中国研学旅游目的地"和"全国研学旅游示范基地"的通知》
7	2016-03-18	教育部	《关于做好全国中小学研学旅行实验区工作的通知》
8	2016-11-30	教育部等11部门	《教育部等11部门关于推进中小学研学旅行的意见》
9	2016-12-19	原国家旅游局	《研学旅行服务规范》

续表

序号	发文时间	发文单位	文件名称
10	2017-07-21	教育部	《关于开展2017年度中央专项彩票公益金支持中小学生研学实践教育项目推荐工作的通知》
11	2017-08-17	教育部	《中小学德育工作指南》
12	2017-09-25	教育部	《中小学综合实践活动课程指导纲要》
13	2017-12-06	教育部	《教育部办公厅关于公布第一批全国中小学生研学实践教育基地、营地名单的通知》
14	2018-10-31	教育部	《教育部办公厅关于公布2018年全国中小学生研学实践教育基地、营地名单的通知》
15	2022-02-21	文化和旅游部办公厅、教育部办公厅、国家文物局办公室	《关于利用文化和旅游资源、文物资源提升青少年精神素养的通知》
16	2024-11-19	文化和旅游部办公厅	《文化和旅游部办公厅关于促进旅行社研学旅游业务健康发展的通知》

（一）国务院相关政策文件解读

2013年,国务院办公厅印发了《国民旅游休闲纲要(2013—2020年)》,提出"逐步推行中小学生研学旅行"的设想。"研学旅行"第一次见诸公开文件。以此纲要为指导,研学旅行试点工作迅速在全国范围内展开,为教育部最终出台系列文件奠定了坚实基础。

2014年,国务院印发《国务院关于促进旅游业改革发展的若干意见》,文件中首次明确将研学旅行纳入中小学生日常教育范畴,在全国范围内积极开展研学旅行。《国务院关于促进旅游业改革发展的若干意见》对研学旅行的性质、功能、原则、内容、服务、基地、保障等要素进行了明确,为全国研学旅行的开展提供了指导。《国务院关于促进旅游业改革发展的若干意见》指定教育部作为负责单位,加强对研学旅行的管理。

2015年,国务院办公厅印发了《国务院办公厅关于进一步促进旅游投资和消费的若干意见》,再次提出要"支持研学旅行发展",把研学旅行纳入学生综合素质教育范畴,支持建设一批研学旅行基地,鼓励各地依托当地资源开展研学旅行活动。

（二）教育部相关政策文件解读

2016年是研学旅行发展的重要一年。2016年11月,《教育部等11部门关于推进中小学生研学旅行的意见》发布,把研学旅行纳入学校教育教学计划,并将之置于落实立德树人教育任务的战略新高度,这是国内首个由教育部牵头出台的专门针对研学旅行的指导性文件,吹响了研学旅行在全国范围内整体推进的号角,激活了国内需求,奠定了研学旅行的市场基石,成为指导研学旅行发展最重要的纲领性文件。

2017年8月和9月,教育部相继出台了《中小学德育工作指南》和《中小学综合实践活动课程指导纲要》。出台的文件将研学旅行纳入了中小学综合实践课程体系,为各地开展研学旅行提供了理论依据和实践路径。

2017 年和 2018 年,教育部先后公布了两批共计 591 处全国中小学生研学教育实践基地和 40 处全国中小学生研学教育实践营地,积极且有序地开展研学实践教育基地建设,为各地中小学开展研学旅行提供场所保障。

(三)文化和旅游部相关政策文件解读

2016 年 1 月,国家旅游局网站发布《关于公布首批"中国研学旅游目的地"和"全国研学旅游示范基地"的通知》,授予北京市海淀区、浙江省绍兴市等 10 个城市"中国研学旅游目的地"称号,授予北京市卢沟桥中国人民抗日战争纪念馆等 20 家单位"全国研学旅游示范基地"称号。

2016 年 12 月,国家旅游局发布《研学旅行服务规范》,这是研学旅行领域的第一份行业标准文件。该标准对研学旅行、研学导师、研学营地、主办方、承办方、供应方等关键术语进行了界定,在服务提供方、人员配置、研学旅行产品、服务项目以及安全管理等方面进行了详细规定,为研学旅行的健康发展和快速发展提供了重要的指导和保障。

我国研学旅行的发展经历了教育研究先行展开、旅游市场先行导入、各部门初步形成共识,以《教育部等 11 部门关于推进中小学生研学旅行的意见》《中小学综合实践活动课程指导纲要》《国务院关于全面加强新时代大中小学劳动教育的意见》三个文件为指导,逐步规范、深入、延展的过程。不同部门对研学旅行的视角和认识存在一定差异:文化和旅游部更多地从旅游业态和产业价值的角度来看待研学旅行;教育部则更多地关注研学旅行的教育价值和教育属性,进而将研学旅行划分为狭义和广义两种形式。

同时,从国家政策发展脉络可以看出,研学旅行作为综合实践活动课程体系的一部分,在一定程度上具有劳动教育的特点,研学旅行作为单独课程,在基础教育领域有在形式上弱化的倾向。从另一方面看,研学旅行作为教育旅游的新业态,其跨界属性极强,对产业的带动作用较大,各地方政府、产业界在经济下行压力下对其期望普遍较高,在旅游领域呈现出实际强化的倾向。并且,这两种不同的倾向在一定时期内还会共同存在。①

二、国内省市研学旅行相关标准文件解读

(一)各省市研学旅行政策文件解读

在《教育部等 11 部门关于推进中小学生研学旅行的意见》发布后,全国多个地区纷纷紧跟,结合当地实际,先后发布推动当地研学旅行发展的政策文件(表 1-3)。

作为全国首批研学旅行试点地区,重庆市出台了系列政策性文件进行大力扶持。2017年 4 月,重庆市教育委员会等 10 部门联合发布《关于进一步深化中小学生研学旅行试点工作的实施意见》,坚持研学旅行根本方向,结合重庆市实际,建构"走下课堂、走出校园、走进

---

① 程冰,钟泓.研学旅行培训指南[M].重庆:重庆大学出版社,2023.

社会、走向未来"研学旅行模式,从课程体系、组织管理、部门协同、基地建设、研学模式、平台建设、评价机制等七个方面进行探索,全面推进重庆市研学旅行活动的开展。

2017年7月,江西省教育厅会同省发改委等10部门联合印发了《关于推进全省中小学生研学旅行的实施意见》,从"纳入教育教学计划、建设研学旅行基地、加强组织管理、加强队伍建设、健全经费筹措机制、落实安全责任"等六个方面,提出了具体、明确的工作要求。

2018年7月,在浙江省《关于推进中小学生研学旅行的实施意见》中,着重从研学活动的基础建设(基地营地、线路设计、课程开发)、活动的组织安排和服务评价平台建设、经费保障、安全责任体系等方面入手,采用试点先行的方式,有序推进研学实践工作。

2021年2月,北京市教育委员会发布《关于加强全市中小学研学旅行管理的通知》,重点强调师生安全和活动效果,对学校研学旅行组织管理工作进行规范,要求在研学过程中加强组织管理、提升教育实效、确保活动安全。

表1-3 各省研学旅行综合性政策文件一览表①

序号	发文时间	标题	发文号
1	2013-02-01	安徽省教育厅发布《关于开展中小学生研学旅行试点工作的通知》	皖教秘基〔2013〕10号
2	2017-04-20	重庆市教育委员会等10部门发布《关于进一步深化中小学生研学旅行试点工作的实施意见》	渝教基发〔2017〕10号
3	2017-04-20	河南省教育厅等11部门转发《教育部等11部门关于推进中小学生研学旅行的意见》	豫教基一〔2017〕305号
4	2017-04-25	福建省教育厅发布《关于认真做好研学旅行工作规划的通知》	闽教办思〔2017〕6号
5	2017-04-27	陕西省教育厅等12部门发布《关于推进中小学生研学旅行的实施意见》	陕教〔2017〕139号
6	2017-05-18	上海市教育委员会转发《教育部等11部门关于推进中小学生研学旅行的意见》	沪教委德〔2017〕18号
7	2017-06-15	甘肃省教育厅等11部门发布《关于开展中小学生研学旅行工作的实施意见》	甘教基〔2017〕16号
8	2017-07-04	山东省教育厅发布《关于印发山东省推进中小学生研学旅行工作实施方案的通知》	鲁教基字〔2017〕2号
9	2017-07-06	江西省教育厅等11部门发布《关于推进全省中小学生研学旅行的实施意见》	赣教发〔2017〕7号
10	2017-09-06	湖北省教育厅等14部门发布《湖北省中小学生研学旅行试点实施意见》	鄂教基〔2017〕10号
11	2017-09-25	宁夏回族自治区教育厅等11部门发布《关于推进中小学生研学旅行的实施意见》	宁教基〔2017〕198号

---

① 周洪波,柴焰,张扬.我国省级研学旅行政策的时间演进和空间差异研究[J].生产力研究,2024(6):6-14.

续表

序号	发文时间	标题	发文号
12	2017-11-03	天津市教育委员会发布《关于认真做好研学旅行工作的通知》	津教委〔2017〕50 号
13	2017-11-07	黑龙江省教育厅等 11 部门发布《关于推进中小学生研学旅行的实施意见》	黑教联〔2017〕59 号
14	2017-11-22	四川省教育厅等 11 部门发布《关于推进中小学生研学旅行的实施意见》	川教〔2017〕114 号
15	2017-12-12	吉林省教育厅等 11 部门发布《关于开展中小学生研学旅行的实施意见》	吉教联〔2017〕52 号
16	2017-12-22	湖南省教育厅等 11 部门发布《关于推进中小学生研学旅行工作的实施意见》	湘教发〔2017〕37 号
17	2017-12-29	海南省教育厅等 12 部门发布《关于推进中小学生研学旅行的实施意见》	琼教〔2017〕90 号
18	2018-03-19	安徽省教育厅等 10 部门发布《关于推进中小学生研学旅行的实施意见》	皖教基〔2018〕4 号
19	2018-04-10	新疆维吾尔自治区教育厅等 11 部门发布《关于开展中小学生研学旅行的实施意见》	新教基〔2018〕11 号
20	2018-07-06	浙江省教育厅等 10 部门发布《关于推进中小学生研学旅行的实施意见》	浙教基〔2018〕67 号
21	2018-09-18	广东省教育厅等 12 部门发布《关于推进中小学生研学旅行的实施意见》	粤教思函〔2018〕71 号
22	2019-03-11	河南省教育厅等 10 部门发布《关于推进中小学生研学旅行的实施方案》	豫教基〔2019〕13 号
23	2019-04-25	广西壮族自治区教育厅等 12 部门发布《关于推进中小学生研学旅行的实施意见》	桂教规范〔2019〕9 号
24	2019-05-06	内蒙古自治区教育厅等 10 部门发布《内蒙古自治区关于推进中小学生研学旅行工作的指导意见》	内教办字〔2019〕96 号
25	2019-06-17	安徽省教育厅发布《关于进一步严格规范中小学生研学旅行的通知》	皖教秘基〔2019〕47 号
26	2020-05-09	河北省教育厅等 8 部门发布《关于印发河北省推进中小学生研学实践教育实施意见的通知》	冀教德育〔2020〕6 号
27	2021-02-05	北京市教育委员会发布《关于加强全市中小学研学旅行管理的通知》	京教基一〔2021〕5 号
28	2021-05-25	四川省教育厅等 14 部门发布《关于进一步推进中小学生研学旅行实践工作的实施意见》	川教〔2021〕63 号

（资料来源：表格内容系根据各省教育厅网站搜集整理）

纵观各地研学旅行政策文件,多从研学基地、研学课程、研学线路、研学导师、组织保障等方面进行配套。各地研学旅行在政策的积极支持下蓬勃发展。省级研学旅行政策呈现出以下特征:

第一,省级研学政策对研学旅行含义的规定在不断演变和拓展。研学旅行的组织实施主体不再局限于学校组织安排,逐步趋向于包含亲子研学、大学生研学等全教育周期的实践活动和产品。

第二,各省市对《教育部等11部门关于推进中小学生研学旅行的意见》的响应存在多重差异。在响应方式上,存在发布本省研学政策、转发国家研学政策和没有研学旅行综合性政策三种情况。在推进方式上,存在全省市总体推进、阶段性推进、综合推进等方式。在政策内容上,个别省市的政策包含了基地营地等方面认定和管理的细则要求,例如,广东省明确了政策有效期(2018年11月1日起实施,有效期3年,现已失效)。

第三,省级研学政策呈现"试点探索—释放需求—扩大供给—规范行业"渐进式演进逻辑。政策试点是我国教育改革中常用的治理方式,在经过初步探索和全国试点的基础上,我国研学政策密集跟进。

第四,省级研学政策存在三维不均衡性。在政策工具方面,以命令工具为主,突出政府的主导作用。在政策执行主体方面,中小学校和政府部门占比大,研学企业和机构次之,社会力量更少。在政策作用领域方面,组织实施、安全保障占比大,基地营地、课程产品占比小。

(二)各地研学旅行标准文件解读

为了更好地促进研学旅行实践的良性发展,山西、重庆、江西、浙江等省市大胆尝试,出台了众多标准和规范,主要集中在研学旅行服务规范、研学基地建设与管理、课程设置、研学从业人员、活动实施与评价等方面。

表1-4　部分省份研学旅行标准文件一览表

文件主题	发文时间	文件名称	地区
研学旅行综合服务	2021-07	《江西省中小学研学旅行》系列地方标准	江西省
	2021-10	《研学旅行服务规范》(DB31/T 1326—2021)	上海市
	2022-05	《中小学研学旅行服务规范》(DB22/T 3361—2022)	吉林省
	2023-08	《北京市旅行社组织或承办未成年人研学团队旅游服务规范》	北京市
	2023-12	《冰雪研学旅行服务规范》(DB23/T 3660—2023)	黑龙江省
	2023-12	《研学旅游服务规范》(DB14/T 2928—2023)	山西省
	2024-02	《乡村研学旅游服务规范》(DB32/T 4657—2024)	江苏省
	2024-07	《研学旅游服务规范》(DB41/T 2688—2024)	河南省

续表

文件主题	发文时间	文件名称	地区
研学旅行承办方	2020-12	《山东省从事研学旅行机构服务规范》(T/SDATS 1—2020)	山东省
	2023-06	《研学旅行实践承办机构服务与管理规范》(DB51/T 3080—2023)	四川省
	2023—11	《研学旅行承办机构服务规范》(T/GXAS 636—2023)	广西壮族自治区
研学旅行从业人员	2019-05	《研学旅行讲解服务要求》(DB14/T 1810—2019)	山西省
	2020-09	《研学旅行导师专业要求》(DB14/T 2168—2020)	山西省
	2023-09	《研学旅行指导师服务规范》(DB22/T 3575—2023)	吉林省
研学旅行供应方	2018-07	《浙江省中小学研学实践教育营地、基地申报认定和管理细则(试行)》	浙江省
	2020-09	《中小学生红色文化研学基地建设规范》(DB14/T 2167—2020)	山西省
	2021-05	《海南省研学旅行基地评估认定及管理办法(试行)》	海南省
	2021-05	《研学旅行基地(营地)设施与服务规范》(DB51/T 2786—2021)	四川省
	2021-06	《研学旅行基地管理规范》(DB22/T 3246—2021)	吉林省
	2021-06	《中小学研学旅行 第1部分:基地(营地)认定规范》(DB36/T 1442.1—2021)	江西省
	2022-08	《研学旅行基地服务规范》(DB14/T 2511—2022)	山西省
	2022-11	《关于印发山东省省级中小学生研学基地、营地管理办法的通知》	山东省
	2023-10	《黑龙江省中小学生研学(劳动)实践教育基地营地评估认定及管理细则(试行)》	黑龙江省
研学旅行课程设计	2021-05	《研学旅行实践活动设计规范》(DB51/T 2787—2021)	四川省
	2021-06	《中小学研学旅行 第2部分:课程设置规范》(DB36/T 1413.2—2021)	江西省
	2023-12	《广西中小学生研学实践教育精品课程评定规范》(T/GXYL 001—2023)	广西壮族自治区
	2024-07	《浙江省中小学生研学旅行课程指南(试行)》	浙江省

续表

文件主题	发文时间	文件名称	地区
其他	2017-09	《湖北省中小学生研学旅行试点管理办法》	湖北省
	2021-06	《中小学研学旅行 第3部分:组织实施规范》(DB36/T 1442.3—2021)	江西省
	2021-06	《中小学研学旅行 第4部分:评价规范》(DB36/T 1413.4—2021)	江西省
	2023-12	《广西中小学生研学实践教育精品线路评定规范》(T/GXYL 002—2023)	广西壮族自治区
	2023-11	《研学旅行目的地建设指南》(T/GXAS 635—2023)	广西壮族自治区
	2024-05	《天津市中小学生研学实践活动管理办法》	天津市

1. 山西省研学旅行政策文件

2019年5月,山西省发布了《研学旅行讲解服务要求》(DB14/T 1810—2019),规定了研学旅行讲解服务的基本要求、人员要求、讲解类别、讲解内容、讲解服务和服务评价等,适用于研学旅行基地的讲解服务。

2020年9月,山西省发布了《中小学生红色文化研学基地建设规范》(DB14/T 2167—2020)、《研学旅行导师专业要求》(DB14/T 2168—2020)两个规范性文件。前者对中小学生红色文化研学基地建设的术语和定义、基础设施、人员配备、课程要求、安全保障、基地评估等进行了规定,后者对研学旅行导师的术语和定义、基本要求、专业知识、专业能力、能力提升等进行了规定。

2022年8月,山西省发布《研学旅行基地服务规范》(DB14/T 2511—2022),标准规定了山西省研学旅行基地的对标评价要求,主要包括基本要求、设施设备、课程设计、人员要求、配套服务、安全保障、环境卫生、投诉处置、评价改进等,标准适用于山西省研学旅行基地的评价与遴选。

2023年12月,山西省发布《研学旅游服务规范》(DB14/T 2928—2023),标准适用于提供研学旅游服务的旅游景区、场所、基地及研学活动组织机构等。

得益于研学旅行系列地方标准的出台,山西省研学旅行市场和基地的建设实现了有标可依。

2. 重庆市研学旅行政策文件

为了更好地规范研学旅行活动、提高研学服务质量,在2021年和2023年,重庆市市场监督管理局先后发布《研学旅行承办方服务规范》(DB50/T 1074—2021)、《研学旅行基地等级划分与评定》(DB50/T 1373—2023)。《研学旅行承办方服务规范》从基本要求、服务规范、服务提供规范、安全和服务监督等方面对承办方提出要求。《研学旅行基地等级划分与评定》对研学旅行基地进行界定,将研学旅行基地分为三个级别,由低到高分别是三星级、四星级、五星级,并对选址、场所、教育设施、生活服务设施、专业人员、服务人员、环境卫生、安全保障、管理制度、教育与体验、服务监督等11项提出要求。

3.江西省研学旅行政策文件

2021年,江西省教育厅出台了《江西省中小学研学旅行》系列地方标准,包括《中小学研学旅行 第1部分 基地(营地)认定规范》、《中小学研学旅行 第2部分 课程设置规范》(DB36/T 1442.2—2021)、《中小学研学旅行 第3部分 组织实施规范》(DB36/T 1442.3—2021)、《中小学研学旅行 第4部分 评价规范》(DB36/T 1442.4—2021)等4个文件,构成了研学旅行的基地(营地)、课程、组织实施和评价的闭环。该标准于2022年1月1日起正式施行。

2022年,江西省教育厅出台《关于鼓励各级各类学校在省内开展研学旅行活动的通知》,将研学旅行作为全面落实立德树人根本任务的重要举措,以此推动中小学生研学旅行的健康、快速、可持续发展。

"十四五"时期,我国全面进入高质量发展阶段。党的二十大报告提出,教育、科技、人才"三位一体"统筹推进和"办好人民满意的教育""发展素质教育"等要求,为研学旅行的推进提供了方向,在未来政策制定中,应加强政策体系的顶层设计和整体规划,进一步强调系统性、科学性、协同性和创新性,实现研学旅行政策的动态优化。

【任务实训】

把全班分成四个小组,每组随机选取两个或三个省级行政区,搜集各省历年来有关研学旅行的政策文件,并进行归纳整理。

【任务完成】

通过该任务的学习,学生能熟悉并掌握地方在研学旅行上的持续性和变化性。结合各省研学旅行特点,指出尚需加强之处。

思考与练习

1.什么是研学旅行? 研学旅行的原则有哪些?

2.什么是研学旅行法律法规?

3.什么是研学旅行法律关系? 研学旅行法律关系的构成要素有哪些?

4.请简述我国研学旅行的立法进程。

5.请简述日本的研学旅行政策。

6.请简述韩国的研学旅行政策。

7.请简述英国的研学旅行政策。

8.请简述法国的研学旅行政策。

9.请简述美国的研学旅行政策。

10.试解读我国代表性研学旅行政策文件。

11.试解读省级研学旅行政策文件。

12.试分析我国研学旅行标准文件所涉及的主体。

项目二
研学旅行主体对象法规

【思维导图】

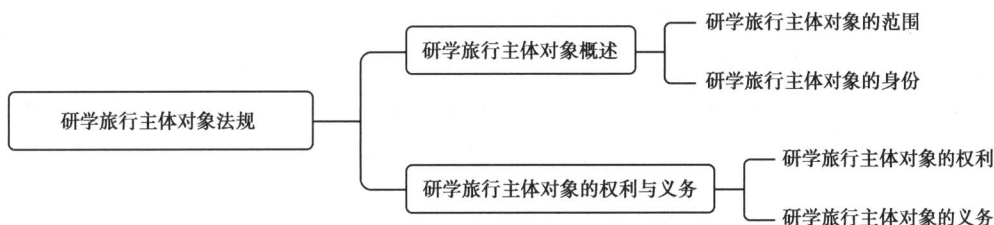

【知识目标】

1. 了解研学旅行主体对象的范围。
2. 理解并掌握研学旅行主体对象的身份。
3. 掌握研学旅行主体对象的权利和义务。

【能力目标】

1. 能正确界定研学旅行主体对象的范围。
2. 能正确识别研学旅行主体对象在不同领域的权利。
3. 能正确识别研学旅行主体对象在不同领域的义务。

【素养目标】

1. 能够准确界定研学旅行主体对象的范围,将其与广义的研学旅行主体对象区分开来。
2. 能够认识到研学旅行主体对象在不同领域所享有的权利,在实际工作中正确对待。
3. 能够认识到研学旅行主体对象应当履行的义务,在研学过程中能够及时提醒。

【项目导入】

多名学生研学时被教官打 学生权益值几何

近日,安徽淮北市的一所学校发生了一起备受瞩目的事件。截至 2023 年 12 月 22 日,多位家长反映称,在学校组织的研学活动中,一些孩子遭到了教官的殴打。这一消息在社交媒体上传播开来,引发了广泛关注和讨论。家长们纷纷在社交媒体上表达着对孩子遭受暴力行为的担忧："怎么有孩子反映教官打人,怎么回事?""我也问了,打了孩子后脑勺。""我刚问孩子,他也被打了,说是被教官打了后脑勺。"这些言辞充满焦虑和愤怒的情绪,令人深感忧虑。

在事件曝光的第二天,一位家长廖先生(化名)通过群对话截图进一步揭示了事件的真相。他的孩子就读于淮北市梅苑学校初一,当天学校组织学生们外出参加研学活动,廖先生的孩子所在的班级有数十名同学参与。在家长询问孩子情况时,许多孩子纷纷表示自己也被教官打了,虽然程度并不十分严重,但对于刚刚升入初一的孩子们而言,这样的遭遇可能对心理健康造成影响。

学校高度重视此事,第一时间采取了处理措施,迅速联系了教官所在的研学公司并报警。调查发现:该名教官所在的研学公司是一家正规公司,但其管理方式却采用了军事化手段,对孩子们提出了一些相对高标准的要求,涉及吵闹、吼叫、推搡和打击孩子等不当行为。在部分孩子和家长的见证下,教官进行了真诚的道歉。研学公司也表示将全额退还研学费用,同时学校将密切关注孩子们的心理状况,并通过一系列工作帮助孩子们重新投入学习,确保他们能够快乐、阳光地成长。学校还表示将加强审核工作,以杜绝类似情况再次发生。

根据我国研学旅行政策规定,研学旅行的主体对象是谁? 研学旅行主体对象享有哪些权利? 我们将在本项目中予以解答。

(案例节选自:一学校多名学生研学时被教官打,校方:教官已道歉,将退还费用)

任务一　研学旅行主体对象概述

【任务导入】

假如你是一名即将进入研学机构工作的实习生,试分析研学旅行主体对象的范围。

【任务剖析】

研学旅行的定义有广义和狭义之分。在我国相关部门的文件中,均不约而同地将研学旅行界定为中小学生的研学旅行,具体的研学旅行主体对象为中小学生。本任务主要介绍我国研学旅行主体对象的范围。

一、研学旅行主体对象的范围

2016 年 11 月 30 日,《教育部等 11 部门关于推进中小学生研学旅行的意见》发布,该文件指出:

中小学生研学旅行是由教育部门和学校有计划地组织安排,通过集体旅行、集中食宿方式开展的研究性学习和旅行体验相结合的校外教育活动……学校根据教育教学计划灵活安排研学旅行时间,一般安排在小学四到六年级、初中一到二年级、高中一到二年级。

2016 年 12 月 19 日,原国家旅游局发布《研学旅行服务规范》。《研学旅行服务规范》对"研学旅行"的定义如下:

研学旅行是以中小学生为主体对象,以集体旅行生活为载体,以提升学生素质为教学目的,依托旅游吸引物等社会资源,进行体验式教育和研究性学习的一种教育旅游互动……承办方应根据主办方需求,针对不同学段特点和教育目标,设计研学旅行产品。

不论是教育部,还是文化和旅游部,都将"中小学生"作为研学旅行的主体对象。可见,中小学生是实施研学旅行活动的重要主体,也是研学旅行法律关系中最重要的主体之一,同时还是本章讨论的对象。

在实践中,小学一到六年级、初一到初三、高一到高三的学生都以饱满的热情积极参与到了研学旅行活动之中,研学旅行已经覆盖了包括小学、初中、高中三个阶段在内的中小学生群体。学生作为研学旅行参与的主体,其正当权益理应受到家庭、学校、社会等各方面的保护。

二、研学旅行主体对象的身份

对于个体而言,其身份是由其在社会关系中扮演的不同角色和不同地位决定的。在不同的生活领域,学生扮演着不同的角色,其身份可能是公民、学生,也可能是消费者、旅游者。研学旅行跨越了教育领域和旅游领域,其主体对象的身份需要被放置到具体领域中讨论。

(一)研学旅行主体对象在教育领域中的身份

研学旅行的主体对象是中小学生。在教育领域中,学生是在各级各类学校以及其他教育机构中注册,并由其记录学业档案的受教育者。[①] 从《中华人民共和国宪法》《中华人民共和国教育法》《中华人民共和国义务教育法》《中华人民共和国教师法》《中华人民共和国未成年人保护法》等涉及学生的法律来看,对于研学旅行主体对象在教育领域中的身份定位宜从三个层次进行。

1. 中小学生是国家公民

《中华人民共和国宪法》第三十三条规定:

凡具有中华人民共和国国籍的人都是中华人民共和国公民……任何公民享有宪法和法律规定的权利,同时必须履行宪法和法律规定的义务。

《中华人民共和国教育法》第九条规定:

中华人民共和国公民有受教育的权利和义务。公民不分民族、种族、性别、职业、财产状况、宗教信仰等,依法享有平等的受教育机会。

《中华人民共和国义务教育法》第四条规定:

凡具有中华人民共和国国籍的适龄儿童、少年,不分性别、民族、种族、家庭财产状况、宗教信仰等,依法享有平等接受义务教育的权利,并履行接受义务教育的义务。

---

① 高君智.教育法学[M].兰州:甘肃人民出版社,2011.

可见,在我国,研学旅行的主体对象——中小学生都是具有中华人民共和国国籍的人,是中华人民共和国公民。中小学生享有法律赋予公民的一切权利,同时也需要履行相应的义务。

2. 中小学生是未成年公民

《中华人民共和国民法典》第十七条、《中华人民共和国未成年人保护法》第二条同时规定,在我国,未满十八周岁的公民是未成年人。

《中华人民共和国义务教育法》第十一条规定:

凡年满六周岁的儿童,其父母或者其他法定监护人应当送其入学接受并完成义务教育;条件不具备的地区的儿童,可以推迟到七周岁。

21世纪初,我国基础教育学制逐步过渡到12年,即小学6年、初中3年、高中3年。其中,小学和初中共9年,属法定义务教育阶段。一般而言,中小学生的年龄段为6周岁到18周岁,按照法律规定,尚处于未成年阶段。

《中华人民共和国民法典》第二十条规定:

不满八周岁的未成年人为无民事行为能力人,由其法定代理人代理实施民事法律行为。

《中华人民共和国民法典》第十九条规定:

八周岁以上的未成年人为限制民事行为能力人,实施民事法律行为由其法定代理人代理或者经其法定代理人同意、追认。

可见,中小学生为无民事行为能力人或限制民事行为能力人,其民事行为需要监护人代理或辅助。研学旅行活动的开展需要签订合同,在实践过程中,主要由服务机构与学生家长签署。

3. 中小学生是接受教育的未成年公民

中小学生是在国家法律认可的各级各类初等和中等学校或者教育机构中接受教育的有学籍的未成年公民。

研学旅行的主体对象在教育领域中的身份是学生,在法律上是未成年公民,其在研学旅行过程中享有法律赋予学生的一切权利,同时也应当履行学生的义务。

(二)研学旅行主体对象在旅游领域中的身份

研学旅行处于教育事业和旅游产业的交汇处,中小学生的研学旅行同时涉及教育和旅游两个领域。在旅游领域中,研学旅行主体对象是特殊的旅游者。旅游者具备消费者的一般属性,属于消费者的一种。从《中华人民共和国消费者权益保护法》《中华人民共和国旅游法》等涉及旅游者的法律来看,对于研学旅行主体对象在旅游领域中的身份定位宜从两个层次进行。

1. 中小学生是消费者

人们在社会中的身份是千差万别的,但在市场经济时代,大家都具有一个共同的身份——消费者。因购买目的的不同,消费者的概念有广义和狭义之分,广义的消费者是指购买、使用各种产品与服务的个人或组织,狭义的消费者是出于个人目的购买或使用产品和接受服务的社会成员。① 在实践中,学校通常通过旅行社实施研学旅行活动,研学过程中由旅行社、研学基地、餐饮企业、交通运输部门等共同为中小学生提供研学旅行服务。学校、中小学生、家长作为研学旅行产品和服务的购买者和使用者,享有法律赋予消费者的一切权利,同时需要履行作为消费者的义务。

2. 中小学生是旅游者

在我国的国内旅游统计中,将纳入国内旅游统计范围的人统称为国内游客,指任何因休闲、娱乐、观光、度假、探亲访友、就医疗养、购物、参加会议或从事经济、文化、体育、宗教活动而离开常住地到国内其他地方旅行访问,连续停留时间不超过 6 个月,并且主要目的不是通过所从事的活动获取报酬的人。国内游客又可分为国内旅游者和国内一日游游客。国内旅游者是指在离开常住地后,在境内其他地方的旅游住宿设施内至少停留一夜,最长不超过 6 个月的我国内地居民;国内一日游游客是指离开常住地 10 千米以上,出游时间超过 6 小时但不足 24 小时,且没有在境内其他地方的旅游设施中过夜的我国内地居民。②

教育部文件将中小学生参加学校组织的研学旅行定义为:由教育部门和学校有计划地组织安排,通过集体旅行、集中食宿方式开展的研究性学习和旅行体验相结合的校外教育活动,是学校教育和校外教育衔接的创新形式,是教育教学的重要内容,是综合实践育人的有效途径。

由此可见,中小学生作为研学旅行活动的主体对象,符合我国关于旅游者的定义。研学旅行是一种富有魅力和寓教于乐的学习方式,是一种走出校门、将研究性学习和旅行体验相结合的实践活动。研学旅行不同于一般的消费活动,在实践过程中要把握教育性、实践性、安全性和公益性等基本原则,通过引导学生走出校园,在与日常生活不同的环境中拓展视野、丰富知识、了解社会、亲近自然、参与体验,有利于满足学生日益增长的旅游需求,从小培养学生文明的旅游意识。研学旅行主体对象具有鲜明的旅游消费特征,同时受到《中华人民共和国旅游法》的保护,享有法律赋予旅游者的权利,也应当履行作为旅游者的义务。

【任务实训】

把全班分成两个小组,分别负责饰演不同领域中的研学旅行主体对象和相关方,分析研学旅行中主体对象的身份。

【任务完成】

通过该任务的学习,学生能熟悉并掌握在不同领域中的研学旅行主体对象的身份。研学旅行主体对象是中小学生,在不同领域中,中小学生的身份发生着变化。研学旅行同时涉及教育领域和旅游领域,中小学生不仅仅拥有学生身份,还同时拥有多种身份,理解并掌握其身份有助于明晰其享有的权利和应履行的义务。

---

① 李捷. 消费者行为学[M].北京:北京理工大学出版社,2020.
② 龚鹏.旅游学概论[M].北京:北京理工大学出版社,2016.

任务二　研学旅行主体对象的权利与义务

【任务导入】

假如你是研学旅行机构的工作人员,本周内将要接待某学校二年级的研学旅行活动,那么,你认为小学二年级的学生在研学旅行中享有哪些权利?

【任务剖析】

研学旅行主体对象的权利与其身份密切相关。研学旅行跨越了教育领域和旅游领域,中小学生同时兼具学生和旅游者的身份,享有学生应有的权利,同时享有法律赋予旅游者的权利。本任务主要介绍研学旅行主体对象在教育领域和旅游领域内享有的权利。

权利和义务总是由一定的主体来享有和履行的,而主体的身份又决定了其权利和义务的特定性。[①] 因此,把握什么是研学旅行主体对象的权利和义务,需要以对研学旅行主体对象的身份的理解为基础。研学旅行主体对象只有充分了解自己的权利和义务,才能在研学过程中保护自己的合法权益和遵守法律法规,减少研学旅行投诉问题的出现,推动研学旅行事业的健康发展。

一、研学旅行主体对象的权利

研学旅行主体对象的权利是指研学旅行主体对象在研学旅行过程中享有的各种权益。研学旅行主体对象即中小学生,中小学生的权利与其身份紧密相连。

(一)在教育领域中的权利

在教育领域中,研学旅行主体具有三层身份:其一,他们是国家公民;其二,他们是未成年公民;其三,他们是正在接受教育的未成年公民。

作为国家公民,学生享有法律赋予公民的一切权利,包括受教育权,选举权与被选举权,言论、出版、集会、结社、游行、示威的自由权,宗教信仰自由,人身自由权,人格权,通信自由和秘密权,批评、建议权,申诉、控告、检举权等。

作为正在受教育的公民,在与教师、学校的关系中,学生享有受教育的平等权、公正评价权和物质帮助权等。学生既是教育和管理的对象,处于受教育和被管理的地位,同时又是教育的主体,具有独立的人格。学生较之于其他教育主体,享有特定的权利,而且未成年学生享有的权利及其行使方式与成年学生又有所不同。《中华人民共和国教育法》第9条明确规定,中华人民共和国公民有受教育的权利和义务。在此,我们着重分析中小学生作为受教育

---

① 李晓燕.学生的权利和义务论纲[J].河北师范大学学报(教育科学版),2009(10):94-99.

者所享有的权利和承担的义务。

我国《中华人民共和国教育法》第四十三条规定了学生的基本权利,具体如下。

1. 参加教育教学活动的权利

《中华人民共和国教育法》第四十三条第一项规定:受教育者享有参加教学计划安排的各项活动,使用教育教学设施、设备、图书资料的权利。这是学生作为受教育者的一项最基本的权利。主要包括以下内容。

(1)参加教育教学计划安排的各种活动的权利

学生有权参加的教育教学活动是指根据教育教学计划所安排进行的各项活动,既包括校内活动,也包括研学旅行在内的校外活动。这是保障学生接受教育的前提和基础。2016年教育部等11部门印发的《教育部等11部门关于推进中小学生研学旅行的意见》指出要将研学旅行"纳入中小学教育教学计划……各中小学要结合当地实际,把研学旅行纳入学校教育教学计划,与综合实践活动课程统筹考虑,促进研学旅行和学校课程有机融合"。2017年,教育部印发《中小学综合实践活动课程指导纲要》,提出包括研学旅行在内的"综合实践活动是国家义务教育和普通高中课程方案规定的必修课程,与学科课程并列设置,是基础教育课程体系的重要组成部分……自小学一年级至高中三年级全面实施"。研学旅行已经成为学校教育教学计划的重要组成部分,中小学生享有参与研学旅行的权利,任何组织或个人都不得以任何借口非法剥夺中小学生参加活动的权利。

(2)使用教育资源的权利

学生有权使用本校的教育教学设施、教学设备和图书资料,这是学生受教育权的具体体现。学校应组织好各种教育教学活动,保证每个学生都能够平等地参加活动,平等地使用教学设施、设备和图书资料的权利。

2. 获得奖、贷、助学金的权利

《中华人民共和国教育法》第四十三条第一项规定:受教育者享有按照国家有关规定获得奖学金、贷学金、助学金的权利。这是学生获得国家各种经济资助的权利。其中,奖学金和贷学金主要适用于普通高等学校和中等专业学校的学生,助学金主要适用于义务教育阶段的学生。《中华人民共和国教育法》第三十八条规定:国家、社会对符合入学条件、家庭经济困难的儿童、少年、青年,提供各种形式的资助。在《教育部等11部门关于推进中小学生研学旅行的意见》中也有关于"研学旅行不得开展以营利为目的的经营性创收,对贫困家庭学生要减免费用"的规定,部分地区在执行过程中已经落实,对建档立卡的家庭经济困难学生、低收入家庭学生的研学活动费用予以免除,由学校公用经费予以安排解决。[①]

3. 获得公正评价和相应证书的权利

《中华人民共和国教育法》第四十三条第三项规定:受教育者享有在学业成绩和品行上获得公正评价,完成规定的学业后获得相应的学业证书、学位证书的权利。

① 郑州市教育局.郑州市教育局等11部门印发《关于推进中小学生研学旅行的实施方案》的通知[EB/OL].(2023-07-05)[2024-08-25].

（1）在学业成绩和品行上获得公正评价

学业成绩的评定是对学生个体学习进展和变化的评价，是教育评价领域中最基本的一个领域。品行评价是教育机构对学生的思想品德和行为表现做出的鉴定，包括对学生政治觉悟、道德品质、劳动态度等的评价。在学业成绩和品行上获得公正评价，是指受教育者在德、智、体等方面，都有权要求评价实事求是，体现公平、公正。公正评价要求评价者秉持客观公正的原则，按照评价标准进行评价，认真负责，不走过场。

（2）完成规定的学业后获得相应的学业证书、学位证书

《中华人民共和国教育法》第二十二条规定：国家实行学业证书制度。经国家批准设立或者认可的学校及其他教育机构按照国家有关规定，颁发学历证书或者其他学业证书。学业证书制度是我国教育制度的重要内容之一。在现代社会中，一个人的受教育状况对其自身发展起着决定性的作用，而最能准确而完整地反映和标明个人受教育程度的，就是学业证书。学业证书包括毕业证书、结业证书和肄业证书。

《中华人民共和国教育法》第二十三条规定：国家实行学位制度。学位授予单位依法对达到一定学术水平或者专业技术水平的人员授予相应的学位，颁发学位证书。学位证书是为了证明学生专业知识和技术水平而授予的证书。学位证书包括学士、硕士、博士学位证书等，颁发对象为高等院校的学生。

学历证书和学位证书的获得主要取决于学生的学习成绩和学术水平是否达到规定的标准。经国家批准或认可的学校可以按照国家有关规定，颁发学业证书或学位证书。中小学生完成学业后，有权要求学校发放相应的学业证书。

4. 申诉权、起诉权

《中华人民共和国教育法》第四十三条第四项规定：受教育者享有对学校给予的处分不服向有关部门提出申诉，对学校、教师侵犯其人身权、财产权等合法权益，提出申诉或者依法提起诉讼的权利。此项权利包括申诉权和起诉权两种具体权利，其适用情况有所区别。当学生对学校处分不服，认为不应当受处分或处分不当时，可以行使申诉权，向学校的上级主管部门提出申诉；当学生认为学校、教师侵犯了自己的人身权、财产权等各项合法权益时，可以选择行使申诉权或起诉权，向学校或学校的上级主管部门提出申诉理由、请求处理，维护自身合法权益。

5. 法律、法规规定的其他权利

学生除了享有《中华人民共和国教育法》明确规定的上述权利外，还享有其他法律、法规规定的其他权利。这里的"法律、法规"既包括与教育相关的法律、法规，也包括其他法律、法规。这些法律、法规中适用于一般公民的权利也同样适用于学生。

在教育法律中，全面保护未成年人（包括中小学生）身心健康，保护未成年人合法权益的法律，是1991年9月4日第七届全国人民代表大会常务委员会第二十一次会议审议通过的《中华人民共和国未成年人保护法》，后经过两次修订、两次修正。该法规定了国家保护未成年人的原则，从第二章到第七章分别从家庭、学校、社会、网络、政府、司法等方面对保护未成年人的条款进行阐述，明确了未成年人应有的权利。与研学旅行相关的权利表述如下：

学校、幼儿园不得在危及未成年人人身安全、身心健康的校舍和其他设施、场所中进行

教育教学活动。学校、幼儿园安排未成年人参加文化娱乐、社会实践等集体活动,应当保护未成年人的身心健康,防止发生人身伤害事故。(《中华人民共和国未成年人保护法》第三十五条第二项、第三项)

学校、幼儿园应当根据需要,制定应对自然灾害、事故灾难、公共卫生事件等突发事件和意外伤害的预案,配备相应设施并定期进行必要的演练。未成年人在校内、园内或者本校、本园组织的校外、园外活动中发生人身伤害事故的,学校、幼儿园应当立即救护,妥善处理,及时通知未成年人的父母或者其他监护人,并向有关部门报告。(《中华人民共和国未成年人保护法》第三十七条)

学校、幼儿园不得安排未成年人参加商业性活动,不得向未成年人及其父母或者其他监护人推销或者要求其购买指定的商品和服务。(《中华人民共和国未成年人保护法》第三十八条第一项)

任何组织或者个人不得违反有关规定,限制未成年人应当享有的照顾或者优惠。(《中华人民共和国未成年人保护法》第四十七条)

未成年人集中活动的公共场所应当符合国家或者行业安全标准,并采取相应安全保护措施。对可能存在安全风险的设施,应当定期进行维护,在显著位置设置安全警示标志并标明适龄范围和注意事项;必要时应当安排专门人员看管。大型的商场、超市、医院、图书馆、博物馆、科技馆、游乐场、车站、码头、机场、旅游景区景点等场所运营单位应当设置搜寻走失未成年人的安全警报系统。场所运营单位接到求助后,应当立即启动安全警报系统,组织人员进行搜寻并向公安机关报告。公共场所发生突发事件时,应当优先救护未成年人。(《中华人民共和国未成年人保护法》第五十六条)

(二)在旅游领域中的权利

在旅游领域中,研学旅行主体也具有双重身份:其一,他们是消费者;其二,他们是旅游者。作为消费者,研学旅行主体享有法律赋予消费者的一切权利,如安全保障权、知悉真情权、自主选择权、公平交易权、获得赔偿权、依法结社权、知识获取权、维护尊严权、监督批评权等。① 作为被旅行社(研学旅行承办方)接待和服务的对象,研学旅行主体享有包括《中华人民共和国旅游法》在内的法律赋予旅游者的一切权利,具体如下。

1. 自主选择权

《中华人民共和国旅游法》第九条第一项规定:旅游者有权自主选择旅游产品和服务,有权拒绝旅游经营者的强制交易行为。即,旅游者在购买旅游产品和服务时,享有与旅游经营者进行公平交易的权利。该权利的主要内容包括:

(1)能够自主选择价格合理的旅游产品和服务

旅游者可以对旅游产品进行鉴别、比较和挑选,可以自主选择旅游产品和提供服务的经营者,可以自主选择旅游产品的品种和服务的方式,也可以自主决定是否购买、是否接受任

---

① 中国政府网.作为消费者您享有哪些权利?[EB/OL].(2009-03-03)[2024-08-25].

何一种产品和服务。在旅游经营者已经事先拟定好的旅游产品和服务的格式合同时,也应当允许、尊重和保护旅游者按照自己的意志选择消费。

(2)有权拒绝旅游经营者的强制交易行为

在实践中,有的旅游经营者擅自将旅游者转给其他经营者接待,或违背市场交易原则,或擅自在行程中增加购物或自费项目等,上述行为侵害了旅游者的自主选择权,理应被拒绝。

按照教育部文件规定,学校委托开展研学旅行,要与有资质、信誉好的委托企业或机构签订协议书。在文化和旅游部发布的《研学旅行服务规范》中,对承办方提出了如下要求:

①应为依法注册的旅行社。

②符合 LB/T 004—2013 和 LB/T 008—2011 的要求,宜具有 AA 及以上等级,并符合 GB/T 31380—2015 的要求。

③连续三年内无重大质量投诉、不良诚信记录、经济纠纷及重大安全责任事故。

④应设立研学旅行的部门或专职人员,宜有承接 100 人以上中小学生旅游团队的经验。

⑤应与供应方签订旅游服务合同,按照合同约定履行义务。

可见,国家对于承接研学旅行活动的企业、机构非常重视。作为研学旅行活动的主办方,学校在选择承办方时,必须严格遵守相关法律法规和政策要求,确保承办方具备承接研学旅行活动的资质和实力。

2. 知悉真情权

《中华人民共和国旅游法》第九条第二项规定,旅游者有权知悉其购买的旅游产品和服务的真实情况。知悉知情权是自主选择权得以实现的保证。该权利的主要内容包括以下内容。

(1)有权要求宣传信息真实

《中华人民共和国旅游法》第三十二条明确规定:旅行社为招徕、组织旅游者发布信息,必须真实、准确,不得进行虚假宣传,误导旅游者。

(2)有权要求旅游经营者作为合同相对人的情况真实

《中华人民共和国旅游法》第六十条规定:旅行社委托其他旅行社代理销售包价旅游产品并与旅游者订立包价旅游合同的,应当在包价旅游合同中载明委托社和代理社的基本信息。旅行社将包价旅游合同中的接待业务委托给地接社履行的,应当在包价旅游合同中载明地接社的基本信息。

(3)有权获得旅游产品和服务的真实情况

《中华人民共和国旅游法》第五十八条规定:订立包价旅游合同时,旅行社应当就旅行社和旅游者的基本信息、旅游行程安排、最低成团人数、具体的旅游服务内容和标准、自由活动时间安排、旅游费用交纳期限和方式、违约责任和解决纠纷的方式等向旅游者进行详细说明。

研学旅行不同于一般的旅游,具有其特殊性,研学旅行是由教育部门和学校组织安排的集体活动,按照教育部文件规定,"学校组织开展研学旅行可采取自行开展或委托开展的形式,提前拟定活动计划并按管理权限报教育行政部门备案,通过家长委员会、致家长的一封信或者召开家长会等形式告知家长活动意义、时间安排、出行线路、费用收支、注意事项等信息,加强学生和教师的研学旅行事前培训和事后考核"。中小学生虽然是主体对象,但因其尚处于未成年阶段,不具备完全民事行为能力。实践中,在多数情况下,研学旅行合同由学校统一签署,或者通过学生转交到家长手中,合同签署过程不够规范。为充分保障中小学生在研学旅行中的权益,无论是中小学生本人,还是其监护人,在参与研学旅行前都应当仔细阅读合同条款。

3. 要求履约权

《中华人民共和国旅游法》第九条第三项规定:旅游者有权要求旅游经营者按照约定提供产品和服务。《中华人民共和国民法典》第四百六十五条规定:依法成立的合同,受法律保护。依法成立的合同,仅对当事人具有法律约束力。《中华人民共和国民法典》第五百零九条规定:当事人应当按照约定全面履行自己的义务;当事人应当遵循诚信原则,根据合同的性质、目的和交易习惯履行通知、协助等义务。对于不履行合同义务或者履行不当的当事人,按照《中华人民共和国民法典》规定,应当承担违约责任。

①有权要求旅游经营者按照约定提供产品和服务,无论约定是口头承诺还是书面协议。按照法律规定,包价旅游合同必须采用书面形式。《中华人民共和国旅游法》第五十九条规定:旅行社应当在旅游行程开始前向旅游者提供旅游行程单。旅游行程单是包价旅游合同的组成部分。

②有权要求旅游经营者根据诚信原则,严格按照合同约定全面履行合同义务,包括未作约定但依照诚信原则应当履行的通知、协助和保密的附随义务。

③有权要求旅游经营者不得任意解除合同。旅游者有任意解除合同的权利,旅行社只有在出现《中华人民共和国旅游法》规定的法定解除情形、发生不可抗力,或者旅游经营者已尽合理注意义务仍不可避免的事件发生时,才能解除合同。

承办方在与学校或未成年人的监护人签订包价旅游合同时,应明确所有服务内容。在合同履行过程中,不得擅自变更服务内容。在研学过程中,应安排符合要求的导游人员,结合教育服务要求,提供有针对性、互动性、趣味性、启发性和引导性的导游讲解服务,随时提醒,引导学生安全旅游、文明旅游。

4. 被尊重权

《中华人民共和国旅游法》第十条规定:旅游者的人格尊严、民族风俗习惯和宗教信仰应当得到尊重。旅游者有权要求旅游经营者按照《中华人民共和国旅游法》第五十二条的规定,对在经营活动中知悉的个人信息予以保密。旅游是一种经历,一种体验,旅游者参加旅游活动,目的在于寻求审美和愉悦的体验。旅游体验质量不仅与外界环境、活动相关,与旅游者被尊重和对待的方式也有着极大关系。该权利的主要内容如下。

(1)人格尊严得到尊重

人格尊严是指,公民作为平等的人,其资格和权利应该受到国家的承认和尊重。人格尊严是人格权中的核心权利,涉及个人作为社会成员的基本尊重和自我价值的认识。根据《中华人民共和国民法典》第九百九十条规定,人格权是民事主体享有的生命权、身体权、健康权、姓名权、名称权、肖像权、名誉权、荣誉权、隐私权等权利。旅游者的人格尊严应当得到尊重,这意味着在旅游活动中,旅游者应当受到旅游经营者和他人的尊重,任何人不得侵犯。依照《中华人民共和国民法典》九百九十五条,人格权受到侵害的,受害人有权请求行为人承担民事责任。

(2)民族风俗习惯得到尊重

所谓民族风俗习惯,是指一个民族在长期的生产生活中形成的风尚、礼节、行为、倾向等。民族风俗习惯大量地表现在饮食、服饰、婚葬、节庆、礼仪、禁忌、歌曲、舞蹈、体育等方面,在不同程度上反映了民族的历史传统和心理素质。

我国是一个多民族国家,尊重民族风俗习惯,对于贯彻党和国家的民族政策、保护各民族的平等权利和民主权利、预防民族纠纷、维护各民族团结、繁荣和发展民族文化,都具有十分重要的意义。任何民族和个人不得以本民族的风俗习惯为标准,去衡量或要求其他民族,也不能以自身的好恶来对待其他民族的风俗习惯,去处理与民族风俗习惯相关的事情。无论是哪个民族的旅游者,在进行旅游活动时,其民族风俗习惯都应当得到旅游经营者和其他人的尊重。

(3)宗教信仰得到尊重

宗教信仰是信仰中的一种,是指人们对特定宗教的信仰和皈依。我国是一个多宗教国家,中国宗教徒信奉的宗教主要有佛教、道教、伊斯兰教、天主教和基督教。《中华人民共和国宪法》第三十六条规定:中华人民共和国公民有宗教信仰自由。任何国家机关、社会团体和个人不得强制公民信仰宗教或者不信仰宗教,不得歧视信仰宗教的公民和不信仰宗教的公民。国家保护正常的宗教活动,任何人不得利用宗教进行破坏社会秩序、损害公民身体健康、妨碍国家教育制度的活动。宗教团体和宗教事务不受外国势力的支配。旅游者在参加旅游活动时可以表明其宗教身份,自由表达自己的信仰,旅游经营者和其他人应当给予尊重,任何人不得对旅游者的宗教信仰进行贬低、歧视,也不得以与旅游者宗教信仰相悖的言行对待旅游者。

5. 特殊群体的便利和优惠权

《中华人民共和国旅游法》第十一条规定:残疾人、老年人、未成年人等旅游者在旅游活动中依照法律、法规和有关规定享受便利和优惠。《中华人民共和国未成年人保护法》第四十四条规定:爱国主义教育基地、图书馆、青少年宫、儿童活动中心、儿童之家应当对未成年人免费开放;博物馆、纪念馆、科技馆、展览馆、美术馆、文化馆、社区公益性互联网上网服务场所以及影剧院、体育场馆、动物园、植物园、公园等场所,应当按照有关规定对未成年人免费或者优惠开放。国家鼓励爱国主义教育基地、博物馆、科技馆、美术馆等公共场馆开设未成年人专场,为未成年人提供有针对性的服务。国家鼓励国家机关、企业事业单位、部队等开发自身教育资源,设立未成年人开放日,为未成年人主题教育、社会实践、职业体验等提供支持。国家鼓励科研机构和科技类社会组织对未成年人开展科学普及活动。在实践中,各地景区对中小学生、未成年人的身份予以认可并给予优惠政策。

6. 安全保障权

在旅游中,旅游者的人身、财产安全是第一位的。旅游者的安全是保障其参加旅游活动的前提。所谓人身安全,是指旅游者的生命、健康、身体没有危险,不受威胁,不出事故,安然无恙。所谓财产安全,是指旅游者的现金、银行卡、身份证件、随身物品等财产不受侵犯。人身安全关系到旅游者的生命健康,而财产安全关系到旅游者的经济利益和旅游体验的质量,需要旅游经营者和旅游者共同努力。旅游者有权要求经营者提供的产品和服务符合保障人身、财产安全的要求。《中华人民共和国旅游法》第五十条规定:旅游经营者应当保证其提供的商品和服务符合保障人身、财产安全的要求。《中华人民共和国旅游法》第六十二条规定:订立包价旅游合同时,旅行社应当就旅游者不适合参加的情形、旅游活动中的安全注意事项等向旅游者进行告知。《中华人民共和国旅游法》第六章为"旅游安全",从第七十六条到第八十二条,从政府、旅游经营者、旅游者三个角度出发,对旅游安全进行了全方位、立体的规范(旅游安全部分将在项目八作专题讲解,在此不赘述),确保旅游者在旅游过程中能够安心、安全地享受旅程。

在研学旅行过程中,中小学生的安全至关重要。研学旅行活动涉及学生的出行、住宿、交通、食品安全等多个方面,而学生作为未成年人,涉世未深,缺乏自我保护能力。《教育部等 11 部门关于推进中小学生研学旅行的意见》特别强调安全问题,要求研学旅行坚持安全第一,建立安全保障机制和责任体系,明确安全保障责任,落实安全保障措施,确保学生安全。文化和旅游部在《研学旅行服务规范》中规定,研学旅行的主办方、承办方及供应方应针对研学旅行活动分别制定安全管理制度,承办方和主办方应安排安全管理人员随团开展安全管理工作,采用多种方式加强行前、行中对学生的安全教育,制定应急预案。学校、家长和社会共建安全的研学旅行环境,让学生在旅行中得到全面的成长和发展。

7. 救助请求权

《中华人民共和国旅游法》第十二条规定:旅游者在人身、财产安全遇有危险时,有请求救助和保护的权利。旅游者人身、财产受到侵害的,有依法获得赔偿的权利。这是旅游者的基本权利之一,能确保其在旅游过程中能够得到及时有效的法律援助和保障。

(1)请求救助和保护的权利

在旅游过程中人身、财产安全遇到危险时,即存在侵害旅游者的生命、健康、身体或者其财产的可能性时,旅游者有请求救助和保护的权利,以消除可能导致侵害的因素,防止侵害的实际发生,保护自己的人身、财产安全。旅游者救助请求权的对象,不仅包括经营者,还包括旅游目的地政府和相关部门或机构,如文化和旅游部、工商行政管理部门、产品质量监督部门、交通运输部门、公安部门以及消费者协会等。境外的中国出境旅游者陷入困境时,有权请求我国驻当地机构在其职责范围内给予协助和保护。

(2)依法求偿权

求偿权是旅游者所有其他权利得以实现的保障,当其他权利受到损害后,最终都要落实到求偿权上。如因旅游经营者原则上造成损失,可依据《中华人民共和国旅游法》如下条款处理:

景区、住宿经营者将其部分经营项目或者场地交由他人从事住宿、餐饮、购物、游览、娱乐、旅游交通等经营的,应当对实际经营者的经营行为给旅游者造成的损害承担连带责任。(《中华人民共和国旅游法》第五十四条)

旅行社不履行包价旅游合同义务或者履行合同义务不符合约定的,应当依法承担继续履行、采取补救措施或者赔偿损失等违约责任;造成旅游者人身损害、财产损失的,应当依法承担赔偿责任。旅行社具备履行条件,经旅游者要求仍拒绝履行合同,造成旅游者人身损害、滞留等严重后果的,旅游者还可以要求旅行社支付旅游费用一倍以上三倍以下的赔偿金。(《中华人民共和国旅游法》第七十条第一项)

由于旅游者自身原因导致包价旅游合同不能履行或者不能按照约定履行,或者造成旅游者人身损害、财产损失的,旅行社不承担责任。在旅游者自行安排活动期间,旅行社未尽到安全提示、救助义务的,应当对旅游者的人身损害、财产损失承担相应责任。(《中华人民共和国旅游法》第七十条第二项、第三项)

由于地接社、履行辅助人的原因造成旅游者人身损害、财产损失的,旅游者可以要求地接社、履行辅助人承担赔偿责任,也可以要求组团社承担赔偿责任;组团社承担责任后可以向地接社、履行辅助人追偿。但是,由于公共交通经营者的原因造成旅游者人身损害、财产损失的,由公共交通经营者依法承担赔偿责任,旅行社应当协助旅游者向公共交通经营者索赔。(《中华人民共和国旅游法》第七十一条第二项)

8. 其他权利

《中华人民共和国旅游法》还在相关章节规定旅游者的其他权利,包括合同的任意解除权、协助返程权、投诉举报权等,为旅游者参加旅游活动、实现旅游目的提供了保障。

二、研学旅行主体对象的义务

权利和义务是相辅相成的,享受权利的同时也要履行义务,反之亦然。世上没有无权利的义务,也没有无义务的权利。权利可以放弃行使,义务却必须履行。

研学旅行主体对象的义务是指研学旅行主体对象在研学旅行过程中必须履行的一种责任或要求。

(一)在教育领域中的义务

研学旅行主体对象在教育领域的义务,主要指学生的义务,即学生在教育教学活动中必须履行的责任。《中华人民共和国教育法》第四十四条对学生的义务作出了如下规定。

1. 遵守法律、法规

法律法规是国家、社会组织和公民活动的基本准则,任何组织和公民都必须遵守。这既是作为国家公民必须履行的义务,又是每个受教育者应当履行的义务。对于中小学生,要重点加强法治教育,如《中华人民共和国宪法》《中华人民共和国教育法》《中华人民共和国义务教育法》等,使他们逐渐形成法律意识和法治观念,做到"知法、懂法、守法"。

2. 遵守学生行为规范,尊敬师长,养成良好的思想品德和行为习惯

习近平总书记指出:"教育的根本任务是立德树人,培养德智体美劳全面发展的社会主义建设者和接班人。"学生在校期间应当遵守学生行为规范,这是作为学生最基本的义务。学生行为规范特指国家教育行政机关制定、颁发的关于学生行为准则的统一规定,包括《小学生日常行为规范》《中学生日常行为规范》《中小学生守则》《高等学校学生行为准则》等。这些规章制度体现了国家对不同阶段的学生在政治、思想和品德方面的基本要求。尊敬师长是中国的传统美德,不仅体现了对教育者的尊重和感激,也是社会交往的基本准则。尊敬师长有助于构建和谐的师生关系,形成良好的思想品德和行为习惯。

3.努力学习,完成规定的学习任务

作为学生,首要任务就是学习,这是作为学生的一项最主要、最基本的义务,也是学生区别于其他公民的一项主要义务。义务教育是国家统一实施的所有适龄儿童、少年必须接受的教育,义务教育阶段的学习具有一定的强制性,所有处于义务教育阶段的学生都必须履行这个义务。对于处于非义务教育阶段的学生,选择该阶段的教育是自己的权利,一旦做出选择,理应认真完成学业,只有完成教学计划规定的全部课程并达到合格水平,才能获得学业证书。这是为将来参加现代化建设、参加一切社会活动打基础。

4.遵守所在学校或者其他教育机构的管理制度

每个学校或教育机构都有自己的管理制度。为确保学校及其他教育机构正常有序地运转,国家赋予学校及其他教育机构制定必要的管理制度与纪律规定的权利,包括学校教学、科研、德育、劳动、体育等各项工作制度。对于学校的这些管理制度,学生应当自觉遵守,如有违反,会受到批评教育或相应的处分。

(二)在旅游领域中的义务

研学旅行主体对象在旅游领域中的义务,主要指作为旅游者应当履行的义务。《中华人民共和国旅游法》在对旅游者的合法权益进行保护的同时,也对旅游者提出了必需的法律要求和公德要求。《中华人民共和国旅游法》第十三条到第十六条对旅游者的义务作出如下规定。

1.遵纪守法、文明旅游的义务

《中华人民共和国旅游法》第十三条规定:旅游者在旅游活动中应当遵守社会公共秩序和社会公德,尊重当地的风俗习惯、文化传统和宗教信仰,爱护旅游资源,保护生态环境,遵守旅游文明行为规范。该义务的主要内容如下。

(1)遵守社会公共秩序和社会公德

社会公共秩序,是指社会公共生活所必需的秩序,包括生产秩序、工作秩序、营业秩序、交通秩序、娱乐秩序、公共场所秩序等。人类社会是一个有机整体,其正常运行需要保持一定的秩序。旅游者在旅游活动中,无论是游览、餐饮、住宿,还是购物、娱乐、出行,都处于公共场所,不可避免地会与他人产生交集,涉及社会公共秩序。为维护良好的社会公共秩序,促进旅游活动稳定有序进行,旅游者在旅游活动中应当自觉遵守社会公共秩序。

社会公德,是指全体公民在社会交往和公共生活中应该遵循的行为准则,主要内容包括文明礼貌、助人为乐、爱护公物、保护环境、遵纪守法等。社会公德涵盖了人与人、人与社会、人与自然之间的关系:在人与人之间,社会公德主要体现为举止文明、尊重他人;在人与社会之间,社会公德主要体现为爱护公物、遵守公共秩序;在人与自然之间,社会公德主要体现为热爱自然、保护环境。旅游活动涉及各类关系,为提高旅游者的素质,促进旅游业的健康发展,旅游者在旅游活动中应当遵守社会公德。

(2)尊重当地的风俗习惯、文化传统和宗教信仰

《中华人民共和国旅游法》第十条规定,旅游者的人格尊严、民族风俗习惯和宗教信仰应当得到尊重。本条规定旅游者应当尊重当地的风俗习惯、文化传统和宗教信仰,体现出权利与义务的统一。

所谓当地的风俗习惯,是指旅游目的地的人们在长期的生产生活过程中形成的风尚、礼节、行为、倾向等。所谓当地的文化传统,是指由旅游目的地的历史沿袭而来,与当地人民生产生活密切相关的风土人情、生活方式、文学艺术、价值观念等。所谓当地的宗教信仰,指旅游目的地的人们对某种特定宗教的信奉和皈依。地方的风俗习惯、文化传统和宗教信仰,是当地人生产、生活活动的结晶,集中反映了当地人的精神、生活和经验。是否尊重当地的风俗习惯、文化传统和宗教信仰,往往被视作是否尊重当地人的表现。旅游者如果不尊重目的地的风俗习惯、文化传统和宗教信仰,则不仅容易引起争议和纠纷,还容易影响团结。因此,《中华人民共和国旅游法》规定,旅游者在旅游活动中应当尊重当地的风俗习惯、文化传统和宗教信仰。

(3)爱护旅游资源,保护生态环境

旅游资源,是指在自然界和人类社会中,能对旅游者有吸引力,能激发旅游者的旅游动机,具备一定旅游功能和价值,可以为旅游业开发利用,并能产生经济效益、社会效益和环境效益的事物和因素,包括自然旅游资源和人文旅游资源。旅游资源是旅游业的客体,是旅游业发展的基础和前提。旅游资源一旦遭到破坏,旅游业的发展就会受到影响。

生态环境,是指影响人类与生物生存和发展的一切外界条件的总和。生态环境与人类密切相关,对人类的生存和发展有着长远的影响。而旅游者的游览、度假、休闲等旅游活动,与生态环境密切相关,旅游者的不当行为,会对生态环境造成破坏。

为了实现旅游业的持续、快速、健康发展,旅游者应当爱护旅游资源,保护生态环境。

(4)遵守旅游文明行为规范

乱刻乱画、乱扔垃圾、大声喧哗、争抢座位、排队加塞……旅游者的"任性游",在国内外饱受非议。为了提升国民的文明素质,塑造中国公民的良好国际形象,营造文明、和谐的旅游环境,2006年中央文明办联合国家旅游局颁布了《中国公民国内旅游文明行为公约》《中国公民出境旅游文明行为指南》等旅游文明行为规范,各地也制定了当地的旅游文明行为规范。增强文明出游意识,提升文明旅游素质,是旅游者和旅游从业者共同的责任。作为中国公民,在旅游活动中应当自觉遵守旅游文明规范,展现良好的国民素质。

2. 不得损害他人合法权益的义务

旅游者在旅游活动中,既会与旅游经营者和旅游从业人员产生关系,也会与其他旅游者、旅游目的地的居民产生关系,并可能因为各种原因与他人发生纠纷。处理好与这些人的关系,解决好纠纷,既能够让旅游者有舒心、愉快的旅游体验,又能够维护正常的旅游秩序,促进旅游市场的健康发展。但在实践中,由于个人素质差异,部分旅游者在旅游活动中不能很好地处理与他人之间的关系,发生纠纷时也不能正确解决,对他人的合法权益造成了损

害,或者干扰了他人正常的旅游活动。针对现实中存在的这种问题,《中华人民共和国旅游法》第十四条规定:旅游者在旅游活动中或者在解决纠纷时,不得损害当地居民的合法权益,不得干扰他人的旅游活动,不得损害旅游经营者和旅游从业人员的合法权益。该义务主要包括以下内容。

(1)不得损害当地居民的合法权益

当地居民的合法权益,是指旅游目的地的居民依照法律规定所享有的权益。与旅游者有关的当地居民的合法权益主要是民事权益。当地居民的合法权益受法律保护,任何人不得侵犯,包括旅游者。无论是在正常的旅游活动中,还是在解决矛盾纠纷时,旅游者都不得损害当地居民的合法权益。否则,旅游者需要依法承担相应的赔偿责任。

(2)不得干扰他人的旅游活动

他人是旅游者本人以外的人。旅游者的旅游活动往往处于公共场所,其不当行为会干扰他人的旅游活动,如长期霸占某一处景点拍照或者不允许他人在该地点拍照。在解决纠纷时,解决方式不当可能会干扰他人的旅游活动,如在登机口与航司人员发生争执影响他人登机。为保证所有旅游者旅游活动的顺利进行、维护正常的旅游秩序,《中华人民共和国旅游法》禁止旅游者在旅游活动中或在解决纠纷时干扰他人的旅游活动。

(3)不得损害旅游经营者和旅游从业人员的合法权益

旅游经营者和旅游从业人员的合法权益,是指法律赋予旅游经营者和旅游从业人员的权利和利益,如获得合理旅游费用的权利、人格尊严受到尊重的权利等。无论是在旅游活动中,还是在解决纠纷时,旅游者都不得损害旅游经营者和旅游从业人员的合法权益,否则,旅游者需要依法承担赔偿责任。

3.安全配合的义务

《中华人民共和国旅游法》第十五条规定:旅游者购买、接受旅游服务时,应当向旅游经营者如实告知与旅游活动相关的个人健康信息,遵守旅游活动中的安全警示规定。旅游者对国家应对重大突发事件暂时限制旅游活动的措施以及有关部门、机构或者旅游经营者采取的安全防范和应急处置措施,应当予以配合。旅游者违反安全警示规定,或者对国家应对重大突发事件暂时限制旅游活动的措施、安全防范和应急处置措施不予配合的,依法承担相应责任。该义务主要包括以下内容。

(1)如实告知健康信息、遵守安全警示规定

如实告知的义务,是指旅游者在购买、接受旅游服务时,应当将个人健康的真实情况告知旅游经营者,以使旅游经营者知晓。个人健康信息是指旅游者的身体和心理是否有缺陷和疾病,以及有何种缺陷和疾病。旅游者的个人健康信息直接关系到部分旅游活动的正常进行,例如,患有严重心脏病、高血压的旅游者不适合参加高速、深潜水等高风险旅游活动,患有传染病的旅游者可能危及他人健康安全,不适合参加团队旅游。旅游者在购买、接受旅游服务时,只有将个人健康情况如实告知,旅游经营者才能够确定是否能将某旅游产品出售给旅游者,判定是否为旅游者提供某项旅游服务。否则,旅游活动就可能难以正常进行,甚至在活动中会危及旅游者本人及其他旅游者的身体健康和生命安全。

安全警示,是指为保护旅游者人身及财产安全而对旅游者作出的提示、警告。遵守安全

警示规定的义务,是指旅游者在购买、接受服务时,应当遵守旅游活动中的安全警示规定。一般来讲,存在损害旅游者人身、财产安全的风险时,会针对性地作出安全警示。遵守安全警示,可以有效避免风险,保证旅游者的人身及财产安全。

（2）突发事件配合的义务

在国家应对重大突发事件实施暂时限制旅游活动的措施,以及有关部门、机构或者旅游经营者采取安全防范和应急处置措施时,旅游者应当予以配合。例如,发生自然灾害时,相关单位应当立即组织本单位应急救援队伍和工作人员营救受害人,此时有关部门、机构或者旅游经营者为保证旅游者的安全,可以采取相应的应急处置措施,旅游者应当予以配合。

旅游者如果违反安全警示规定,或者拒不配合国家在应对重大突发事件时暂时限制旅游活动的措施,应当依法承担相应责任。

4. 不得非法滞留、擅自分团或脱团

《中华人民共和国旅游法》第十六条规定:出境旅游者不得在境外非法滞留,随团出境的旅游者不得擅自分团、脱团。入境旅游者不得在境内非法滞留,随团入境的旅游者不得擅自分团、脱团。该义务主要包括以下内容。

（1）出境旅游者不得非法滞留,不得擅自分团、脱团

出境旅游者,是指在中华人民共和国以外的国家、地区,或在香港特别行政区、澳门特别行政区和台湾地区等地进行旅游活动的旅游者。旅游者出境旅游的目的,是到境外开展旅游活动,而不是滞留在境外从事其他活动。部分游客借旅游团的名义非法滞留海外等违规事件,影响了我国的旅游秩序,损害了我国形象,也影响了正常出境旅游者的签证办理和旅游活动。

（2）入境旅游者不得非法滞留,不得擅自分团、脱团

入境旅游者,是指从中华人民共和国国境以外的国家、地区,或从香港特别行政区、澳门特别行政区和台湾地区等地到中华人民共和国境内进行旅游活动的旅游者。入境旅游者到中国境内旅游的目的,是到中国境内开展旅游活动,而不是滞留在中国境内从事其他活动。随着中国旅游业的飞速发展,入境旅游人数逐渐增多,如2019年全年累计入境旅游人数达14531万余人次。部分入境旅游者在中国非法滞留,影响了我国的社会管理秩序,给社会治安带来严重隐患。

无论是随团出境的中国旅游者,还是随团入境的境外旅游者,都应当自觉遵守旅游合同的约定,跟随所组成的旅游团按照约定行程完成各项旅游活动。如果旅游者擅自分团、脱团,则不仅会影响到旅游活动的正常进行,还会影响到旅游团其他旅游者的合法权益。按照《中华人民共和国旅游法》第五十五条规定,随团出入境的旅游者擅自分团、脱团,一经发现,旅行社必须及时报告给公安机关、旅游主管部门或者我国驻外机构。旅行社未履行报告义务的,视情况将面临罚款、停业整顿、吊销旅行社业务经营许可证等处罚,直接负责的主管人员和其他直接责任人也将面临罚款、暂扣或吊销证件的处罚。根据《最高人民法院关于审理旅游纠纷案件适用法律若干问题的规定》,旅游者在旅游行程中未经导游或者领队许可,故意脱离团队,遭受人身损害、财产损失,请求旅游经营者赔偿损失的,人民法院不予支持。

【任务实训】

把全班分成四个小组,分别讨论研学旅行主体对象在教育领域中的权利、旅游领域中的权利、教育领域中的义务、旅游领域中的义务,分析研学旅行主体对象在不同领域中的权利与义务之间的关系。

【任务完成】

通过该任务的学习,学生能够熟悉并掌握在不同领域中的研学旅行主体对象的权利和义务,并能够在实践中灵活运用。

思考与练习

1. 请简述研学旅行主体对象的范围。
2. 请简述研学旅行主体对象的身份。
3. 请简述研学旅行主体对象在教育领域中的权利。
4. 请简述研学旅行主体对象在旅游领域中的权利。
5. 请简述研学旅行主体对象在教育领域中的义务。
6. 请简述研学旅行主体对象在旅游领域中的义务。

项目三
研学旅行主办方法律法规

【思维导图】

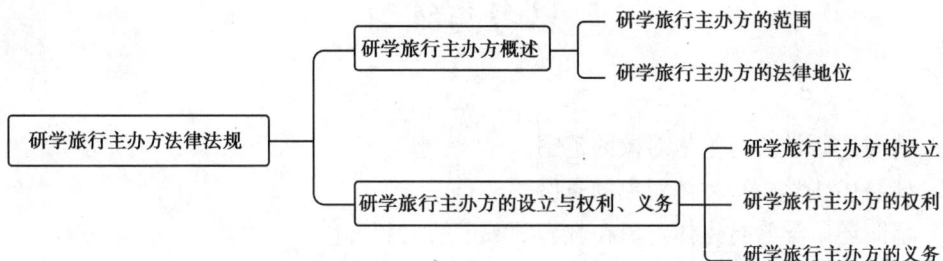

【知识目标】

1.了解研学旅行主办方的范围。

2.理解并掌握研学旅行主办方的设立条件和基本要求。

3.理解并掌握研学旅行主办方的法律地位。

4.掌握研学旅行主办方的权利和义务。

【能力目标】

1.能正确界定研学旅行主办方的范围。

2.能正确认识研学旅行主办方的设立条件和基本要求。

3.能正确识别研学旅行主办方作为不同主体所享有的权利。

4.能正确识别研学旅行主办方作为不同主体应履行的义务。

【素养目标】

1.能够准确界定研学旅行主办方的范围,将其与其他研学组织机构区分开来。

2.能够认识到研学旅行主办方的设立条件和基本要求,在实际工作中清晰辨认。

3.能够认识到研学旅行主办方作为不同主体所享有的权利,在实际工作中正确对待。

4.能够认识到研学旅行主办方作为不同主体应履行的义务,在研学过程中能够及时提醒。

【项目导入】

<h3 style="text-align:center">研学途中遇事故 学校需要担责吗</h3>

2018年4月24日,A实验学校为全面贯彻《关于开展中小学生研学旅行试点工作的通知》的要求,通过集体旅行、集中食宿的方式走出校园,以A实验学校的名义与B旅行社签订了《团队境内旅游合同》。根据学生自愿参与原则,于2018年5月8日组织学校五年级五个班,共229名学生参加"魅力八里河、古都亳州二日研学"活动。彭某是A实验学校五年级(4)班的学生,缴纳了425元报名费。当学生们在八里河景区的桥上由一头向另一头行走时,由于学生众多,十分拥挤,彭某被桥头道路上的石墩绊倒而摔伤头面部,事故发生后,A实验学校按照活动方案中的安全应急预案及时为彭某处理伤口,并将事故情况第一时间告知彭某母亲。后经医院检查,彭某的两颗门牙在此次事故中折断,牙髓外漏。由于A实验学校与B旅行社就事故责任相互推诿,致使彭某经济损失至今未获赔偿,彭某遂起诉至法院。

试分析A实验学校在彭某人身损害案中需要承担责任吗?为什么?我们将在本项目中予以解答。

(案例节选自:研学途中遇事故 学校旅社怎分责)

任务一 研学旅行主办方概述

【任务导入】

假如你是研学旅行承办方的代表,即将与研学旅行主办方就研学旅行事宜进行接洽。试对研学旅行主办方的范围进行分析。

【任务剖析】

为顺利开展研学旅行,国家对研学旅行的主办方、承办方和供应方进行了明确规定。研学旅行主办方是研学旅行活动的组织者,在研学过程中肩负着重要责任。本任务主要介绍我国研学旅行主办方的范围。

一、研学旅行主办方的范围

2016年11月30日,教育部等11部门联合发布《教育部等11部门关于推进中小学生研学旅行的意见》。该意见指出:

中小学生研学旅行是由教育部门和学校有计划地组织安排,通过集体旅行、集中食宿方式开展的研究性学习和旅行体验相结合的校外教育活动……学校根据教育教学计划灵活安排研学旅行时间,一般安排在小学四到六年级、初中一到二年级、高中一到二年级。

2016年12月19日,原国家旅游局发布《研学旅行服务规范》。该规范对"研学旅行主办方"定义如下：

研学旅行主办方是有明确研学旅行主题和教育目的的研学旅行活动组织方。

根据两个文件中关于"研学旅行"和"研学旅行主办方"的定义，以及文件中关于主办方的描述，可以发现，"教育部门和学校"是研学旅行的主办方。

在实际执行过程中，区域教育主管部门作为第一级的实施主体，其主要任务在于监督、指导和帮助：要探索制定中小学生研学旅行工作规程，负责监督学校落实安全责任，审核学校报送的活动方案（含保单信息）和应急预案；把中小学组织学生参加研学旅行的情况和成效作为学校综合考评体系的重要内容，并定期对自己所管辖的学校进行监督、检查，促进研学旅行活动的常态化发展。[①] 通常，学校是具体的执行方：往上对接教育部门，寻求政策、资金支持；往外对接旅游公司、研学旅行基地，寻求最可靠的合作方和最适合的研学旅行路线；往下对接家长和学生，做好需求调研、所需资金的合理分配、行前动员、安全协议签订；往内对接教师，规划好研学旅行课程，做好各种预案，明确各自职责。

目前，我国的研学旅行工作主要依靠政府来统筹保障运行，由教育主管部门主导、其他部门协作、社会力量支持，由学校有计划、有组织地安排和实施。学校既是研学旅行的组织者，也是研学旅行的实施主体，又被称作研学旅行主办方，是本章讨论的对象。

二、研学旅行主办方的法律地位

学校是指经主管机关批准或登记注册，以实施学制系统内各阶段教育为主的教育机构。在我国，学制系统内的基本教育阶段可以分为学前教育、初等教育、中等教育和高等教育。

每个教育阶段根据教育对象和培养目标的不同而设立不同类型的学校，包括幼儿园、小学、初级中学、高级中学、中等专业学校、技工学校、职业高中、高等专科学校、高等职业学校、独立学院、大学、具有颁发学历证书资格的成人高等学校等。

所谓学校的法律地位，是指法律根据学校这种社会组织的目的、任务、性质和特点而赋予其的一种同自然人相似的"人格"。[②] 学校的法律地位是通过法律规定取得的，要在具体的法律关系中实现。学校作为社会组织，与其所处的内部环境构成一系列社会关系，这些社会关系依据其不同的特征主要分为两类：一类是存在于政府与学校之间的纵向关系——教育行政关系；另一类是以财产所有和流转为主要内容、与不具有行政隶属关系的主体之间的教育民事关系，这类关系主要受民法调整。

当学校参与行政法律关系，取得行政权利和承担行政义务时，它就是行政法律关系主体；当学校参与民事法律关系，取得民事权利和承担民事义务时，它就是民事法律关系的主体。作为行政法律关系的主体，学校及其他教育机关应由行政法规定它的法律地位；作为民事法律关系的主体，学校具有法人资格，意味着其在民事活动中依法享有民事权利，承担民事责任。

---

① 胡光明. 研学旅行实务运营（微课版）[M]. 北京：人民邮电出版社，2022.
② 张维平，石连海. 教育法学[M]. 北京：人民教育出版社，2008.

【任务实训】

把全班分成两个小组,分别负责饰演不同领域中的研学旅行主办方和参与主体,分析研学旅行中主办方的法律地位。

【任务完成】

通过该任务的学习,学生能够熟悉并掌握在不同领域中的研学旅行主办方的法律地位。研学旅行主办方是学校,在不同领域中,主办方的法律地位发生着变化,理解并掌握其所处领域,有助于明晰其享有的权利和应承担的义务。

任务二　研学旅行主办方的设立与权利、义务

【任务导入】

假如你是研学旅行机构的工作人员,本周内将要接待某学校的研学旅行活动,你认为学校在研学旅行中享有哪些权利?

【任务剖析】

研学旅行主办方的权利与其所处领域密切相关。研学旅行跨越了教育领域和旅游领域,主办方同时兼具教育主体和研学主体的身份,享有教育主体应有的权利,同时享有相关政策文件赋予研学主体的权利。本任务主要介绍研学旅行主办方在教育领域和研学领域中享有的权利。

一、研学旅行主办方的设立

(一)研学主办方的设立条件

学校必须具备必要的条件,才能保证教育、教学活动的正常进行。《中华人民共和国教育法》第二十七条对设立学校的基本条件作出了具体规定。设立学校及其他教育机构,必须具备下列基本条件。

1.有章程

《中华人民共和国教育法》第二十七条第一项规定,设立学校必须有组织机构和章程。学校章程是学校依法自主办学、完善内部治理结构、制定内部管理制度与规范性文件、实施内部管理、履行办学基本职能和开展社会交流合作的基本准则和依据。学校章程的内容通常包括办学宗旨、学校名称、教育形式、内部管理制度、教育教学管理、学生管理、教职工管理、学校资产及财务管理、学校与家庭和社会的沟通机制、校园安全以及附则等。学校章程

应当遵循国家法律法规,体现学校的自主性和创新性,同时要注重实操性和适应性,确保学校能够在法律法规框架内自主运行和管理。章程是学校组织结构、管理运行的基本准则,学校其他规章制度不得与本章程相抵触。

2. 有师资

《中华人民共和国教育法》第二十七条第二项规定,设立学校必须有合格的教师。教师是学校人员中的主体,是学校教育教学活动的直接组织者和实施者,肩负着培养教育学生、提高民族素质的重要使命。设立学校必须有一支合格的、可靠的师资队伍,承担教育教学任务的人员应当具有《中华人民共和国教师法》规定的相应学历、取得相应的教师资格证书,教师的数量应当与拟设立学校的规模、教育教学任务相适应,学科专任教师数量应该与各教学学科科目所需教师数量基本相符。学校聘任的专职、兼职教师必须符合《中华人民共和国教育法》《中华人民共和国教师法》和国家相关法规的要求。

在2024年8月6日,《中共中央 国务院关于弘扬教育家精神 加强新时代高素质专业化教师队伍建设的意见》指出,要坚持师德师风第一标准,将思想政治和师德要求纳入教师聘用合同,在教师聘用工作中严格考察把关;强化高层次教师培养,为幼儿园、小学重点培养本科及以上层次教师,中学教师培养逐步实现以研究生层次为主。[①] 在新时代,合格的中小学教师队伍还应当是师德师风过关、学历层次不断提升的高素质团队。

3. 有设备

教学场所、教育设施、设备等是学校开展教育和教学活动的基础。《中华人民共和国教育法》第二十七条第三项规定,设立学校必须有符合规定标准的教学场所及设施、设备等。这里的"规定标准",既包括教育教学条件方面的设备标准,也包括卫生、安全等方面的标准。建设不同性质、类型、层次的学校,所需的校舍面积、场地、教学仪器设备配置不同,国家和地方政府有相关标准可供参考,如《城市普通中小学校舍建设标准》《小学体育器材设施配备标准》《初中体育器材设施配备标准》《中小学午休设备设施配备规范》等。学校在设立过程中要按照国家和地方标准进行配置。

4. 有经费

《中华人民共和国教育法》第二十七条第四项规定,设立学校必须有必备的办学资金和稳定的经费来源。这是学校作为权利主体进行各种活动、独立享有权利和承担义务的物质基础。必备的办学资金和经费是指自己独立的财产,这种财产要与学校的业务性质、规模、范围大体相适应。对于国家举办的学校,《中华人民共和国教育法》第五十四条规定:国家建立以财政拨款为主、其他多种渠道筹措教育经费为辅的体制,逐步增加对教育的投入,保证国家举办的学校教育经费的稳定来源。《中华人民共和国教育法》专设第七章"教育投入与条件保障"章节,就学校的经费投入情况进行明确。

---

① 中国政府网.中共中央 国务院关于弘扬教育家精神 加强新时代高素质专业化教师队伍建设的意见[EB/OL].(2024-08-06)[2024-08-29].

（二）研学旅行主办方的基本要求

1. 应具备法人资质

法人是具有民事权利能力和民事行为能力、依法独立享有民事权利和承担民事义务的组织。学校作为研学旅行的主办方，首先应具有法人资质。在我国，法人成立需要具备以下条件：

①必须依法成立；

②有自己的名称、组织机构和相应的场所；

③有必要的财产和经费；

④独立承担民事责任；

⑤经有关机关批准。

《中华人民共和国教育法》第二十八条规定：学校及其他教育机构的设立、变更和终止，应当按照国家有关规定办理审核、批准、注册或者备案手续。在我国，学校的设立主要有两种方式：一种是登记注册，由主管部门对申请者提交的申请设立报告进行审核，如未发现违背教育法律法规规定的情形并符合规定标准，就予以登记注册，这一制度相对简单，主要适用于幼儿园等教育机构；另一种是审批，除了要审核拟申请设立的学校是否符合教育法律法规规定及设置标准，还要审核、论证拟设立的学校是否符合本地区教育发展规划的要求。审批程序更为严格，一般适用于各级各类正规学校、独立设置的职业培训机构等。我国大、中、小学的设立就采取了这种方式，即学校在设立审批时，学校主管部门会同时审查拟设立学校的法人条件。①

2. 应对研学旅行服务项目提出明确要求

在《研学旅行服务规范》中，单设章节对研学旅行服务项目进行详细说明，充分说明其重要性。作为研学活动质量保障的源头，研学旅行服务项目由教育服务、旅行服务两个部分组成。

（1）教育服务要求

根据《研学旅行服务规范》规定，研学旅行教育服务主要涉及六个部分：教育服务计划、教育服务项目、教育服务流程、教育服务设施及教材、教育服务实施人员、教育服务评价机制。具体要求如下：

第一，教育服务计划。研学旅行服务计划是活动开展的重要依据。主办方要结合实际，把研学旅行纳入学校教育教学计划，与综合实践活动课程统筹考虑，围绕学校相关教育目标，与承办方共同制定研学旅行服务计划。根据学段特色和地域特色，明确教育活动目标，精心设计研学旅行活动的课程内容，逐步建立小学阶段以乡土乡情为主、初中阶段以县情市情为主、高中阶段以省情国情为主的研学旅行活动课程体系。根据教育教学计划，兼顾学生的年龄特点和学校的教学安排，灵活安排研学旅行时间，一般安排在小学四到六年级、初中

---

① 胡光明.研学旅行实务运营(微课版)[M].北京:人民邮电出版社,2022,

一到二年级、高中一到二年级。

第二，教育服务项目。针对不同学龄段的学生，主办方应按照教育教学计划提出相应学时要求，其中每天体验教育课程项目的时间应不少于45分钟。根据服务项目的划分，研学旅行教育服务项目可以分为四类：健身项目、健手项目、健脑项目、健心项目。其中，健身项目以培养学生生存能力和适应能力为主要目的，健手项目以培养学生自理能力和动手能力为主要目的，健脑项目以培养学生观察能力和学习能力为主要目的，健心项目以培养学生情感能力和践行能力为主要目的。在课程设计中，要充分考虑不同学龄段学生的特点，将各类项目的活动有机、巧妙搭配。

第三，教育服务流程。研学旅行的活动安排一般分为三个阶段：旅行前、旅行中、旅行后。研学旅行承办方应协助主办方统筹管理，保障研学旅行活动的顺利实施。在旅行前，确定研学旅行计划后，主办方应采取恰当的方式指导学生通过阅读相关书籍、查阅相关资料、制订学习计划等方式做好准备工作，安排承办方工作人员进校，召开行前说明会，就研学旅行安排、旅行常识、安全知识、注意事项等向学生和教师进行介绍。在旅行中，主办方要和承办方相互配合，组织学生参与教育活动项目，指导学生撰写研学日记或调查报告，教育服务过程由研学导师主导实施，导游和带队教师配合完成。在旅行后，组织学生分享心得体会，形式不限，如组织征文展示、分享交流会等。研学旅行教育服务全程需要主体对象、主办方、承办方、供应方的通力配合。

第四，教育服务设施及教材。教育服务设施及研学旅行教材的合理使用和编排，可以使教学内容更便于理解，促进研学旅行活动质量的提升。研学旅行承办方可以协同主办方，根据不同年龄段学生的特点设计符合需求的研学旅行教材，在研学活动开展前将研学旅行手册发放给学生，学生可以提前了解研学旅行的目的、内容和方法，做好知识储备和心理准备，更好地参与研学实践。研学旅行承办方应根据研学旅行教育服务计划，配备相应的辅助设备和设施，如电脑、多媒体、实验室、各类体验教育设施或教具等。研学旅行各方要注重对教育服务设施和研学旅行教材的质量进行甄别，确保研学旅行活动的教育性和安全性。

第五，教育服务实施人员。无论是学校自行开展，还是委托开展，研学旅行教育服务均由研学旅行指导师主导实施，依据与主办方确定的研学旅行课程方案开展活动，带队教师配合完成。若为委托开展，承办方安排的导游也须配合研学旅行指导师的工作，与带队教师一同配合完成研学旅行教育服务工作。带队教师由主办方配备，建议按照每20名学生配备1名带队教师的标准来执行。

第六，教育服务评价机制。实施教育服务评价机制是为了更好地提升教育服务水平，提高研学服务质量。主办方应当建立教育服务评价机制，对研学旅行教育服务效果进行评价，包括对研学导师的评价、对行程的评价、对旅行服务要素的评价、对学习成果的评价等，根据调研结果进行分析，为研学旅行教育服务的改进提供科学参考。

（2）旅行服务要求

研学旅行的旅行服务项目与普通旅游基本一致，都涉及交通、住宿、餐饮、导游讲解、安全保障等内容。由于研学旅行的主体对象是未成年学生，较之于普通游客，在服务上要更注重细节。

第一，交通服务。研学旅行的顺利开展离不开交通的保障,包括选择合适的交通工具和路线、制定突发情况应急预案,研学旅行全程要确保师生安全。主办方与承办方应当选择具有旅游运营资质的车辆,特别要审核驾驶人员的个人资质。在交通方式的选择上,要根据实际情况进行调整:选择汽车客运交通方式的,行驶道路不宜低于省级公路等级,驾驶人连续驾车不应超过 2 小时,停车休息时间不应少于 20 分钟;单次路程在 400 km 以上的,应优先选择铁路、航空等交通方式;选择水运交通方式的,交通工具应符合 GB/T 16890—2008 的要求,不宜选择木船、划艇、快艇。出行前,主办方和承办方应提前告知学生及家长相关交通信息,以便其掌握乘坐的交通工具的类型、时间、地点以及需准备的有关证件。承办方应提前与相应交通运输部门取得工作联系,组织绿色通道或开辟专门的等候区域。在活动开展全程中,承办方应加强交通服务环节的安全防范,向学生宣讲交通安全知识和紧急疏散要求,组织学生安全有序乘坐交通工具。在承运全程随机开展安全巡查工作,并在学生上、下交通工具时清点人数,防范出现滞留或走失的情况。遇到恶劣天气时,应认真研判安全风险,及时调整研学旅行行程和交通方式。

第二,住宿服务。研学旅行过程中,住宿场所是学生休息和恢复体力的场所,更是学习、交流、社交的重要平台。住宿环境的舒适度和安全性是学生和家长最关心的问题。研学旅行主办方、承办方应当选择营业执照、消防安全许可证、公共场所卫生许可证、特种行业许可证等证照齐全的住宿场所,住宿应以安全、卫生、舒适为基本要求,客房卫生应符合相应的国家技术标准。出行前,应提前将住宿信息告知学生和家长,以便做好相关准备工作。旅行中,应建立健全住宿安全管理制度,详细告知学生入住注意事项,宣讲住宿安全知识,带领学生熟悉逃生通道,组织开展巡查、夜查等工作。住宿场所若为营地,则倡导男、女学生分区住宿,女生片区管理员应为女性。住宿场所的消防设施器材、逃生通道、安全出口、防护设施、公共信息导向系统等安全保障措施应符合有关法律法规的规定及国家技术标准。

第三,餐饮服务。餐饮服务直接关系到学生的体验质量和满意度,同时也是研学旅行教育目标实现的关键环节。研学旅行主办方、承办方应当选择营业执照、食品经营许可证等证照齐全的餐饮服务单位,餐饮服务和卫生应符合相应的国家技术规范。餐饮服务单位应当建立健全食品安全自查、进货查验及索证索票、餐饮加工过程控制、食品留样等安全管理制度,加强从业人员的健康管理和食品安全知识培训。研学旅行组织方应提前制订就餐座次表,组织学生有序进餐,在学生用餐时做好巡查工作,确保餐饮服务质量。

第四,导游讲解服务。研学旅行导游与传统导游不同。研学旅行导游主要针对中小学生,在旅行中为学生提供教育和指导,通过实地考察和体验来增长知识和见识。研学导游讲解服务应符合 GB/T 15971—2023 的要求,讲解内容要结合教育服务要求,更加注重知识性和教育性,根据不同年龄段的学生调整讲解内容,提供有针对性、互动性、趣味性、启发性和引导性的讲解服务,确保信息有效传达、学生充分理解。在研学过程中,将安全知识、文明礼仪作为导游讲解服务的重要内容,引导学生安全旅游、文明旅游,培养学生文明旅游的意识,养成文明旅游的行为习惯。

第五,医疗及救助服务。研学旅行中的医疗及救助服务内容是一个综合性的体系,涵盖了行前准备、行中医疗服务、后续跟进等方面,旨在确保学生在研学过程中的健康与安全。

主办方、承办方在行前,应了解学生的健康情况,对领队、带队教师和随行工作人员进行急救技能培训,准备充足的急救药品和医疗设备,提前调研和掌握研学营地周边的医疗及救助资源状况,制定详细的应急预案,以便在突发情况下迅速行动。在条件允许的情况下,应聘请具有职业资格的医护人员随团提供医疗及救助服务。研学过程中,随时关注学生状况,发现学生生病或受伤,提供必要的心理支持和安抚,并及时送往医院或急救中心治疗,妥善保管就诊医疗记录。返城后,承办方应将医疗记录复印并转交给家长或带队教师。对在研学中受伤或生病的同学进行后续健康追踪,对研学中的医疗及救助服务进行总结反馈。

3. 应有明确的安全防控措施、教育培训计划

研学旅行安全问题是影响研学旅行质量的首要问题,其主体对象的特殊性和活动范围的广阔性决定了研学旅行安全的特殊性。《教育部等11部门关于推进中小学生研学旅行的意见》明确将"安全性"写入研学旅行的基本原则,要求各地教育部门和中小学校做到"活动有方案,行前有备案,应急有预案",务必做到"坚持安全第一,建立安全保障机制,明确安全保障责任,落实安全保障措施,确保学生安全",要求"学校要做好行前安全教育工作,负责确认出行师生购买意外险,必须投保校方责任险,与家长签订安全责任书,与委托开展研学旅行的企业或机构签订安全责任书,明确各方安全责任"。原国家旅游局出台的《研学旅行服务规范》明确提出对安全管理的要求,强调研学旅行主办方、承办方、供应方应针对研学旅行活动分别制定安全管理制度,提前培养安全管理人员并安排随团开展安全管理工作,在研学旅行全程中加强安全教育,制定突发事件应急预案,定期组织安全演练,努力为研学旅行提供一个安全的环境。

4. 应与承办方签订委托合同,按照合同约定履行义务

学校组织开展研学旅行可以采取自行开展、委托开展两种形式。实践中,学校通常采用第二种方式。采取委托开展形式组织研学旅行活动时,学校要与有资质、信誉好的委托企业或机构签订协议书,明确委托企业或机构承担学生研学旅行安全责任。

二、研学旅行主办方的权利

(一)作为教育主体的权利

作为行政法律关系的主体,学校的法律地位多由宪法、行政法来加以规定。在行政法律关系中,学校的主体资格具体表现为它是行政管理相对人,是被管理的对象。作为行政管理相对人,学校一般享有参与行政管理的权利、要求提供管理服务方面的权利,当学校的周边环境严重影响教学秩序时,学校有权要求有关部门对周边环境进行治理。此外,学校还拥有财产权、监督权,申请复议、提起诉讼和请求赔偿的权利等。

学校作为社会组织参与民事法律关系,享有民事权利和承担民事义务时,它就是民事法律关系的主体。按照《中华人民共和国民法典》规定,我国的民事主体包括自然人、法人、非法人组织。《中华人民共和国民法典》第五十七条规定:法人是指具有民事权利能力和民事行为能力,依法独立享有民事权利和承担民事义务的组织。在我国,学校的具体权利是由

《中华人民共和国教育法》等法律规定的,主要涉及以下权利。

1. 按照章程自主管理

设立学校必须有组织机构和章程。《中华人民共和国教育法》第二十九条第一项规定,学校按照章程自主管理。1999年,教育部在其下发的《关于加强教育法制建设的意见》中强调"各级各类学校特别是高等学校要提高依法管理学校的意识,依据法律、法规的规定,尽快制定、完善学校章程,经主管教育行政部门审核后,按章程依法自主办学"。章程是学校组织结构、管理运行的基本准则,是学校统领全局的文件,在学校规章制度体系中居于龙头地位。在不违背国家法律的前提下,学校可以依据章程自主组织实施管理活动,并做出管理决策,建立并完善自身的管理系统。学校其他规章制度不得与本章程相抵触。

2. 组织实施教育教学活动

教育教学是学校的一项基本活动。学校有权根据国家有关教学计划、教学大纲和课程标准等方面的规定,自主组织学校教育教学活动的实施。例如,学校可以根据当地实际情况,把研学旅行纳入学校教育教学计划,与综合实践活动课程统筹考虑,精心设计研学旅行活动课程。此外,学校可以根据教育教学计划灵活安排研学旅行时间。其他任何组织和个人不得非法干预学校对这一权利的行使。

3. 招收学生或者其他受教育者

学校有权在主管教育部门的批准许可限度内,自主确定招生办法、招生人数并进行招生、择优录取。招生权是教育机构的基本权利,学校依据国家有关规定进行招生,任何组织和个人不得非法干预。学校虽然有权通过合理形式确定招生范围、来源,进行招生宣传,但无论何种学校,发布的招生消息都必须合法、真实、有效,否则法律将不予保护。

4. 对受教育者进行学籍管理,实施奖励或者处分

学籍管理是指根据有关规定对学生的入学资格、在校学习情况及毕业资格进行考核、记载、控制和处理的活动,是学校管理的重要组成部分。学籍管理的内容一般包括入学注册,成绩考核,对升级、留级、转学、休学、复学、退学的处理,鉴定,考勤,纪律教育,奖励,处分。教育部在2013年8月11日发布了《中小学生学籍管理办法》,对中小学生学籍的建立、变动作出了详细规定,并要求各级教育行政部门、学校为学生的学籍管理提供保障。学校有权依据主管部门的学籍管理规定,制定本校具体的学籍管理办法。学校还有权根据国家有关规定对学生进行奖励或处分,对学生的良好表现和优秀行为加以表彰,对学生的违法违纪行为进行惩戒。

5. 对受教育者颁发相应的学业证书

学业证书是对受教育者的学习经历、知识水平及专业技能的一种证明。学业证书制度是国家的基本教育制度。经国家批准设立或认可的学校及其他教育机构按照国家有关规定,有颁发学历证书或者其他学业证书的权利。学校有权根据自己的办学宗旨、培养目标及教育教学任务的要求,遵照国家关于学业证书的管理规定,为考试成绩合格的受教育者颁发相应的学业证书。受教育者享有获得学业证书的权利。学校在行使这项权利时,要遵循公开、公正的原则,自觉接受主管部门和受教育者的监督,不得滥用权利。

6. 聘任教师及其他职工,实施奖励或者处分

学校依法享有人事权。教师是实施教育教学活动的专业人员,对教师的管理被纳入国家的人事管理制度,包括教师的聘任、考核、奖励或者处分。学校有权根据国家和教育主管部门有关教师和其他教职工的管理规定,从学校实际情况出发,制定本校教师及其他职工的聘任、解聘办法。教师和其他职工一旦被学校聘用,便进入了学校的管理范围,有义务接受学校在教育教学活动中的要求,应当履行好自己的职责。学校依据其岗位职责要求,建立奖勤罚懒、奖优罚劣的激励制度,不断提高教育质量和办学效益。

7. 管理、使用本单位的设施和经费

教学场所、教育设施设备、办学经费是学校办学的物质基础。学校对其占有的场地、教学仪器设备、图片资料、办学经费及其他有关财产,享有管理权和使用权,必要时可对其占用的财产进行处置或获得一定的收益。学校用于教学、科研的财产不得随意挪作他用。

8. 拒绝任何组织和个人对教育教学活动的非法干涉

这一规定确保了学校和教育机构在教育过程中的独立性和自主权。为了维护学校正常的教育教学秩序,学校有权对来自国家机关、企事业单位、社会团体以及个人的非法干涉予以拒绝和抵制。需要注意的是,学校有权拒绝的仅限于"非法干涉",即违背法律、法规和国家规定,妨碍学校教育教学活动开展的行为,如乱摊派、乱集资、乱罚款等,以及随意要求学校停课等行为。学校作为法人实体,不得拒绝行政部门、司法部门、社会和个人依法对其进行的监督,包括学校是否依法办学、学校是否按照国家规定使用经费,也包括舆论的批评。

9. 法律、法规规定的其他权利

除以上八项权利外,学校作为教育机构,还享有法律法规规定的法人和其他组织应当享有的其他权利,如民事权利、诉讼权利等。

学校在行使这些权利时,必须符合国家和社会的公共利益,不得违反国家法律、法规和政策。国家保护学校及其他教育机构的合法权益不受侵犯。

(二)作为研学主体的权利

学校作为研学旅行主办方,其权利和义务主要依据教育部等11部门发布的《教育部等11部门关于推进中小学生研学旅行的意见》、原国家旅游局发布的《研学旅行服务规范》、教育部发布的《中小学综合实践活动课程指导纲要》三个文件。学校作为主办方,享有的权利具体包括以下内容。

1. 将研学旅行纳入教育教学计划的权利

学校教育教学计划是课程设置和教学活动的基础指导文件,是提高基础教育教学质量、促进教师专业发展和确保教育目标实现的重要工具。其中,教学计划是课程设置的整体规划,规定了不同课程类型相互建构的方式,同时也对学校的教学、生产劳动、课外活动等进行了全面安排。

2016年,《教育部等11部门关于推进中小学生研学旅行的意见》指出,各中小学要结合当地实际,把研学旅行纳入学校教育教学计划,与综合实践活动课程统筹考虑,促进研学旅

行和学校课程有机融合,要精心设计研学旅行活动课程,做到立意高远、目的明确、活动生动、学习有效,避免"只旅不学"或"只学不旅"现象。

2017 年,教育部发布的《中小学综合实践活动课程指导纲要》明确规定,综合实践活动是从学生的真实生活和发展需要出发,从生活情境中发现问题,转化为活动主题,通过探究、服务、制作、体验等方式,培养学生综合素质的跨学科实践性课程。综合实践活动是国家义务教育和普通高中课程方案规定的必修课程,与学科课程并列设置,是基础教育课程体系的重要组成部分。该课程由地方统筹管理和指导,具体内容以学校开发为主,自小学一年级至高中三年级全面实施。

研学旅行是一种校外教育活动,属于综合实践活动的考察探究类,是综合实践活动课程的组成部分。学校根据教育教学计划灵活安排研学旅行时间,一般安排在小学四到六年级、初中一到二年级、高中一到二年级,尽量错开旅游高峰期。学校根据学段特点和地域特色,逐步建立小学阶段以乡土乡情为主、初中阶段以县情市情为主、高中阶段以省情国情为主的研学旅行活动课程体系。

2. 自主选择研学旅行开展方式的权利

《教育部等 11 部门关于推进中小学生研学旅行的意见》指出,学校组织开展研学旅行可采取自行开展或委托开展的形式。

学校有自主选择研学旅行开展方式的权利,但需要提前拟定活动计划并按管理权限报教育行政部门备案,通过家长委员会、致家长的一封信或召开家长会等形式告知家长活动意义、时间安排、出行线路、费用收支、注意事项等信息,加强学生和教师的研学旅行事前培训和事后考核。

学校自行开展研学旅行时,要根据需要配备一定比例的学校领导、教师和安全员,也可吸收少数家长作为志愿者,负责学生活动管理和安全保障,与家长签订协议书,明确学校、家长、学生的责任权利。

学校委托开展研学旅行,要与有资质、信誉好的委托企业或机构签订协议书,明确委托企业或机构承担学生研学旅行安全责任。

3. 科学评价的权利

学校要在充分尊重个性差异、鼓励多元发展的前提下,对学生参加研学旅行的情况和成效进行科学评价,综合考虑学生的参与情况、学习成果、团队合作、创新能力等多方面,通过学生自评、小组互评、家长参评、学校测评、机构助评等多方评价,综合采用线上评价与线下评价相结合的方式,对学生的研学旅行情况进行全面、客观的评价,并将评价结果逐步纳入学生学分管理体系和学生综合素质评价体系。

4. 提出产品设计需求的权利

不同学龄段的学生在身心发展、认知能力、学习方式和兴趣爱好等方面存在显著差异。为了更好地提升研学旅行的质量和效果,主办方可以要求承办方针对不同学龄段的特点和教育目标,设计研学旅行产品。其中,小学一到三年级宜设计以知识科普型和文化康养型资源为主的产品,小学四到六年级宜设计以知识科普型、自然观赏型和励志拓展型资源为主的产品,初中年级宜设计以知识科普型、体验考察型和励志拓展型资源为主的产品,高中年级宜设计以体验考察型和励志拓展型资源为主的产品。

三、研学旅行主办方的义务

(一)作为教育主体的义务

在法治社会,权利和义务是相辅相成的。学校作为行政管理相对人,在享有权利的同时,也必须承担相应的义务,包括遵守行政法规范的义务、服从行政管理的义务、协助行政管理的义务。学校在享有《中华人民共和国教育法》赋予的权利的同时,也要承担一定的义务。《中华人民共和国教育法》第三十条规定了学校应履行的六项义务,具体内容如下。

1. 遵守法律、法规

《中华人民共和国宪法》第五条规定:一切国家机关和武装力量、各政党和各社会团体、各企业事业组织都必须遵守宪法和法律。一切违反宪法和法律的行为,必须予以追究。任何组织或者个人都不得有超越宪法和法律的特权。学校作为实施教育教学活动、培养人才的事业组织,同样不例外。此项义务中的"法律、法规",包括宪法和国家权力机关制定的法律,也包括国务院制定的行政法规和地方性法规。学校不仅应履行教育法律、法规中为学校设立的特定义务,还应履行一般社会组织所应承担的法律义务。

2. 贯彻国家的教育方针,执行国家教育教学标准,保证教育教学质量

国家的教育方针是国家在一定历史时期内为实现该时期的基本路线和基本任务,对教育工作所提出的总的指导方针。《中华人民共和国教育法》第五条对党和国家的教育方针作出了规范表述:教育必须为社会主义现代化建设服务、为人民服务,必须与生产劳动和社会实践相结合,培养德智体美劳全面发展的社会主义建设者和接班人。学校及其他教育机构在整个教育教学活动中,都要坚持社会主义办学方向,落实立德树人根本任务,确保社会主义现代化强国建设后继有人。

《中华人民共和国教育法》第三十条第二项指出,学校及其他教育机构应当执行国家教育教学标准。国家教育教学标准是国家对各级各类教育的基本要求和规范,旨在确保教育质量和提升教育水平,主要包括教育内容、教育教学质量、办学条件等。通过设定全国范围的教育质量要求,进一步提高教育质量。

3. 维护受教育者、教师及其他职工的合法权益

学校及其他教育机构中的受教育者、教师及其他职工,都是中华人民共和国的合法公民,他们享有宪法及其他法律赋予的权利。作为学校的成员,按照学校的要求履行教职义务,是其应尽的责任,保护其合法权益不受侵害也是学校应履行的义务。一方面,这要求学校自身不得随意侵犯受教育者、教师及其他职工的合法权益,如剥夺学生上课的权利、学生达到毕业要求拒不颁发学业证书、挪用或拖欠教职工工资等。另一方面,当学校以外的其他社会组织和个人侵犯了本校学生、教师及职工的合法权益时,学校应当以合法方式积极协助有关单位查处实施违法行为的当事人,维护本校师生的合法权益。这项义务的确立,有助于

形成一种学校爱护师生、师生爱护学校的良好教育教学关系,保持校园秩序的稳定,促进学校教育的良性发展。

4.以适当方式为受教育者及其监护人了解受教育者学业成绩及其他有关情况提供便利

学校采取适当方式为受教育者及其监护人了解孩子学业成绩和其他情况提供便利,不仅是履行其教育义务的一部分,也是促进家庭教育参与、提高教育质量的重要途径。这些"适当的方式"包括但不限于教师家访、家长会议、家长接待日等,这些措施旨在确保家长和其他监护人能够及时了解孩子的情况,更好地参与和支持孩子的教育过程,促进家校沟通,促使家庭教育与学校教育有效结合,共同促进学生的全面发展。

5.遵照国家有关规定收取费用并公开收费项目

学校是公益性教育机构,应根据中央和地方各级政府及其有关部门的收费规定确定收费标准,不得巧立名目乱收费。为了规范教育收费行为,促进教育健康发展,维护学生及家长的合法权益,相关部门发布了一系列教育收费政策,如《中华人民共和国价格法》《价格违法行为行政处罚规定》等,明确规定学校应严格遵守的收费原则和程序。学校要严格按照国家有关规定收取费用,向家长和社会公开收费的具体名称和标准,接受家长和社会的监督。

6.依法接受监督

学校对各级权力机关、行政机关依法进行的检查、监督及社会各界依法进行的监督,应当予以配合,不得拒绝,更不得故意妨碍监督检查工作的正常进行。

(二)作为研学主体的义务

根据相关文件,学校作为主办方,是研学旅行活动的决策者和组织者。在研学旅行过程中具体需要履行以下义务。

1.安全保障的义务

研学旅行要坚持安全第一,建立安全保障机制,明确安全保障责任,落实安全保障措施,确保学生安全。学校在行前要做好安全教育工作,确认出行师生购买意外险,必须投保校方责任险,与家长签订安全责任书。研学旅行采用委托开展形式的,还要与委托开展研学旅行的企业或机构签订安全责任书,明确各方安全责任。学校作为主办方,要针对研学旅行活动制定安全管理制度,包括研学旅行安全管理工作方案、研学旅行突发事件应急预案及操作手册、研学旅行产品安全评估制度、研学旅行安全教育培训制度等,构建完善、有效的安全防控机制。

2.人员配置的义务

为了保障研学旅行活动的顺利开展,主办方应当配置相应的工作人员,包括主办方代表、研学指导带队教师、安全管理责任人员、医护人员等。主办方应至少派出1人作为主办方代表,负责督导研学旅行活动按计划开展。每20位学生宜配置1名带队教师,带队教师全程带领学生参与研学旅行各项活动。若研学旅行活动采取自行开展的方式,主办方还需要为每个团队配置1名安全员,在研学旅行过程中随团开展安全教育和防控工作。在条件允许的情况下,主办方还应聘请具有职业资格的医护人员随团提供医疗及救助服务。

3. 提醒告知的义务

参与研学旅行活动的主体对象是未成年人,在旅行全程中主办方及工作人员应当肩负起提醒告知的责任和义务。行前,指导学生做好知识、物质、心理等各项准备工作。在旅行全程中,要提醒学生各类安全注意事项,不宜参加的活动要明确告知,强化学生的安全防范意识。

【任务实训】

把全班分成四个小组,分别讨论研学旅行主办方作为教育主体的权利、作为研学主体的权利、作为教育主体的义务、作为研学主体的义务,分析研学旅行主办方不同身份的权利与义务之间的关系。

【任务完成】

通过该任务的学习,学生能够熟悉并掌握不同身份的研学旅行主办方的权利和义务,并能够在实践中灵活运用。

思考与练习

1. 请简述研学旅行主办方的范围。
2. 请简述研学旅行主办方的法律地位。
3. 请简述研学旅行主办方的设立条件。
4. 请简述研学旅行主办方作为教育主体的权利。
5. 请简述研学旅行主办方作为研学主体的权利。
6. 请简述研学旅行主办方作为教育主体的义务。
7. 请简述研学旅行主办方作为研学主体的义务。

项目四
研学旅行承办方法律法规

【思维导图】

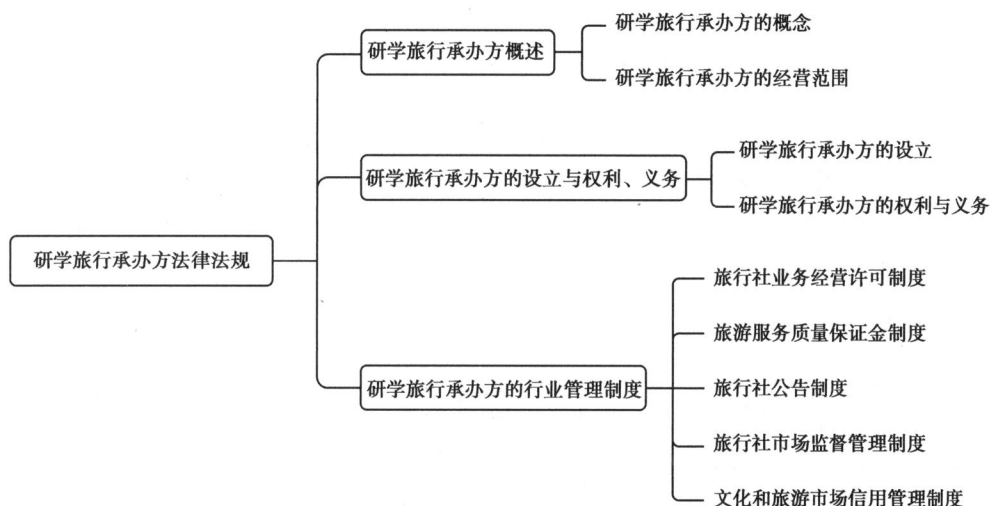

【知识目标】

1. 把握研学旅行承办方、旅游服务质量保证金等概念;

2. 理解并掌握研学旅行承办方的经营范围、设立要求和权利与义务;

3. 理解研学旅行承办方的行业管理制度,熟悉并掌握旅游服务质量保证金制度。

【能力目标】

1. 能正确界定研学旅行承办方概念,对其经营范围进行辨识。

2. 能正确认识研学旅行承办方的设立要求。

3. 能正确识别研学旅行承办方的权利和义务。

4. 能正确理解研学旅行承办方的行业管理制度。

【素养目标】

1. 能够准确界定研学旅行承办方,对其经营范围进行界定。

2.能够认识到研学旅行承办方的设立要求,在实际工作中清晰辨认。

3.能够认识到研学旅行承办方享有的权利和应承担的义务,在实际工作中正确对待。

4.能够正确认识研学旅行承办方的行业管理制度,在实际工作中严格遵守。

【项目导入】

"货不对板"的研学游

作为一种寓教于乐的校外教育活动,研学旅行能够拓宽学生的视野,增强学生的实践能力和创新意识。但是,由于目前缺乏有效的监管,研学旅行频频出现货不对板、游而不学、质次价高等问题。

2023年7月2日,消费者周女士向湖北省襄阳市襄州区消费者委员会投诉。今年暑假,周女士花费2980元为孩子购买了湖北某旅游公司的研学旅游服务项目,该公司宣称与当地某学校合作进行研学旅行,在开营前表示孩子们都住酒店,开营后发现只有小学部学生住酒店,中学部学生住的都是公寓,而且公寓里水是臭的,也没有喝的热水。7月2日原定参观北京故宫,但是旅游公司却让孩子们在门外晒了一下午的太阳,没有进入故宫,群内管理人员也不回复。之前还说去清华、北大参观,但是实际上只去了清华科技园。

试分析该旅游公司存在哪些不当行为? 研学旅行承办机构应该履行哪些义务? 我们将在本项目中予以解答。

(案例节选自:2023年第三季度全国消协组织受理投诉情况分析)

任务一　研学旅行承办方概述

【任务导入】

假如你是即将进入研学旅行承办方单位工作的毕业生,请对"研学旅行承办方"进行解释,并试述其经营范围。

【任务剖析】

研学旅行承办方是研学实践中的重要参与主体,在研学过程中承担着重要角色。本任务主要介绍研学旅行承办方的概念、经营范围。

《中华人民共和国旅游法》《研学旅行服务规范》《旅行社条例》《旅行社条例实施细则》《导游管理办法》《导游服务规范》等是对研学旅行承办方的设立和经营活动实施行业管理的最基本的法规政策依据。研学旅行承办方的特别要求是对研学旅行活动顺利开展的重要保障。旅游服务质量保证金制度是保护研学主体和承办方利益的有力武器。研学旅行承办方(旅行社)应按照要求足额支付旅游服务质量保证金和研学对象的意外伤害保险,增强双方的抗风险能力,促进研学旅行的健康发展。

一、研学旅行承办方的概念

(一)研学旅行承办方的概念

随着研学旅行规模的不断扩大,研学旅行承办方的需求量也越来越大。2016 年原国家旅游局发布的《研学旅行服务规范》,对研学旅行服务的术语和定义进行了界定,明确指出:

研学旅行承办方,是指与研学旅行活动主办方签订合同,提供教育旅游服务的旅行社。

截至 2022 年 6 月 30 日,全国纳入统计范围的旅行社共有 43225 家。研学旅行实践的发展促使传统旅行社开始进行业务转型。

(二)旅行社的概念

自 2009 年《旅行社条例》、2013 年《中华人民共和国旅游法》开始实施,国家对旅行社的设立、经营范围的界定、违法行为的处理进入了更为严格的依法管理阶段。

《旅行社条例》第二条和《中华人民共和国旅游法》第二十九条规定,旅行社是指从事招徕、组织、接待旅游者等活动,为旅游者提供相关旅游服务,开展境内旅游业务、出境旅游业务、边境旅游业务、入境旅游业务和其他旅游业务的企业法人。旅行社经营出境旅游业务和边境旅游业务,应当在取得相应的业务经营许可之后方可进行,具体条件由国务院规定。

(三)旅行社的业务范围

《旅行社条例》第二条规定,旅行社招徕、组织、接待旅游者,为其提供相关旅游服务,主要包括安排交通服务,安排住宿服务,安排餐饮服务,安排观光游览、休闲度假等服务,导游、领队服务,旅游咨询、旅游活动设计服务。

除以上业务外,旅行社还可以接受委托,提供下列旅游服务:

第一,接受旅游者的委托,代订交通客票,代订住宿和代办出境、入境、签证手续等(出境、签证手续等服务,应当由具备出境旅游业务经营权的旅行社代办);

第二,接受机关、事业单位和社会团体的委托,为其差旅、考察、会议、展览等公务活动,代办交通、住宿、餐饮、会务等事务;

第三,接受企业委托,为其各类商务活动、奖励旅游等,代办交通、住宿、餐饮、会务、观光游览、休闲度假等事务;

第四,其他旅游服务。

二、研学旅行承办方的经营范围

研学旅行承办方是旅行社,但与传统旅行社的业务有着明显区别,主要服务于研学旅行主体与主办方,其业务范围如下。

(一)人员配置

研学旅行承办方应当按照主办要求,根据研学旅行对象特点进行人员配置,包括项目组长、安全员、研学导师和导游。

1. 项目组长

承办方应根据研学旅行活动需要,为每项活动配置一名项目组长,项目组长全程随团活动,负责统筹协调研学旅行各项工作。

2. 安全员

研学旅行服务对象是中小学生,处于未成年阶段,风险系数较普通游客更高。承办方应至少为每个研学旅行团队配置一名安全员,安全员在研学旅行过程中随团开展安全教育和防控工作。

3. 研学导师

为确保研学旅行效果,承办方应至少为每个研学旅行团队配置一名研学导师,研学导师负责制定研学旅行教育工作计划,在带队教师、导游员等工作人员的配合下提供研学旅行教育服务。

4. 导游

承办方应至少为每个研学旅行团队配置一名导游人员,导游人员负责提供导游服务,并配合相关工作人员提供研学旅行教育服务和生活保障服务。

(二)产品设计

承办方应根据主办方需求,结合中小学育人目标、课程体系,针对不同学段特点,设计研学旅行产品。小学阶段参与研学旅行,以乡土乡情为主;初中阶段参与研学旅行,以县情市情为主;高中阶段参与研学旅行,以省情国情为主。

新研学旅行产品在投入销售前,应组织内部评审,必要时听取主办方、供应方的意见。同时,承办方应制作并提供研学旅行产品说明书,产品说明书除应包括服务机构信息、服务对象、研学旅行线路、生活服务内容标准、研学旅行目的地介绍等符合《中华人民共和国旅游法》和LB/T 008—2011中有关规定的外,还应包括研学旅行安全防控措施、研学旅行教育服务项目及评价方法、未成年人监护办法。

(三)产品销售

承办方在进行研学旅行产品销售时,提供的信息应真实准确,不得超范围宣传。在此基础上,与主办方就研学旅行产品达成一致,并签署旅游服务合同、开具发票、购买学生旅游意外保险、妥善保管学生的各项资料。出境旅游、入境旅游应根据服务约定,提供必要的出入境手续服务或提示。

(四)教育服务

承办方和主办方应围绕学校相关教育目标,共同制定研学旅行教育服务计划,明确教育活动目标和内容,针对不同学龄段的学生提出相应学时要求。在行前、行中、行后,加强过程管理和监督指导,引导学生正确使用教育服务设施及教材。

(五)安全管理

承办方应针对研学旅行活动,制定安全管理制度,构建完善有效的安全防控机制。根据各项安全管理制度的要求,明确安全管理责任人员及其工作职责,在研学旅行活动过程中安排安全管理人员随团开展安全管理工作。同时,对工作人员定期开展安全培训,采取多种形式对研学对象进行安全教育。

【任务实训】

把全班分成四个小组,就承办方的经营范围进行模拟演练,分析与传统旅游中旅行社经营范围的差异之处。

【任务完成】

通过该任务的学习,学生能够清晰把握研学旅行承办方的经营范围,在实践中进行清晰界定,加深对研学旅行和传统旅游的理解。

任务二 研学旅行承办方的设立与权利、义务

【任务导入】

作为研学服务与管理专业的学生,你拟与三五个好友筹办一家专门经营研学旅行项目的旅行社,你认为需要做哪些准备工作?

【任务剖析】

旅行社的设立需要满足必要的条件才能够开办。经营研学旅行项目的旅行社有着更严格的要求。本任务有助于了解研学旅行承办方的概念、研学旅行承办方的设立条件、研学旅行对承办方的特殊要求。

一、研学旅行承办方的设立

(一)旅行社的设立条件

《中华人民共和国旅游法》第二十八条规定:设立旅行社,招徕、组织、接待旅游者,为其提供旅游服务,应当具备下列条件,取得旅游主管部门的许可,依法办理工商登记。

1.有固定的经营场所

《旅行社条例实施细则》第六条规定,旅行社的经营场所应当符合下列条件:

①申请者拥有产权的营业用房,或者申请者租用的、租期不少于1年的营业用房;

②营业用房应当满足申请者业务经营的需要。

2. 有必要的营业设施

《旅行社条例实施细则》第七条规定,旅行社营业设施应当至少包括下列设施、设备:

①2 部以上的直线固定电话;

②传真机、复印机;

③具备与旅游行政管理部门及其他旅游经营者联网条件的计算机。

3. 有符合规定的注册资本

《旅行社条例》第六条规定,申请设立旅行社,经营国内旅游业务和入境旅游业务的,应当取得法人资格,并且注册资本不少于 30 万元。经营国内旅游业务和入境旅游业务的旅行社应当存入 20 万元的质量保证金;经营出境旅游业务的旅行社,并应当增存质量保证金 120 万元。每设立一个经营国内旅游业务和入境旅游业务的分社,应当向其质量保证金账户增存 5 万元;每设立一个经营出境旅游业务的分社,应当向其质量保证金账户增存 30 万元。

4. 有必要的经营管理人员和导游

人力资源是保障旅行社正常运营的重要前提。《中华人民共和国旅游法》第二十八条规定,成立旅行社必须有必要的经营管理人员与导游。其中,"必要的经营管理人员"是指具有旅行社从业经历或者相关专业经历的经理人员和计调人员;"必要的导游"是指数量不低于旅行社在职员工总数的 20% 且不少于 3 名、与旅行社签订固定期限或者无固定期限劳动合同的持有导游证的导游。

5. 法律、行政法规规定的其他条件

在设立旅行社时,以上条件缺一不可,任何单位在未准备充分之前,均不能申请设立旅行社,更不能以旅行社的名义从事旅游经营活动。

(二)旅行社等级的划分

为提高旅行社经营管理和服务水平,促进旅行社的持续健康发展,原旅游主管部门(原国家旅游局的前身,现为文化和旅游部)制定了《旅行社等级的划分与评定》标准(GB/T 31380—2015),按照评分细则,对旅行社的基本条件、经营条件、经营业绩、企业管理、服务能力、质量和安全保证、诚信建设与营销推广等进行综合评价打分,将旅行社等级划分为五级,由低到高依次为 A 级、AA 级、AAA 级、AAAA 级、AAAAA 级。各等级旅行社在满足等级评定基本条件的情况下,应达到相应的分数要求。

旅行社等级评定的基本条件包括:依法设立、正式开展旅行社业务应不少于两年;两年内未发生严重安全责任事故;两年内发生安全事故,按规定及时报告并积极配合救援和善后处理;两年内未受到罚款以上行政处罚;两年内有效投诉比例不高于行业平均水平;两年内未有连续六个月不开展旅行社业务。

(三)研学旅行对承办方的要求

为了进一步规范研学旅行服务流程,提升服务质量,原国家旅游局发布了《研学旅行服务规范》,并于 2017 年 5 月 1 日起正式实施。在规范中,对研学旅行承办方作出了明确规定。

1. 应为依法注册的旅行社

研学旅行活动的主体是未成年人,在接待过程中承接研学旅行活动的旅行社,应当按照《中华人民共和国旅游法》《旅行社条例》《研学旅行服务规范》等相关文件规定,依法履行报批手续,待审核批准后由旅游行政管理部门颁发旅行社业务经营许可证。

2. 宜具有 AA 及以上等级

按照《研学旅行服务规范》要求,研学旅行承办方应符合 LB/T 004—2013 和 LB/T 008—2011 的要求,宜具有 AA 及以上等级,并符合 GB/T 31380—2015 的要求。根据《旅行社等级的划分与评定》的规定,AA 旅行社的经营条件需要满足:①固定资产应不少于 20 万元;②经营场所自有或租赁期限应不少于 3 年;③在职人员总数应不少于 15 人;④宜成为旅游行业协会的理事单位。

3. 企业信誉有保障

研学旅行承办方应当是有良好信誉记录的企业,做到连续三年内无重大质量投诉、不良诚信记录、经济纠纷及重大安全责任事故。

4. 经验丰富

研学旅行承办旅行社应在传统旅游业务的基础上,设立研学旅行的部门或研学旅行专职人员,有承接 100 人以上中小学生旅游团队的经验,有应对突发状况的能力。

5. 依法履约

研学旅行承办方在承接研学旅行业务后,应提前与供应方签订旅游服务合同,按照合同约定履行义务。

二、研学旅行承办方的权利与义务

研学旅行承办方(旅行社)的权利和义务,是指根据相关法律法规的规定,承办方在其经营活动中的权利和责任。承办方不仅要与研学旅行主体、主办方产生权利和义务的关系,还要同供应方产生权利和义务的关系。

(一)研学旅行承办方的权利

研学旅行承办方作为服务的提供者,在履行义务的同时也享有如下权利。

1. 广告宣传和组织招徕的权利

符合资格的研学旅行承办方,有权参与主办方组织的招标活动。承办方可以根据特许经营的业务范围,充分利用各种宣传媒体进行广告宣传和业务促销活动,组织招徕和接待研学旅行主办方,但所有信息必须真实可靠,不得虚假宣传,不得以任何欺诈手段欺骗主办方。

2. 签订旅游合同的权利

研学旅行承办方与主办方应本着公平、自愿、合情、合理、合法的原则,协商并签订研学旅行服务合同。合同一经签订,对双方都具有约束力,承办方要按照双方签订的研学旅行合同所约定的项目为主办方和研学旅行主体提供相应的服务。

3. 收取合理费用的权利

研学旅行承办方为主办方提供综合配套的各项服务,有权按照双方合同约定收取相应的报酬,提供质价相符的研学旅行产品和教育服务。

4. 依约安排活动的权利

研学旅行承办方在研学旅行服务合同签订之后,有权按照双方签订的合同安排旅行活动,确定研学旅行活动的时间、旅行线路及游览方式等。

5. 违约追偿的权利

研学旅行承办方有权向未按照合同约定组织研学对象参加研学旅行活动的主办方收取违约金,有权向出于主办方自身原因或研学对象自身原因造成旅行社损失的违约主体提出索赔要求。

6. 要求主办方如实提供研学对象个人信息的权利

研学旅行承办方有权要求主办方如实提供研学对象的个人信息,按时提交相关证明材料。

7. 要求研学主体配合处理、防止损失扩大的权利

研学旅行承办方有权在出现公共事件或其他危急情形时,要求研学旅行主办方和研学对象积极配合处理、防止损失扩大。同时,承办方有权制止研学对象违背研学旅行目的地的法律、风俗习惯的言行。

(二)研学旅行承办方的义务

1. 保障研学对象人身、财产安全的义务

研学旅行的对象多为未成年人,对意外缺乏基本的认知与判断。承办方应事先做好应急预案,对可能危及研学主体人身、财产安全的事宜,向研学旅行主办方、研学对象、随团研学导师等做出真实的说明和明确的警示。承办方所提供的研学旅行产品和服务必须符合相应的国家安全标准,其有责任和义务在活动期间为研学主体提供人身、财产安全保障。

2. 按照主办方要求设计研学旅行产品的义务

不同学段的研学对象在个性特点和培养目标上存在差异,承办方应根据主办方需求,设计研学旅行产品。其中,应围绕学校相关教育目标,设计不同类型的教育服务项目,满足不同学段研学对象的需要。

3. 行前、行中提醒的义务

研学旅行是一种特殊的教育旅游活动,其将课堂拓展到校外,以提升学生素质为教学目的。校外体验式教育有别于课堂教学,研学旅行承办方有义务在研学旅行活动开展前,就研学旅行目的地的法律规定、风俗习惯、宗教信仰、礼仪禁忌等向主办方和研学对象做出明确说明和警示。在研学旅行活动开展的过程中,以各种方式进行适时提醒。

4.按约提供产品和教育服务的义务

承办方应根据研学旅行合同约定,提供教育服务。行前通过发放《行程须知》、提供研学旅行目的地信息、提供研学旅行出行清单、与校方和家长签订安全责任书等方式履行行前告知义务。行中,可对研学对象进行分组,从学生真实生活和发展需要出发,将生活情境中的问题转化为活动主题,通过多种方式,调动学生的积极性,培养学生综合素质。研学旅行结束后,组织学生撰写各种形式的研学旅行报告,通过线上线下相结合的方式,收集服务质量评价,及时有效处理。

5.人员配置的义务

根据《研学旅行服务规范》的要求,在研学旅行活动开展的过程中,研学旅行承办方应配置项目组长、安全员、研学导师和导游,不同类型的人员责任清晰、分工明确。其中,项目组长全程随团活动,负责统筹协调各项工作;安全员在研学旅行过程中负责开展安全教育和风险防控工作;研学导师负责制定研学旅行教育工作计划,在带队教师、导游等工作人员的配合下提供研学旅行教育服务;随团导游应当持有旅游行政管理部门颁发的导游证,并随团佩戴,在旅行过程中负责提供符合教育计划要求的导游讲解、安全旅游提醒和文明旅游提示。相关人员各司其职、相互配合,共同完成研学旅行教育服务。

6.损失赔偿的义务

承办方有义务对由于自身或者供应商的过失造成研学主体合法权益受损害的行为承担责任。除因不可抗力或法律特别规定的情况之外,因承办方或供应商原因造成研学主体合法权益受损害的,承办方应积极处理、给予赔偿。

7.规范委托的义务

对于跨省、跨境研学旅行活动的开展,承办方需要对地接旅游业务进行委托的,应当委托给具有相应资质的旅行社,将位于目的地的受委托的旅行社的名称、地址、联系人和联系电话告知主办方,并征得主办方同意,与接受委托的旅行社就接待事宜签订委托合同,确定各项服务安排及其标准,约定双方权利、义务。未经主办方同意,不得擅自转让,否则要承担相应的法律责任。

【任务实训】

把全班分成四个小组,就某学校的研学旅行进行调研,观察研学旅行承办机构在过程中都享受了哪些权利,履行了哪些义务。

【任务完成】

通过该任务的学习,学生能够熟悉并掌握研学旅行承办方的权利和义务。

任务三　研学旅行承办方的行业管理制度

【任务导入】

假如你是研学旅行承办方的工作人员,试着分享在实际工作中都需要遵守哪些法律法规。

【任务剖析】

研学旅行承办方依据的管理制度主要是旅游行业相关制度文件,其随着社会发展更新迭代。本任务主要介绍与研学旅行承办方有关的行业管理制度。

一、旅行社业务经营许可制度

我国旅行社业为许可经营行业。《中华人民共和国旅游法》第二十八条明确规定,设立旅行社,应当具备规定的条件,取得旅游主管部门的许可,依法办理工商登记。

(一)旅行社业务经营许可制度的定义

旅行社业务经营许可证是旅行社经营旅游业务的资格证明,由国务院旅游主管部门统一印制,由具有审批权的旅游行政管理部门颁发。旅行社业务经营许可制度是指旅行社的经营资质需要经过旅游行政管理部门的认定,方可在其经营范围内展开经营活动。未取得旅行社业务经营许可证的,不得从事旅行社业务经营活动。对于违反规定,未经许可经营旅行社业务的行为,《中华人民共和国旅游法》第九十五条规定:由旅游主管部门或者市场监督管理部门责令改正,没收违法所得,并处一万元以上十万元以下罚款;违法所得十万元以上的,并处违法所得一倍以上五倍以下罚款;对有关责任人员,处二千元以上二万元以下罚款。

(二)旅行社业务经营许可证的管理

1. 明示

旅行社及其分社、服务网点,应当将旅行社业务经营许可证、旅行社分社备案登记证明或者旅行社服务网点备案登记证明,与营业执照一起悬挂在经营场所的显要位置。《旅行社条例》规定,旅行社及其分社、服务网点未悬挂旅行社业务经营许可证、备案登记证明的,由县级以上旅游行政管理部门责令改正,并处一万元以下的罚款。

2. 不得非法转让、出租或者出借

旅行社不得出租、出借旅行社业务经营许可证,或者以其他形式非法转让旅行社业务经营许可证。旅行社的下列行为属于转让、出租或者出借旅行社业务经营许可证的行为:

①准许或者默许其他企业、团体或者个人，以自己的名义从事旅行社业务经营活动的；

②准许其他企业、团体或者个人，以部门或个人承包、挂靠的形式经营旅行社业务的；

③旅行社设立的办事处、代表处或者联络处等办事机构，不得从事旅行社业务经营活动。

《中华人民共和国旅游法》第九十五条规定：出租、出借旅行社业务经营许可证，或者以其他方式非法转让旅行社业务经营许可的，由旅游主管部门或者市场监督管理部门责令停业整顿，并处一万元以上十万元以下罚款；违法所得十万元以上的，并处违法所得一倍以上五倍以下罚款；对有关责任人员，处二千元以上二万元以下罚款。情节严重的，吊销旅行社业务经营许可证；对直接负责的主管人员，处二千元以上二万元以下罚款。

3. 许可证补发

旅行社业务经营许可证及副本损毁或者遗失的，旅行社应当向原许可的旅游行政管理部门申请换发或者补发。

申请补发旅行社业务经营许可证及副本的，旅行社应当通过本省、自治区、直辖市范围内公开发行的报刊，或者省级以上旅游行政管理部门网站，刊登损毁或者遗失作废声明。

二、旅游服务质量保证金制度

为加强对旅行社服务质量的监督管理，切实保护旅游者的合法权益，《中华人民共和国旅游法》《旅行社条例》《旅行社条例实施细则》《旅游服务质量保证金存取管理办法》等都对旅游服务质量保证金制度的内容进行了明确的规定。

(一)旅游服务质量保证金的定义

旅游服务质量保证金，即旅行社质量保证金，是指根据《中华人民共和国旅游法》及《旅行社条例》的规定，由旅行社在指定银行缴存或由银行担保提供的一定数额用于旅游服务质量赔偿支付和团队旅游者人身安全遇有危险时紧急救助费用垫付的资金。

(二)旅游服务质量保证金的使用范围

《中华人民共和国旅游法》对旅游服务质量保证金的使用范围进行了规定，旅行社应当按照规定交纳旅游服务质量保证金，用于旅游者权益损害赔偿支付和团队旅游者人身安全遇有危险时紧急救助费用垫付。即，仅在特殊情况下，才能够启用旅行社的质量保证金：旅行社违反旅游合同约定，侵害旅游者合法权益，经旅游行政管理部门查证属实的；旅行社因解散、破产或者其他原因造成旅游者预交旅游费用损失的；用于垫付旅游者人身安全遇有紧急危险时紧急救助的费用；人民法院判决、裁定及其他生效法律文书认定旅行社损害旅游者合法权益，旅行社拒绝或者无力赔偿的，人民法院可以从旅行社的质量保证金账户上划拨赔偿款。

(三)保证金的交纳的期限和方法

旅行社应当自取得旅行社业务经营许可证之日起3个工作日内，在国务院旅游行政主管部门指定的银行开设专门的质量保证金账户,存入质量保证金,或者向作出许可的旅游行政管理部门提交依法取得的担保额度不低于相应质量保证金数额的银行担保。国家发展改革委、文化和旅游部等14个部门联合印发了《关于促进服务业领域困难行业恢复发展的若干政策》的通知,尝试"加快推进保险代替保证金试点工作,扩大保险代替保证金试点范围",现已在海南省、山东省、陕西省等多个省份开展试点工作。

(四)保证金的交纳标准

经营国内旅游业务和入境旅游业务的旅行社,应当存入质量保证金20万元;经营出境旅游业务的旅行社,应当存入质量保证金120万元;同时经营国内旅游业务、入境旅游业务、出境旅游业务的旅行社,应当存入质量保证金140万元。

旅行社每设立一个经营国内旅游业务和入境旅游业务的分社,应当向其质量保证金账户增存5万元;每设立一个经营出境旅游业务的分社,应当向其质量保证金账户增存30万元。

(五)保证金存期

旅行社在银行存入质量保证金的,应当设立独立账户,存期由旅行社确定,但不得少于1年。账户存期届满1个月前,旅行社应当办理续存手续或者提交银行担保。

(六)保证金的管理

1. 保证金的所有权

旅游服务质量保证金归缴纳的旅行社所有;旅行社质量保证金的利息归旅行社所有。

2. 保证金的取用

旅行社因解散或破产清算、业务变更或撤减分社、三年内未因侵害旅游者合法权益受到行政机关罚款以上处罚等支取保证金时,或者因旅游行政管理部门应当将旅行社质量保证金的交存数额降低50%需要支取保证金时,旅行社凭省、自治区、直辖市旅游行政管理部门出具的凭证,向银行支取质量保证金。

3. 动态管理

我国对旅游服务质量保证金实行动态管理,具体方式包括降低缴纳标准、退还已缴纳的保证金和补足保证金三个方面。

(1)降低保证金标准

旅行社自交纳或者补足质量保证金之日起三年内未因侵害旅游者合法权益受到行政机关罚款以上处罚的,旅游行政管理部门应当将旅行社质量保证金的交存数额降低50%,并向社会公告。旅行社可凭省、自治区、直辖市旅游行政管理部门出具的凭证支取其质量保证金。

(2)退还保证金

旅行社不再从事旅游业务的,凭旅游行政管理部门出具的凭证,向银行取回质量保证金。

（3）补足保证金

旅行社在旅游行政管理部门使用质量保证金赔偿旅游者的损失，或者依法减少质量保证金后，因侵害旅游者合法权益受到行政机关罚款以上处罚的，应当在收到旅游行政管理部门补交质量保证金的通知之日起5个工作日内补足质量保证金。旅行社存入、续存、增存质量保证金后7个工作日内，应当向作出许可的旅游行政管理部门提交存入、续存、增存质量保证金的证明文件，以及旅行社与银行达成的使用质量保证金的协议。

三、旅行社公告制度

（一）旅行社公告制度的定义

旅行社公告制度，是指旅游行政管理部门对其审批设立的旅行社实施的具体行政行为，通过报纸、期刊、网络或者其他形式向社会公开发布公告的管理制度。

（二）旅行社公告制度的内容

按照《旅行社条例》第四十二条规定，旅游、工商、价格等行政管理部门应当及时向社会公告监督检查的情况。公告的内容包括旅行社业务经营许可证的颁发、变更、吊销、注销情况，旅行社的违法经营行为以及旅行社的诚信记录、旅游者投诉信息等。

1. 公告主体

旅行社公告制度的主体是旅游、工商、价格等相关行政管理部门，应当在政府网站向社会发布检查公告。

2. 公告的内容

旅行社公告制度的内容广泛，包括旅行社业务经营许可证的各类情况、旅行社的违法经营行为、旅行社的诚信记录、旅游者的投诉信息等，有助于引起社会关注、引发公众监督。

四、旅行社市场监督管理制度

旅行社市场监督管理制度是指对旅行社及旅行社业务经营活动进行监督管理。实行以旅游管理部门为主管部门的分级管理，相关行政部门与旅游主管部门共同负责监管，在各自权限范围内依法对旅行社行使监督权，对违法行为做出处理的制度。

（一）监督检查主体

县级以上人民政府旅游主管部门和有关部门依照本法和有关法律、法规的规定，在各自职责范围内对旅游市场实施监督管理。

县级以上人民政府应当组织旅游主管部门、有关主管部门和市场监督管理、交通等执法部门对相关旅游经营行为实施监督检查。

（二）监管的内容

监管的内容包括经营旅行社业务以及从事导游、领队服务是否取得经营、执业许可；旅行社的经营行为；导游和领队等旅游从业人员的服务行为；法律、法规规定的其他事项。

（三）监管部门的权利和义务

1. 监管部门的权利

（1）查阅、复制的权利

旅游主管部门在实施监督检查时，可以对涉嫌违法的合同、票据、账簿以及其他资料进行查阅、复制。对依法实施的监督检查，有关单位和个人应当配合，如实说明情况并提供文件、资料，不得拒绝、阻碍和隐瞒。

（2）依法处理的权利

县级以上人民政府旅游主管部门和有关部门，在履行监督检查职责中或者在处理举报、投诉时，发现违反《中华人民共和国旅游法》规定的行为的，应当依法及时作出处理；对不属于本部门职责范围的事项，应当及时书面通知并移交有关部门查处。

2. 监管部门的义务

（1）持证检查的义务

旅游主管部门和有关部门依法实施监督检查，其监督检查人员不得少于两人，并应当出示合法证件。监督检查人员少于两人或者未出示合法证件的，被检查单位和个人有权拒绝。

（2）及时公告的义务

旅游主管部门和有关部门应当按照各自职责，及时向社会公布监督检查的情况。

（3）依法保密的义务

监督检查人员对在监督检查中知悉的被检查单位的商业秘密和个人信息应当依法保密。

（4）秉公执法的义务

旅游主管部门履行监督管理职责，不得违反法律、行政法规的规定向监督管理对象收取费用。旅游主管部门及其工作人员不得参与任何形式的旅游经营活动。

五、文化和旅游市场信用管理制度

为规范和加强文化和旅游市场信用管理，保护各类市场主体、从业人员和消费者的合法权益，维护文化和旅游市场秩序，促进文化和旅游市场高质量发展，文化和旅游部于2021年11月1日发布了《文化和旅游市场信用管理规定》。

（一）适用范围

《文化和旅游市场信用管理规定》适用于文化和旅游市场主体和从业人员的信用信息的采集、归集、公开和共享，守信激励和失信惩戒，信用修复，信用承诺和信用评价等活动。

文化市场主体包括从事营业性演出、娱乐场所、艺术品、互联网上网服务、网络文化、社会艺术水平考级等经营活动的法人或者其他组织；从业人员包括上述市场主体的法定代表人、主要负责人、实际控制人等有关人员。

旅游市场主体包括从事旅行社经营服务、A 级旅游景区经营服务、旅游住宿经营服务、在线旅游经营服务的法人或者其他组织；从业人员包括上述市场主体的法定代表人、主要负责人、实际控制人以及导游等有关人员。

(二)信用信息采集与归集

1. 分工

文化和旅游部建立全国文化和旅游市场主体和从业人员信用档案。地方各级文化和旅游主管部门负责补充完善信用档案信息，管理本行政区域内信用档案工作。

2. 原则

信用信息采集采取责任制度，按照"谁管理、谁采集"的要求，依法依职责采集相关信用信息，任何单位和个人不得违法违规采集。

3. 内容

①注册登记、备案等用以识别、记载市场主体和从业人员基本情况的信息；
②司法裁判仲裁执行信息；
③行政许可、行政处罚信息；
④与其他部门实施联合奖惩的信息；
⑤信用评价结果信息、信用承诺履行情况信息；
⑥其他反映市场主体和从业人员信用状况的相关信息。

(三)失信主体认定

1. 认定类别

文化和旅游市场失信主体分为严重失信主体和轻微失信主体两类。

2. 严重失信主体认定情形

旅游市场主体和从业人员有下列情形之一的，应当将其认定为严重失信主体：
①因欺骗、故意隐匿、伪造、变造材料等不正当手段取得许可证、批准文件的，或者伪造、变造许可证、批准文件的；
②发生重大安全事故，属于旅游市场主体主要责任的；
③因侵害旅游者合法权益，造成游客滞留或者严重社会不良影响的；
④受到文化和旅游主管部门吊销旅行社业务经营许可证、导游证行政处罚的；
⑤未经许可从事旅游市场经营活动，特别是造成重大事故或者恶劣社会影响的；
⑥12 个月内第 3 次被认定为轻微失信主体的，应当认定为严重失信主体；
⑦其他应当认定为严重失信主体的情形。

3. 轻微失信主体认定情形

旅游市场主体和从业人员有下列情形之一的,应当将其认定为轻微失信主体:

①存在"捂票炒票"、虚假宣传、未履行相关义务、违反公序良俗等行为,造成不良社会影响的;

②因故意或者重大过失严重损害旅游者合法权益,但尚不符合严重失信主体认定情形的;

③在旅游经营活动中存在安全隐患,未在指定期限内整改完毕的;

④拒不配合投诉处置、执法检查,拒不履行行政处罚决定,造成不良社会影响的;

⑤12个月内受到文化和旅游主管部门两次较大数额罚款行政处罚,造成不良社会影响的;

⑥其他应当认定为轻微失信主体的情形。

4. 认定程序

(1)严重失信主体认定程序

文化和旅游主管部门将市场主体和从业人员认定为严重失信主体,应当遵守以下程序规定:

①告知。经查证符合严重失信主体认定标准的,应当向文化和旅游市场主体和从业人员送达《严重失信主体认定告知书》,载明认定理由、依据、惩戒措施和当事人享有的陈述、申辩权利。

②陈述与申辩。当事人在被告知的10个工作日内有权向认定部门提交书面陈述、申辩及相关证明材料,逾期不提交的,视为放弃。认定部门应当在15个工作日内给予答复。如果陈述、申辩理由被采纳,则不认定为严重失信主体。

③认定。符合严重失信主体认定标准的,经专家评估、法制审核、集体讨论等程序,依法在15个工作日内作出决定。

④决定与送达。认定部门应当向当事人出具《严重失信主体认定决定书》并送达。

(2)轻微失信主体认定程序

符合轻微失信主体认定标准的,由县级以上地方人民政府文化和旅游主管部门依法作出决定。认定部门应当向行政相对人出具《轻微失信主体认定决定书》并送达。

符合轻微失信主体认定标准的,在作出决定前,经文化和旅游主管部门约谈督促,改正违法行为、履行赔偿补偿义务、挽回社会不良影响的,可以不认定为轻微失信主体。

(四)信用管理措施

1. 守信良好主体管理措施

文化和旅游主管部门对守信情况良好的市场主体和从业人员,可以采取加强宣传、公开鼓励、提供便利服务等激励措施。

2. 严重失信主体管理措施

文化和旅游主管部门对文化市场严重失信主体的信用管理期限为3年,实施下列管理措施：

①适当提高抽查比例和频次，纳入重点监管对象；

②将失信信息提供给有关部门查询，供其在相关行政管理、公共服务、评优评先等活动中参考使用；

③将失信信息提供给各类市场主体查询，供其在市场活动中参考使用；

④旅行社因被吊销旅行社业务经营许可证而被认定为严重失信主体的，其主要负责人5年内不得担任任何旅行社的主要负责人；

⑤导游、领队因被吊销导游证而被认定为严重失信主体的，旅行社有关管理人员因旅行社被吊销旅行社业务经营许可证而被认定为严重失信主体的，自处罚之日起3年内不得重新申请导游证或者从事旅行社业务；

⑥旅行社因侵犯旅游者合法权益受到罚款以上行政处罚而被认定为严重失信主体的，自处罚之日起2年内不得申请出境旅游业务；

⑦法律、行政法规和党中央、国务院政策文件规定的其他管理措施。

3.轻微失信主体管理措施

文化和旅游主管部门对文化市场严重失信主体的信用管理期限为1年，实施下列管理措施：

①依据法律、行政法规和党中央、国务院政策文件，在审查行政许可、资质资格等时作为参考因素；

②加大日常监管力度，提高随机抽查的比例和频次；

③将失信信息提供给有关部门查询，供其在相关行政管理、公共服务等活动中参考使用；

④在行政奖励、授予称号等方面了以重点审查；

⑤法律、行政法规和党中央、国务院政策文件规定的其他管理措施。

（五）信用信息公开、共享

1.公开共享的原则

（1）合法、必要、安全原则

文化和旅游市场信用信息的公开与共享坚持合法、必要、安全原则，防止信息泄露，不得侵犯商业秘密和个人隐私。

（2）责任原则

失信主体信息应当按照"谁认定、谁公开"原则通过全国文化和旅游市场信用管理系统等渠道公开。

2.信用信息的查询与更正

公民、法人和其他组织有权查询与自身相关的信用信息。文化和旅游主管部门应当依法依规为查询提供便利。认定部门或者信用信息归集管理部门发现信用信息有误的，应当及时主动更正。公民、法人和其他组织认为自己的信用信息有误时，有权向认定部门申请更正相关信息。认定部门应当在收到实名提交的书面更正申请之日起 5 个工作日内作出是否更正的决定。

(六) 信用修复

1. 修复条件

信用修复应当通过全国文化和旅游市场信用管理系统进行。符合以下条件的,认定部门应当主动进行信用修复:

①实施信用管理措施期限届满;

②认定为失信主体的依据被撤销或者变更,不符合认定为失信主体标准的;

③因为政策变化或者法律法规修订,已经不适宜认定为失信主体的;

④其他应当主动修复的情形。

2. 修复程序

失信主体积极进行合规整改、纠正失信行为、消除不良影响、接受信用修复培训、作出信用承诺的,可以向认定部门提出信用修复申请并遵循以下程序:

①申请。有关市场主体和从业人员可以向认定部门提出信用修复申请,说明事实和理由,提交信用修复申请书、培训记录、纠正失信行为等有关材料。

②受理。认定部门收到申请后,应当于 10 个工作日内予以受理。不符合条件的不予受理并说明理由。

③核查。认定部门应当自受理之日起 10 个工作日内,采取线上、书面、实地等方式检查核实。必要时,可以组织开展约谈或者指导。

④决定。认定部门应当自核查完成之日起 5 个工作日内作出准予信用修复或者不予信用修复的决定,不予信用修复的应当说明理由。

⑤修复。认定部门应当自作出准予信用修复决定之日起 5 个工作日内,解除对失信主体的相关管理措施。

3. 不予修复的情形

具有下列情形之一的,不予信用修复:

①认定为严重失信主体不满 6 个月的、认定为轻微失信主体不满 3 个月的;

②因违反相关法律法规规定,依法被限制或者禁止行业准入期限尚未届满的;

③距离上一次信用修复时间不到 1 年的;

④申请信用修复过程中存在弄虚作假、故意隐瞒事实等欺诈行为的;

⑤申请信用修复过程中又因同一原因受到行政处罚,造成不良社会影响的;

⑥法律法规和党中央、国务院政策文件明确规定不可修复的。

(七) 信用评价与信用承诺

1. 信用评价

文化和旅游部根据工作需要,制定行业信用评价制度和规范,组织开展信用评价,实施分级分类管理。各级文化和旅游主管部门在职责范围内开展信用评价工作。鼓励行业协会商会、第三方信用服务机构等具备条件的机构依法依规参与信用评价。鼓励各部门在评优评先、人员招聘、试点示范等方面优先选择信用评价较好的市场主体和从业人员。鼓励和支持有关机构积极利用信用评价结果,拓展信用应用场景。

2. 信用承诺

文化和旅游主管部门在行政管理、政务服务等工作中应当规范应用信用承诺,将文化和旅游市场主体和从业人员的承诺履约情况记入信用档案,作为监督管理的重要依据。文化和旅游市场主体和从业人员被认定为严重失信主体或者曾经作出虚假承诺的,不适用信用承诺的有关规定。

【任务实训】

把全班分成五个小组,每组分别对不同的行业管理制度进行学习,并结合案例进行分析。

【任务完成】

通过该任务的学习,学生能够理解并掌握关于研学旅行承办方的管理制度。

思考与练习

1. 什么是研学旅行承办方? 研学旅行承办方的经营范围涵盖哪些方面?
2. 研学旅行对承办方的要求有哪些?
3. 研学旅行承办方的权利有哪些?
4. 研学旅行承办方的义务有哪些?
5. 什么是旅游服务质量保证金? 旅行社服务质量保证金的使用范围涵盖哪些方面?
6. 旅游市场被认定为严重失信主体的情形有哪些?

项目五
研学旅行从业人员管理法规

【思维导图】

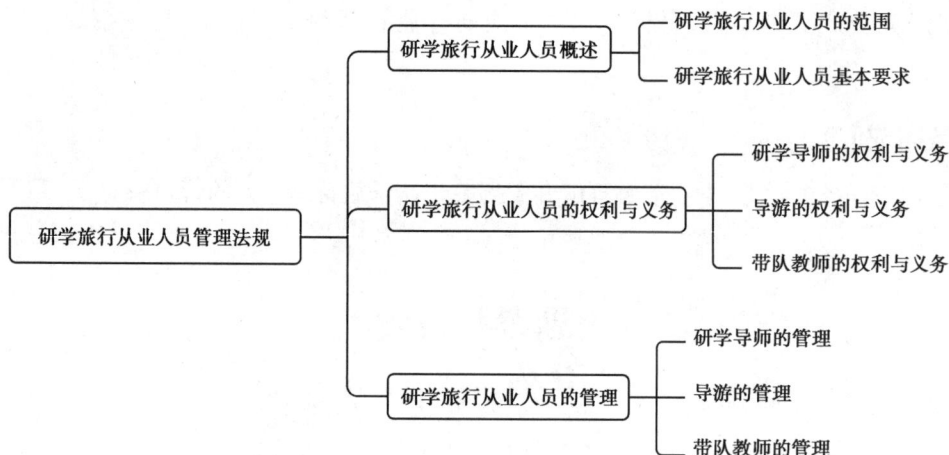

【知识目标】

1.了解研学旅行从业人员的范围。

2.理解并掌握研学旅行从业人员的基本要求。

3.理解并掌握研学旅行从业人员的权利与义务。

4.了解研学从业人员的管理情况。

【能力目标】

1.能正确界定研学旅行从业人员的范围。

2.能正确认识研学旅行从业人员的基本要求。

3.能正确区分研学旅行从业人员的权利与义务。

4.能正确认识研学旅行从业人员的管理规范。

【素养目标】

1.能够准确界定研学旅行从业人员的范围,将其与其他研学从业人员区分开来。

2.能够认识到研学旅行从业人员的基本要求,在实际工作中清晰辨认。

3.能够认识到不同研学旅行从业人员所享有的权利和应履行的义务,在实际工作中正确对待。

4.能够认识到研学旅行从业人员管理规范,在研学过程中自觉遵守。

【项目导入】

打造旅行课堂 带来别样体验

"大家知道'天街小雨润如酥'的'天街'是长安城的哪条街吗?""为什么购物叫'买东西',在唐朝'买东西'要去哪里?"在陕西省西安市大明宫遗址公园少阳院,研学旅行指导师韩天雷正带着小学生了解唐朝长安城的坊市制度。面对一个个有趣的问题,孩子们有的托腮思考,有的举手积极互动。"唐长安城有108坊,坊坊都有特色。下面我们来根据提示,用面前的拼图把唐长安城复原出来好不好?"韩天雷话音未落,孩子们便七手八脚地忙活起来,别开生面的互动式教学让他们乐在其中。大明宫遗址公园少阳院的研学课程,韩天雷已经讲过多次,但每次研学活动结束后他都会仔细与同事进行复盘。他举起一本研学手册:"每次活动每名学生都有研学手册,大家会记录学习心得和建议,这是我们改进教学工作的重要参考。"

对课程的精雕细琢,一方面要靠出色的课程设计,另一方面则需要研学旅行指导师捕捉活动现场存在的问题,不断加以改进。

"我们的每门研学旅行课程都有'逐字稿'的详细教案,在学生互动环节也注明了根据学生不同的表现,老师应当如何作出反应。这些教案都是经过多场教学实践不断完善的。"韩天雷说。"逐字稿"的教案只是基础,在现场准确把握学生的学习状态,充分引导学生的好奇心则考验研学旅行指导师的临场反应能力。研学旅行指导师不仅要因地制宜,在研学活动现场把学生组织好,还要因材施教,对不同学龄段的学生进行有效引导。

在西影电影博物馆,韩天雷会带着学生为电影配音。"对小学生,我们会选取中文动画片;对初中生,我们就会选些英文影片;对高中生,我们会选择一些红色电影。"韩天雷说,研学活动不仅要结合学生们的兴趣点,还要结合他们的认知水平和理解能力,这样才能让学生有比较好的研学体验。

入职一年多的韩天雷已经是团队的一名骨干。在他看来,同一节研学课程由不同的老师带,效果都会不一样,充分的备课必不可少:"研学旅行指导师既不是导游,也不是学校教师,但往往需要具备这二者的部分素质。我们还会研究义务教育阶段新课标,充分了解学生的学习情况和整体素质,这样才能在课堂学习和研学旅行之间做好衔接。"

根据案例,尝试分析研学指导师应具备哪些能力?我们将在本项目中予以解答。

(案例节选自:研学旅行指导师助力学生成长——打造旅行课堂 带来别样体验)

任务一　研学旅行从业人员概述

【任务导入】

在某研学实践基地实习的大三学生小刘接到通知,本周三以研学导师的身份为 A 实验小学五年级学生提供基地接待服务。试分析,小刘应当具备哪些方面的能力,才能顺利完成此次接待。

【任务剖析】

研学导师、导游、带队教师等在研学过程中承担着不同的角色,需要相互协调,才能更好地推进研学旅行的进行。本任务主要介绍研学导师在研学旅行中应具备的基本能力。

一、研学旅行从业人员的范围

作为一种结合教育与旅游的创新模式,研学旅行近年来在促进学生全面发展、拓宽视野方面发挥了重要作用。研学旅行活动的成功实施离不开一支专业、高效的团队,他们各司其职、协同合作,共同推动研学旅行活动的顺利开展。未来,随着研学旅行市场的不断发展和完善,研学旅行从业人员队伍也将不断壮大和优化,为更多学生提供更加优质、丰富的研学体验。研学旅行涉及面广泛,不同身份的从业人员负责的内容有差异。政府管理部门,包括教育部门、文旅部门的管理人员,负责研学旅行政策制定和监管。高等院校从事研学旅行教学研究的人员主要负责研学旅行的课程设计、教学实施和科学研究。中小学教师及管理人员参与组织和实施研学旅行活动。旅游从业人员、研学基地工作人员负责研学旅行的具体操作和执行。导游和相关工作人员负责研学旅行的具体组织和协调。研学导师负责策划、制定、实施研学旅行方案,组织、指导开展研学体验活动。在研学实践中,研学导师、旅行社导游、带队教师扮演着重要角色,也是本章研究的对象。

(一)研学导师

目前,对负责研学旅行方案实施的工作人员有着不同的称呼,其中使用较多的是研学导师、研学旅行指导师、研学旅游指导师等。

2016 年,教育部等 11 部门印发的《教育部等 11 部门关于推进中小学生研学旅行的意见》明确指出"旅游部门负责审核开展研学旅行的企业或机构的准入条件和服务标准"。2017 年,原国家旅游局发布《研学旅行服务规范》,该规范对研学导师进行了定义,指出研学导师是"在研学旅行过程中,具体制定或实施研学旅行教育方案,指导学生开展各类体验活动的专业人员"。

2019 年,中国旅行社协会发布的《研学旅行指导师(中小学)专业标准》将研学旅行指导师定义为"策划、制定或实施研学旅行课程方案,在研学旅行过程中组织和指导中小学学生开展各类研究学习和体验活动的专业人员"。

2022年,人力资源和社会保障部将包括研学旅行指导师在内的18个新职业作为第一批向社会进行公示,将研学旅行指导师定义为"策划、制定、实施研学旅行方案,组织、指导开展研学体验活动的人"。

2024年,人力资源和社会保障部又将"研学旅行指导师(4-13-04-04)"职业名称变更为"研学旅游指导师",并将职业定义变更为"策划、制定、实施研学旅游方案,组织、指导开展研学体验活动的人员"。

关于研学导师的概念,学术界尚无定论,但各地教育主管部门、文旅主管部门在推进中小学生研学旅行工作的文件中多采纳"研学导师"这一概念。本书综合两部门意见,将其定义为:研学导师是在研学旅行过程中,具体策划、制定、实施研学旅行方案,指导学生开展各类体验活动的专业人员。

研学导师因委派主体不同,身份略有差异。当学校采取自主开展的方式进行研学旅行时,往往需要自行安排研学导师,或委托基地(营地)研学导师,提供研学指导。当学校采取委托开展的方式进行研学旅行时,作为承办方的旅行社会安排导游随团服务,研学指导由导游或研学基地(营地)导师提供。无论采用何种方式,研学导师都是研学活动的核心引领者,不仅应当具备深厚的知识储备,良好的沟通能力、组织协调能力,还应当具备创新能力、服务精神和教育热情,更应该具备安全意识和责任心,才能在研学过程中引导学生参与实践探究,促进其自主学习和深度思考。

(二)导游

根据《导游人员管理条例》第二条规定,导游是指依照条例规定取得导游证,接受旅行社委派,为旅游者提供向导、讲解及相关旅游服务的人员。2024年4月1日正式实施的《导游服务规范》将"导游员""导游人员"统一调整为"导游"。本书中所涉及的导游,遵照旅游行业相关文件进行如上定义。

导游的分类标准多样。以职业性质为标准,导游可分为专职导游、兼职导游;按照导游使用的语言来划分,导游可分为中文导游和外语导游;按照业务范围来划分,导游可分为领队、全陪导游、地陪导游、讲解员;按照技术等级来划分,导游可分为初级导游、中级导游、高级导游和特级导游。按《研学旅行服务规范》规定,研学旅行承办方应至少为每个研学旅行团队配置一名导游,主要负责提供导游服务,并配合相关工作人员提供研学旅行教育服务和生活保障服务。

(三)带队教师

带队教师是研学旅行中不可或缺的角色,他们负责学生的日常管理和纪律维护。在旅行过程中,带队教师需密切关注学生的身心状况,确保学生的安全与健康。同时,他们还需与家长保持密切联系,及时反馈学生在研学旅行中的表现和收获。带队教师的责任心和专业性,是保障研学活动顺利进行的重要基石。

按照《研学旅行服务规范》规定,带队教师由研学旅行主办方配置,建议按照每20位学生1名带队教师的标准配备,带队教师全程带领学生参与研学旅行各项活动。

研学旅行教育服务由研学导师主导实施,导游和带队教师共同配合完成。三者在研学旅行中各自扮演着不同的角色,研学旅行的成功需要三者有效协调。研学导师负责制定研学旅行教育计划,指导学生开展各类体验活动;导游负责提供导游服务,关注学生安全;带队教师作为主办方代表,负责督导研学旅行活动按计划开展,同时也要与研学导师、导游沟通反馈学生情况,以便及时改进研学活动的内容和方法。

二、研学旅行从业人员基本要求

(一)研学导师能力要求

研学导师作为研学旅行活动的重要人物,其个人能力影响着整个研学旅行活动的质量。2016年,自教育部等11部门出台《教育部等11部门关于推进中小学生研学旅行的意见》以来,各地陆续推出相关标准来规范和引导中小学生研学旅行活动的组织与实施。2019年2月,中国旅行社协会与高校毕业生就业协会联合发布《研学旅行指导师(中小学)专业标准》,从专业态度、专业知识、专业能力、持续发展四个方面规定了研学旅行指导师应具备的工作素养。2020年9月,山西省发布《研学旅行导师专业要求》,从课程设计、组织实施两方面对研学导师能力进行了明确。2020年10月,中国教育国际交流协会制定的《中小学研学旅行实施规范》正式发布,指出研学导师应具备整合知识、开发课程、总结协调、开发评价等专业能力。2023年9月,吉林市发布《研学旅行指导师服务规范》,指出研学导师的专业能力体现在课程设计、课程实施、组织协调三个方面。尽管不同地区的标准和规范在细节上有差异,但基本都认为研学导师应当具备扎实的研学旅行专业知识和能力,具体表现在以下方面。

1.知识整合能力

研学导师在研学实践过程中起着至关重要的作用,不仅要负责研学过程中的教育和安全,还要照顾学生的生活,解决各类问题,引导学生达成研学目标。因此,研学导师应掌握多方面的专业知识,具体包括以下内容:

①掌握有关研学旅行、青少年健康成长方面的法律法规、政策、标准等知识,包括《中华人民共和国教育法》《中华人民共和国教师法》《中华人民共和国未成年人保护法》《中华人民共和国旅游法》《导游管理办法》等法律法规内容。

②掌握研学旅行目的地的传统文化、历史、人文等相关资源情况。

③掌握研学旅行服务知识,引导学生文明旅游。

④掌握研学旅行安全风险管理知识,熟悉基本的安全防护救护知识与灾害应急常识。

⑤熟悉教育部中小学教学大纲,熟悉中小学国家课程、地方课程、校本课程的课程结构和课程类型,熟悉综合实践活动的课程内容,明确研学实践课程与学科课程的关系。

⑥了解中小学生教育改革方向和相关理论,熟悉课程资源开发、管理与利用的方法,掌握研学旅行课程教学知识。

⑦了解中小学教育教学理论,掌握中小学教育的基本原则和方法。

⑧了解教育心理知识,熟悉不同学段学生身心发展、认知和接受特点。

在掌握研学旅行相关知识的基础上,按照国家政策要求,结合当地实际和研学对象特点,进行有机整合,形成科学合理的研学旅行课程和服务体系。

2.教育教学能力

教育能力是指研学导师在研学旅行活动中展现出来的教育教学技能,具体表现为完成一定研学课程教学活动的方式、方法和效率。教学能力是指研学导师为达到研学旅行教学目标、顺利从事教学活动而表现出的一种行为特征。研学导师要深入钻研中小学相关学科知识、课程标准和教材,分析研学课程目标、课程内容和学科知识之间的内在联系,找到其与学科知识的连接点。在传递知识的过程中,善用信息教学手段和语言表达方式,针对不同年龄段的研学主体对象,用科学合理的方式启发学生主动思考学习,提高研学课程质量。

3.组织协调能力

组织协调能力是根据工作任务,对资源进行分配,同时控制、激励和协调群体活动过程,使之相互融合,从而实现组织目标的能力。研学旅行通常是集体活动,规模较大。在研学实践活动中,研学导师的活动组织能力影响着研学活动的开展。研学导师应当了解青少年不同群体的性格特点及关注点,掌握与学生、教师、家长等的沟通方法,熟悉学生间的关系协调技巧。研学导师应当按照研学旅行教育服务计划安排,与导游、带队教师一起,完成整个研学行程的服务,做好行前准备工作、行中精准服务、行后质量评估,实现全程的服务质量监控。

4.评价反思能力

在研学课程实施后,研学导师要及时收集、分析、反馈相关信息,总结、反思并改进研学工作。研学导师应不断进行知识的再学习,根据研学课程进行跨学科知识的重组、叠加、融合,提高研学课程再开发的能力。在信息化技术高速发展的新时代,研学导师还要不断学习新技术,善于运用新技能,探索提升研学效果的新方法。与此同时,研学导师应不断研究教育领域和旅游领域的变化,创新研学旅行教育模式。研学旅行活动实施要全程做到行前有计划、行中有探究、行后有反思,不断提升自身能力。

(二)导游服务能力要求

按照《导游服务规范》规定,导游服务能力表现在思想素质、技术技能、业务知识、职业形象等四个方面。

1.思想素质

《导游服务规范》要求导游在服务过程中要热爱祖国,践行社会主义核心价值观;恪守职业道德,爱岗敬业,坚持游客为本,服务至诚;秉承契约精神,按合同约定提供导游服务,维护旅游者和旅行社的合法权益。

研学旅行旨在让中小学生感受祖国大好河山,感受中华传统美德,感受革命光荣历史,感受改革开放伟大成就,形成正确的世界观、人生观、价值观,培养他们成为德智体美全面发展的社会主义建设者和接班人。导游作为研学服务的重要提供者,其思想素质的高低直接影响到研学旅行服务的质量和学生的满意度。导游的言行会对游客产生示范效应,中小学生作为未成年人,往往缺乏辨识能力,容易受到外界不良因素的影响,导游在服务过程中要注意自己的言行举止。

2. 技术技能

导游的技术技能表现在语言能力、接待操作能力和信息技术应用能力三方面。

语言能力是作为一名导游不可或缺的能力,流利的语言表达能力是导游的基本功。在语言能力上,导游应具备较强的语言表达能力,熟练运用相应语种,提供导游服务;有使用礼貌语言的意识和能力,能熟练掌握并讲解语言技巧,做到正确、清楚、生动、灵活。

旅游服务是导游的本职工作。在接待过程中,导游应当做到:具备独立工作能力,代表旅行社履行合同义务,完成旅游接待任务;具备人际交往能力,身心健康,与旅游者相处融洽,善于协调、处理与相关接待者、旅游者之间的关系;具备按照 LB/T 039—2015 的要求引导旅游者文明旅游的能力,引导旅游者节约资源,保护生态环境;具备旅游突发事件防范和应急处理能力,按照 LB/T 028—2013 的要求进行安全提示和监督。

随着信息技术的快速发展和广泛应用,导游行业面临着巨大的变革。信息化时代对导游的信息技术能力提出了更高的要求。作为导游,应当熟练掌握移动通信终端与导游服务相关应用软件的使用方法,包括社交、通信、移动办公等软件;能够协助旅游者通过移动互联网进行产品预订、定位导航、信息咨询、服务评价等活动。

3. 业务知识

导游应掌握旅游客源地和旅游目的地相关的法律法规常识、时事政治、经济、社会状况、历史、地理、文化和民族民俗知识以及心理学、美学知识;应掌握旅行常识,包括旅行证件知识、领事保护知识、客货运知识、机票政策、海关及移民管理机关规定和必备的应急医疗常识等;宜掌握旅游产品策划、线路设计方面的专业知识。

4. 职业形象

导游应注意职业形象,做到仪表端庄,着装整洁、大方、得体;应表情稳重自然,态度和蔼诚恳,富有亲和力,言行有度,举止符合礼仪规范。

(三)带队教师能力要求

教育部等 11 部门联合发布的《教育部等 11 部门关于推进中小学生研学旅行的意见》指出,学校自行开展研学旅行,要根据需要配备一定比例的学校领导、教师和安全员;学校委托开展研学旅行,要与有资质、信誉好的委托企业或机构签订协议书。根据原国家旅游局制定的《研学旅行服务规范》,带队教师由主办方进行配置,全程带领学生参与研学旅行各项活动。由此可见,无论是自行组织,还是委托开展,带队教师都由学校派出。在研学过程中,同时兼任学校教师和研学带队教师的身份,要具备教师应有的能力,才能有效地传授学生知识和技能。教师应具备的能力包括教师的基础能力和教学能力,其中基础能力是指应用在各种情境下的一般性能力,包括人际沟通能力、解决问题的能力、创新能力、自我完善发展的能力等。

1.基础能力

教师的基础能力是支撑教师职业能力的最具基础性的能力,具体表现在以下方面。

(1)人际沟通能力

在现代社会中,教师的工作不是孤立的,而是有着广泛的社会联系的。在研学旅行过程中,带队教师不仅承担着教师的身份,需要与学生产生联系,还承担了领队的身份,需要与研学导师、导游、其他研学工作人员等产生联系。如何有效处理人际关系,将研学活动顺利进行下去,是带队教师需要解决的问题。一个合格的带队教师必须具备协调人际关系的能力,需要与人有效沟通和妥善表达,才能为研学活动的顺利开展创造一个良好的环境。人际沟通能力也密切影响着教师的协调合作能力和组织领导能力:以协调合作能力而言,带队教师必须与研学导师、导游密切配合,才能妥善解决研学活动中的问题;就组织领导能力而言,带队教师必须能领导一个小组的研学活动——这两项能力都建立在教师的人际沟通能力上。在此,带队教师需要注意语言表达、与人讨论、倾听等方面的技能,做到有效沟通,确保研学活动的正常进行。

(2)解决问题的能力

对于带队教师而言,解决问题的能力是一种较高层次的能力要求。要求带队教师在研学活动中能够及时地发现问题、分析问题并找出解决问题的方法,以使研学实践过程得到及时的调整,提高研学旅行的质量。在这个过程中,带队教师不仅要解决常规问题和完成常规工作,还要在变化的环境中进行独立思考、独立判断,寻找出最佳的解决方案。

(3)创新能力

创新能力是一种高层次能力。当一个人在面临新情况或新问题时,如果无法用已有知识和常规方法解决问题,就必须对知识进行重组加工,找出新的解决问题的方法,这种能力就是创新能力。提升创新能力的关键在于不断实践,鼓励教师不断尝试运用新思想、新技能和新方法,进行开拓性尝试。

(4)自我完善发展的能力

教师的自我完善发展能力,是指教师应具备的使自己的思想、人格和业务不断趋于完善、不断有所发展的能力。带队教师要对自己的研学带队工作进行自我回顾和小结,通过不断地总结,发现过程中的不足,不断完善,形成自己新的教育思想和改进教育实践。这就要求教师不断学习,知识结构和内容常变常新,经常性地进行批判反思,吸取经验教训,明确学习方向。

2.教学能力

教学能力,是指教师运用特定教材或采用其他特定方式从事教学活动、完成教学任务的能力。教师的教学能力是教师素质的基本内容。中小学教师应当熟练使用各种教学策略和方法,有效地向学生传授知识、技能,促进学生发展。在带队过程中,带队教师要善于观察,及时与研学导师、导游沟通交流,进行效果反馈,促进研学过程的不断完善。

【任务实训】

把全班分成四个小组,每组自行对接当地中小学,对某年级的研学旅行活动进行跟踪调查,形成调研报告,重点分析不同类型的研学从业人员应具备的能力。

【任务完成】

通过该任务的学习,学生能够清晰地了解研学旅行对主要从业人员的能力要求。

任务二　研学旅行从业人员的权利与义务

【任务导入】

刚刚毕业的研究生小王,通过公开招考进入 A 实验小学工作。本周二,学校将组织四年级学生参加研学旅行活动,小王老师被安排为四年级七班的带队教师。请问,小王老师在研学过程中应该履行哪些职责?

【任务剖析】

《研学旅行服务规范》规定,研学旅行教育服务由研学导师主导实施,导游和带队教师需要共同配合完成。本任务主要介绍带队教师在研学旅行中所享有的权利和应履行的义务。

一、研学导师的权利与义务

(一)研学导师的权利

研学导师是研学旅行过程中的灵魂人物。研学导师的权利主要是指研学导师依法享有的权利。根据教育部等 11 部门发布的《教育部等 11 部门关于推进发布的中小学生研学旅行的意见》、原国家旅游局发布的《研学旅行服务规范》、中国旅行社协会制定的《研学旅行指导师(中小学)专业标准》、文化和旅游部人才中心制定的《研学旅行指导师职业能力等级评价标准》、教育部职业教育发展中心发布的《研学旅行策划与管理职业技能等级标准》,参考 2023 年人力资源和社会保障部面向社会公开的《研学旅行指导师国家职业标准(征求意见稿)》等文件和标准,从其中关于研学导师的描述可知,研学导师享有以下权利。

1. 制定研学旅行教育工作计划的权利

研学旅行教育工作计划是开展研学实践的重要依据,能为研学实践提供明确的指导方向和实施路径。《研学旅行服务规范》指出,研学导师负责制定研学旅行教育工作计划,在带队教师、导游员等工作人员的配合下提供研学旅行教育服务。

2.按照约定提供研学旅行教育服务的权利

研学导师负责研学旅行实践活动的组织和实施,按照研学旅行教育目标,将其落实到具体课程计划中。在研学活动开展前,研学导师有权检查各项课程的准备情况,在实践中按照预先设计的课程内容及活动逐一落实,督促基地、营地按方案执行。

3.研学旅行评价的权利

研学旅行过程中,研学导师有权对每位学生进行评价,可以灵活运用多种评价方法,客观公正地完成研学评价工作。研学导师可以根据学生在研学实践中的表现,对学生的研学态度、研学能力和方法、研学结果等方面进行综合性评价,给予学生恰当的评价和指导,通过过程性评价激励学生进行积极的自我评价。

4.持续发展的权利

研学旅行结束后,研学导师及时收集相关信息,总结并反思研学过程,由此进一步学习新知识、新技术、新技能,不断提升自身的研学服务能力。

(二)研学导师的义务

1.平等对待学生的义务

研学导师要自觉维护学生的合法权益。在研学过程中,精心制定和实施研学课程方案,自觉尊重个体差异,平等对待每一位学生,做到不讽刺、不嘲笑、不歧视。重视学生身心健康,促进学生的全面发展,让每位学生都拥有快乐且有意义的研学旅行经历。

2.遵守职业行为规范的义务

研学导师作为研学教育计划的制定者和研学教育服务的实施者,兼具教师和导游的身份,应当遵守教师和导游的职业行为规范。为人师表,理应品行端正。在研学旅行活动中,研学导师应注重自己的言行举止,不得出现违背党的路线、方针、政策的言行,不得发表错误观点,不得编造和散布虚假信息、不良信息,不得出现损害国家利益、社会公共利益或违背社会公序良俗的行为。研学导师还应注意保持身心健康,自身无传染性疾病,避免对学生的身心带来影响。

二、导游的权利与义务

(一)导游的权利

导游是旅游接待第一线的关键人员,导游的权利主要是指导游依法享有的权利。根据《中华人民共和国旅游法》《旅行社条例》《旅行社条例实施细则》《导游管理办法》《导游人员管理条例》等规定,导游享有的权利包括以下内容。

1.人身权

《导游管理办法》第二十六条规定:导游在执业过程中,其人格尊严受到尊重,人身安全不受侵犯,合法权益受到保障。导游有权拒绝旅行社和旅游者的下列要求:

①侮辱其人格尊严的要求；

②违反其职业道德的要求；

③不符合我国民族风俗习惯的要求；

④可能危害其人身安全的要求；

⑤其他违反法律、法规和规章规定的要求。

旅行社等用人单位应当维护导游执业安全，提供必要的职业安全卫生条件，并为女性导游提供执业便利，实行特殊劳动保护。

2. 获得劳动保障的权利

根据《中华人民共和国旅游法》第三十八条、《导游管理办法》第二十八条规定：旅行社应当与其聘用的取得导游证的导游依法订立不少于 1 个月期限的劳动合同，并支付基本工资、带团补贴等劳动报酬，缴纳社会保险费用；旅行社临时聘用在旅游行业组织注册的导游为旅游者提供服务的，应当依照旅游和劳动相关法律、法规的规定全额向导游支付导游服务费用；旅行社临时聘用的导游与其他单位不具有劳动关系或者人事关系的，旅行社应当与其订立劳动合同；旅行社安排导游为团队旅游提供服务的，不得要求导游垫付或者向导游收取任何费用。无论是旅行社正式聘用的导游，还是临时聘用的导游，旅行社都应当保障其劳动权。

对于未向临时聘用的导游支付导游服务费用、要求导游垫付或者向导游收取费用等违反法律规定的行为，《中华人民共和国旅游法》第九十六条规定：由旅游主管部门责令改正，没收违法所得，并处五千元以上五万元以下罚款；情节严重的，责令停业整顿或者吊销旅行社业务经营许可证；对直接负责的主管人员和其他直接责任人员，处二千元以上二万元以下罚款。

3. 调整或变更接待计划的权利

《导游人员管理条例》第十三条第二项规定：导游人员在引导旅游者旅行、游览过程中，遇有可能危及旅游者人身安全的紧急情形时，经征得多数旅游者的同意，可以调整或者变更接待计划，但是应当立即报告旅行社。导游行使该权利，应当满足四个条件：

①必须是在引导旅游者旅行、游览的过程中；

②必须是遇到有可能危及旅游者人身安全的紧急情形时；

③必须征得多数旅游者的同意；

④必须立即报告旅行社。

导游按照合同约定安排旅游活动是其应尽的义务，但在遇到特殊情况时，为了保障旅游者的安全，可以调整或变更接待计划。

4. 履行职务的权利

《旅行社条例实施细则》第四十九条规定，旅行社及其委派的导游人员、领队人员在经营、服务中享有下列权利：

①要求旅游者如实提供旅游所必需的个人信息，按时提交相关证明文件；

②要求旅游者遵守旅游合同约定的旅游行程安排，妥善保管随身物品；

③出现突发公共事件或者其他危急情形,以及旅行社因违反旅游合同约定采取补救措施时,要求旅游者配合处理防止扩大损失,以将损失降到最低程度;

④拒绝旅游者提出的超出旅游合同约定的不合理要求;

⑤制止旅游者违背旅游目的地的法律、风俗习惯的言行。

(二)导游的义务

导游的义务同权利一样,都是国家以法律、法规的形式加以确认的。导游的义务是导游在进行导游活动时必须做出的行为的范围,具体包括以下内容。

1. 提供导游服务必须接受委派的义务

根据《中华人民共和国旅游法》第四十条规定:导游和领队为旅游者提供服务必须接受旅行社委派,不得私自承揽导游和领队业务。《导游管理办法》第十九条规定:导游为旅游者提供服务应当接受旅行社委派,但另有规定的除外。《导游人员管理条例》第九条规定:导游人员进行导游活动,必须经旅行社委派。《研学旅行服务规范》在人员配置上规定:承办方应至少为每个研学旅行团队配置一名导游人员,导游人员负责提供导游服务,并配合相关工作人员提供研学旅行教育服务和生活保障服务。导游从事旅游、研学旅行工作必须经过旅行社委派才能执业。只有经过旅行社委派,从事导游活动的导游,其合法从业权才能受到法律保护,私自承揽业务进行导游活动的行为将受到相关法律追究。研学旅行主办方采用委托方式开展研学旅行活动,按照研学旅行安全基本原则要求,务必要确认承办方资质,核实承办方委派的工作人员的身份。

2. 携带、佩戴有效执业证件的义务

《中华人民共和国旅游法》第四十一条第一项规定:导游和领队从事业务活动,应当佩戴导游证。《导游管理办法》第二十条规定:导游在执业过程中应当携带电子导游证、佩戴导游身份标识,并开启导游执业相关应用软件。旅游者有权要求导游展示电子导游证和导游身份标识。导游在执业过程中,应当以醒目、直观的方式向旅游者证明其合法资质,便于旅游者识别其身份,及时得到帮助和服务,便于旅游主管部门进行监督和检查。

3. 不安排违反法律和社会公德的旅游活动的义务

《中华人民共和国旅游法》第三十三条规定:旅行社及其从业人员组织、接待旅游者,不得安排参观或者参与违反我国法律、法规和社会公德的项目或者活动;第四十一条第一项规定:导游和领队从事业务活动,应当向旅游者告知和解释旅游文明行为规范,引导旅游者健康、文明旅游,劝阻旅游者违反社会公德的行为。《导游管理办法》第二十三条第一项规定:导游在执业过程中不得安排旅游者参观或者参与涉及色情、赌博、毒品等违反我国法律法规和社会公德的项目或者活动。导游不仅是旅游活动的组织者,也是文化交流的桥梁,对于提升旅游者的文明旅游意识有着直接的影响。导游通过行前说明会、行中的善意提醒和行后的总结,帮助游客了解并遵守旅游目的地的法律法规、公共秩序和社会公德,引导游客自觉遵守当地的风俗习惯、文化传统和宗教信仰,促进文明旅游习惯的形成。

4. 严格执行旅游行程安排的义务

《中华人民共和国旅游法》第四十一条第二项规定:导游和领队应当严格执行旅游行程安排,不得擅自变更旅游行程或者中止服务活动。《导游管理办法》第二十三条第二项规定:导游在执业过程中不得擅自变更旅游行程或者拒绝履行旅游合同。在旅游过程中,导游的一切行为以旅游合同为准,不得擅自调整旅游接待计划。但在遇到特殊情况,可能危及游客人身安全时,按照《导游人员管理条例》规定,经大多数游客同意,可以调整或变更接待计划,但需要向旅行社及时报告。

5. 不兜售物品及索要小费的义务

为防止导游通过不正当手段获取利益,《中华人民共和国旅游法》第四十一条第二项规定:导游和领队不得向旅游者索取小费。《导游管理办法》第二十三条第八项、第九项规定,导游在执业过程中不得向旅游者兜售物品、索取小费。导游是向游客提供向导、讲解及相关旅游服务的人员,相关旅游服务一般指代办各种旅行证件和手续、代购交通票据、安排旅游行程等与旅行游览有关的各种活动。向游客兜售物品、购买旅游者的物品等商品买卖行为,不属于导游的职责范围,也与其身份不符。以导游身份实施此类行为,容易造成交易上的不公平和不公正,侵害旅游者的合法权益,损害导游形象。消费文化流行于西方国家,在我国,导游向游客索要小费属于禁止性行为,无论导游采用何种方式,无论是明示性还是暗示性地向旅游者索要小费,都是法律所不允许的。

6. 不诱导、欺骗、强迫或变相强迫消费的义务

为了规范导游行为,避免出现因导游而起的旅游乱象,《中华人民共和国旅游法》第四十一条第二项规定:导游和领队不得诱导、欺骗、强迫或者变相强迫旅游者购物或者参加另行付费旅游项目。《导游管理办法》第二十三条第三项至第七项规定:导游在执业过程中不得擅自安排购物活动或者另行付费旅游项目;不得以隐瞒事实、提供虚假情况等方式,诱骗旅游者违背自己的真实意愿,参加购物活动或者另行付费旅游项目;不得以殴打、弃置、限制活动自由、恐吓、侮辱、咒骂等方式,强迫或者变相强迫旅游者参加购物活动、另行付费等消费项目;不得获取购物场所、另行付费旅游项目等相关经营者以回扣、佣金、人头费或者奖励费等名义给予的不正当利益;不得推荐或者安排不合格的经营场所。《导游服务规范》对购物服务作出要求:导游应严格按照合同的约定安排购物活动,不应向旅游者兜售物品或诱导、欺骗、强迫、变相强迫旅游者购物;购物时,导游应向旅游者客观介绍当地特色商品的主要品种和特色,还要提醒游客不应购买、携带违禁物品,必要时向旅游者提供购物过程中所需要的服务,包括翻译、介绍托运手续等。

三、带队教师的权利与义务

教师的权利与义务是基于教师的特定职业性质而产生和存在的。因此,它具有在教育活动中产生并由教育法律规范所规定的特征。按照《研学旅行服务规范》规定,带队教师由学校配备,在研学过程中不仅负责学生的日常管理,还要引导学生进行体验式教育和研究式学习,兼具教育者和管理者的双重角色。带队教师享有教育法律法规赋予教师的权利,同时也应当履行作为教师的义务。《中华人民共和国教师法》在第二章中明确规定了教师的权利和义务。

(一)教师的权利

教师的权利是指教师依照《中华人民共和国教师法》的规定所享有的权利,表现为教师可以自主作出一定的行为,或要求他人作出相应的行为,在必要的时候可请求国家以强制力保障其权利的实现。《中华人民共和国教师法》第七条对我国教师的权利作出了规定,具体表现在以下几个方面。

1.教育教学权

教师有进行教育教学活动、开展教育教学改革和试验的教育教学权,这是教师为履行教育教学职责必须具备的基本权利。它主要指教师可以依据其所在学校的培养目标组织课堂教学;按照课程计划、课程标准的要求确定其教学内容和进度,并不断完善教学内容;针对不同的教育教学对象,在教育教学的形式、方法、具体内容等方面进行实验、改革并加以完善。除非依据法律规定,否则任何组织或个人均不得剥夺在聘教师的这项法定权利。但合法的解聘或待聘,不属于侵犯教师这一权利的情形。

2.科学研究权

教师有从事科学研究、进行学术交流、参加专业的学术团体、在学术活动中发表意见的科学研究权,这是教师作为专业技术人员所享有的一项基本权利。教师在完成规定的教育教学任务的前提下,有权进行科学研究、技术开发、技术咨询,撰写学术论文或者著书立说,依法成立或参加学术团体,发表自己的观点,开展学术争鸣等。

3.指导评价权

教师有指导学生的学习和发展、评定学生的品行和学业成绩的指导评价权,这是教师在教育教学活动中居于主导地位的基本权利。教师有权依据学生的身心发展状况和特点因材施教,针对学生在特长、就业、升学等方面的发展给予指导;教师有权对学生的思想政治、品德、学习、劳动等方面给予客观、公正和恰如其分的评价;教师有权运用正确的指导思想,科学的方式、方法,促使学生的个性和能力得到充分的发展。任何组织和个人都不得非法干预教师行使这项权利。

4.获取报酬权

教师有权按时获取工资报酬,享受国家规定的福利待遇以及寒暑假期的带薪休假,这是教师的基本物质保障权,是宪法赋予公民的劳动权利和劳动者的休息权利的具体体现。它主要包括教师有权要求所在学校及其主管部门根据国家法律及教师聘用合同的规定,按时足额地支付工资报酬;教师有权享受国家规定的医疗、住房、退休等各种福利待遇和优惠,以及寒暑假期的带薪休假等。

5.民主管理权

教师有权对学校教育教学、管理工作和教育行政部门的工作提出意见和建议,通过教职工代表大会或者其他形式,参与学校的民主管理。这是教师参与教育民主管理的权利,是宪法赋予公民的民主权利在教育领域的具体体现。保证教师此项权力的行使,能够调动教师对教育教学工作的主动性和积极性,加强对学校和教育行政部门的监督。民主管理权主要包括教师享有对学校及其他教育行政部门工作的批评权和建议权;教师有权通过教职工代表大会、工会等组织形式及其他适当方式参与学校的民主管理,讨论学校发展与改革等方面的重大问题;教师有权引导学生,培养学生的民主与法治意识,促进我国社会主义民主法治建设;教师有权参与教育的民主管理。

6. 进修培训权

教师有参加进修或者其他方式的培训的权利。这是教师享有的接受继续教育,不断充实和发展自我的基本权利。它主要包括教师有权参与进修和接受其他多种形式的培训,不断更新知识,调整知识结构,提高自己的思想品德和业务素质,以此保障教育教学质量;教育行政部门和学校及其他教育机构应当采取多种形式,开辟多种渠道,保证教师进修培训权的顺畅行使;教师有权参加达到法定学历标准和达到高一级学历的进修或以拓宽知识为主的继续教育培训等。学校和教育行政部门应当作出规划,采取各种方式,开辟多种渠道,为教师参加进修和培训创造条件,提供机会,切实保障教师权利的实现。

(二)教师的义务

教师的义务是指教师依照《中华人民共和国教师法》的规定所承担的必须履行的责任,表现为教师必须作出一定的行为或不得不作出一定的行为。《中华人民共和国教师法》第八条对教师的义务作出了规定,具体表现在以下几个方面。

1. 遵守宪法、法律和职业道德的义务

教师必须遵守宪法、法律和职业道德,为人师表。宪法和法律是国家、社会组织和公民活动的基本行为准则。教师要教书育人、为人师表,更应当模范地遵守宪法和法律,自觉培养学生的民主意识和法治观念,使其成为遵纪守法的公民。作为人类灵魂的工程师,教师应当遵守职业道德,以自己高尚的品质和行为在教育教学活动中对学生思想品质、道德情操、法律意识的形成发挥积极的作用。这不仅是教师自身的行为规范,也是法律要求教师应尽的基本义务。

2. 完成教育教学工作的义务

教学工作是教师的本职工作。所以,教师在教育教学活动中,必须贯彻国家的教育方针,遵守规章制度,遵守教育行政部门和学校其他教育机构制定的关于教育教学管理的各项规章制度和依据有关法律法规制定的具体的教学工作计划,履行聘任合同中约定的教育教学工作职责,完成职责范围内的教育教学任务,保证教育教学质量。

3. 进行思想品德教育的义务

教师的工作是教书育人,通过教书,可以达到育人的目的。所以,教师在教育活动中有义务对学生进行宪法所确定的基本原则的教育和爱国主义教育、民族团结教育、法治教育以及思想品德、文化、科学技术教育,组织带领学生开展有益的社会活动。教师应自觉地结合自己教育教学的业务特点,将德育工作落实到教育教学工作的全过程中。对学生进行思想

品德教育,不仅是思想政治课和思想品德课教师的职责,也是每一位教师的基本义务。

4.关心爱护学生,促进学生的全面发展的义务

教师在教育教学活动中,应关心爱护全体学生,尊重学生的人格,促进学生在品德、智力、体质等方面全面发展。热爱学生是教师的天职和美德,教师应当一视同仁地对待所有的学生,尤其是尊重每一个学生的人格尊严,帮助其形成健康完善的人格,为其全面发展奠定良好的基础。特别是对于有缺点、错误的学生,更要满腔热情地帮助他们。要树立尊重学生人格尊严的观念,不歧视学生,更不允许侮辱、体罚学生。对于极个别屡教不改、错误性质严重、需要给予纪律处分的学生,也只能以理服人,不能压服。教师违反法律规定,侮辱、体罚学生,经教育不改的,要依法追究法律责任。

5.保护学生合法权益,促进学生健康成长的义务

教师有义务制止有害于学生的行为或者其他侵犯学生合法权益的行为,批评和抵制有害于学生健康成长的现象。保障学生的合法权益和身心健康成长,是全社会的共同责任。作为教师,自然更负有保护学生合法权益和身心健康的义务。教师应当在学校工作和与教育教学工作相关的活动中,对侵犯其所负责教育管理的学生的合法权益的违法行为予以制止,保护学生的合法权益不受侵犯;也应当对社会上出现的有害于学生身心健康的不良现象进行批评和抵制,这既是全社会的责任,也是教师义不容辞的义务。

6.不断提高思想觉悟和教育教学水平的义务

教师应不断提高自己的思想政治觉悟和教育教学水平。教育教学工作是一项专业性较强的工作,担负着提高民族素质的使命。随着社会的进步和科技的发展,知识的更新速度不断加快。据美国技术预测专家詹姆斯·马丁预测,人类知识在19世纪是每五十年增长一倍,20世纪上半叶是每五年增长一倍,而目前已达到了每两年增长一倍的速度。所以作为一名教师,要想胜任工作,跟上时代的发展步伐,就需要不断学习,提升自身的思想道德修养,提高业务水平。

【任务实训】

把全班分成四个小组,每组自行对接当地中小学,对某年级的研学旅行活动进行跟踪调查,注意观察研学导师、导游、带队教师的工作内容,重点分析他们在研学过程中享有的权利和应当履行的义务,并形成调研报告。

【任务完成】

通过该任务的学习,学生能够清晰了解研学导师、导游、带队教师的权利和义务,深化对研学旅行从业人员的认知。

任务三　研学旅行从业人员的管理

【任务导入】

　　每逢 6 月,毕业季如约而至,加之即将到来的暑假,以学生和家长为主要游客群体的研学游热度居高不下。但研学中不但存在价格虚高、行程缺乏设计等问题,还面临着从业人员资质良莠不齐的尴尬局面,试分析研学从业人员都应当具备哪些资质。

【任务剖析】

　　研学旅行导师、导游、带队教师等研学从业人员在研学过程中虽分工不同,但其研学服务的水平却影响着研学的效果和质量。本任务主要介绍研学旅行从业人员应当具备的资质。

一、研学导师的管理

(一)研学导师的管理部门

　　研学旅行是"教育"和"实践"的统一。研学导师也应当是具有专业素质的多元化师资队伍。实践中,研学导师工作多由中小学教师、旅行社导游、研学基地工作人员等人员承担。研学导师管理部门因导师来源而有所不同:当研学导师由中小学教师、研学基地(营地)工作人员担任时,由教育部门行使管辖权,参照带队教师的管理制度进行管理;当研学导师由旅行社导游担任时,由文化和旅游主管部门行使管辖权,参照导游的管理制度进行管理;当研学导师由研学基地(营地)工作人员担任时,由教育部门行使管辖权,参照教育部相关文件进行管理。

(二)研学导师管理制度

　　我国研学导师管理的法律体系由法律、行政法规、部门规章组成。《中华人民共和国民法典》《中华人民共和国教育法》《中华人民共和国教师法》《中华人民共和国旅游法》《中华人民共和国治安管理处罚法》等相关规定适用于研学导师的管理。在行政法规方面,主要是《旅行社条例》《导游管理办法》《导游人员管理条例》《研学旅行服务规范》《导游服务规范》等,部门规章主要是指涉及研学导师管理的教育、文旅、安全等方面。同时还有《研学旅行指导师(中小学)专业标准》《研学旅行指导师职业能力等级评价标准》《研学旅行策划与管理职业技能等级标准》《研学旅行课程设计与实施职业技能等级标准》等,以及若干与研学导师相关的国际公约和国际协定,对规范研学导师管理发挥着重要作用。

1. 研学旅行策划与管理职业技能等级证书

2020 年 1 月 22 日,研学旅行策划与管理(EEPM)职业技能等级证书是参与 1+X 证书制度试点的职业技能等级证书名称,由教育部职业技术教育中心研究所公布。证书对应的专业领域为旅游、教育、文博、地理、体育类及相关专业。其主要面向从事研学旅行、综合实践、劳动教育领域的相关单位的实践教育从业者,可以完成对中小学生进行安全、教学、服务的策划与管理任务,以及实践教育从业人员的培训、指导和管理等工作。对应技能标准为《研学旅行策划与管理职业技能等级标准》。

(1)等级划分

研学旅行策划与管理职业技能等级分为初级、中级和高级,三个级别依次递进,高级涵盖初级职业技能要求。每个等级都有具体的职业技能要求和考试内容。

(2)等级要求

初级主要面向中等职业学校、高等职业学校和应用型本科学校的学生,以及从事研学旅行、综合实践、劳动教育等实践教育的社会从业者。初级的主要职责是为中小学生提供基础性的安全落实、教学引导和服务管理,对中小学生进行基础性实践教育等服务活动。持有初级证书的人员能够完成针对中小学生的安全、教学、服务的策划与管理任务,以及实践教育从业人员的培训、指导和管理等工作。

中级要求持有初级证书并通过考试,适用于高职、本科层次的学生。中级的主要职责是在能够履行初级职责的基础上,为中小学生提供针对性安全管理、教学辅导和策划管理,对中小学生进行实践教育,掌握课程策划和设计等新知识、新技能。中级证书持有者能够进行研学需求调研、需求评估分析及课程资源开发等工作,并能够完成研学行前管理、研学实践探究、研学课程评价、安全预案制定、应急事故处理及安全教育培训等任务。

高级的主要职责是在能够履行中级职责的基础上,掌握中小学生的身心发展特点与培养方法,能对初级研学旅行策划与管理进行培训、指导,掌握安全机制、教学指导、运营管理的知识和技能及素养。高级要求掌握研学课程设计与实施的新知识、新技能,能够完成研学课程计划、课程方案设计及研学手册设计等工作,以及课程资源管理、研学实践指导、评价机制构建、应急机制构建、安全体系建立及安全系数评估等高级任务。

2. 研学旅行课程设计与实施职业技能等级证书

研学旅行课程设计与实施职业技能等级证书是一种技能等级证书,是持有人研学旅行课程设计与实施能力水平的证明。对应技能标准为《研学旅行课程设计与实施职业技能等级标准》。

(1)等级划分

研学旅行课程设计与实施职业技能等级分为初级、中级、高级,三个级别依次递进,高级涵盖初级职业技能要求。每个等级都有具体的职业技能要求和考试内容。

(2)等级要求

初级证书持有人要求根据研学旅行课程特点,完成研学行前准备、研学实践组织、引导多元评价、基础服务保障、生活服务管理、健康习惯管理、安全事故预防、安全隐患排查及应急事故处理等工作。中级证书持有人要求根据研学课程设计理论知识和基本原则,完成研学需求调研、需求评估分析及课程资源开发等工作;根据研学课程方案及研学手册,完成研学行前管理、研学实践探究、研学课程评价、安全预案制定、应急事故处理及安全教育培训等工作。高级证书持有人要求掌握研学课程设计与实施的新知识、新技能,完成研学课程计划、课程方案设计及研学手册设计等工作;完成课程资源管理、研学实践指导、评价机制构建、应急机制构建、安全体系建立及安全系数评估等工作。

二、导游的管理

(一)导游的管理部门

《中华人民共和国旅游法》第八十五条第一项、第三项规定:县级以上人民政府旅游主管部门有权对导游和领队等旅游从业人员的相关行为进行管理,包括从事导游、领队服务是否取得经营、执业许可,导游和领队等从业人员的服务行为。根据《中华人民共和国旅游法》和《导游管理办法》的相关规定,文化和旅游部负责全国导游的管理,省级文化和旅游主管部门及地方文化和旅游管理部门依照国家规定行使相应的管理权。

(二)导游管理制度

根据《中华人民共和国旅游法》《旅行社条例》《导游管理办法》《导游服务规范》等相关法律法规的规定,国家对导游执业实行许可制度,从事导游执业活动的人员,应当取得导游人员资格证和导游证。文化和旅游部建立导游等级考核制度、导游服务星级评价制度和全国旅游监管服务信息系统,各级旅游主管部门运用标准化、信息化手段对导游实施动态监管和服务。

1.导游资格考试制度

(1)导游资格考试报考条件

《导游人员管理条例》第三条规定:具有高级中学、中等专业学校或者以上学历,身体健康,具有适应导游需要的基本知识和语言表达能力的中华人民共和国公民,可以参加导游人员资格考试。凡是中华人民共和国公民,符合导游资格考试报考条件的,都可以报考。

(2)监督管理与证书的颁发

《导游管理办法》规定:经导游人员资格考试合格的人员,方可取得导游人员资格证;文化和旅游部负责制定全国导游资格考试政策、标准,组织导游资格统一考试,以及对地方各级旅游主管部门导游资格考试实施工作进行监督管理;省、自治区、直辖市旅游主管部门负责组织、实施本行政区域内导游资格考试具体工作;全国导游资格考试管理的具体办法由文化和旅游部另行制定。国家实行全国统一的导游人员资格考试制度。经考试合格的,由国务院旅游行政部门或者国务院旅游行政部门委托省、自治区、直辖市人民政府旅游行政部门颁发导游人员资格证书。

2.导游执业许可制度

（1）导游证的获取

《导游人员管理条例》第四条规定：在中华人民共和国境内从事导游活动，必须取得导游证。取得导游人员资格证书的，经与旅行社订立劳动合同或者在相关旅游行业组织注册，方可持所订立的劳动合同或者登记证明材料，向省、自治区、直辖市人民政府旅游行政部门申请领取导游证。

《导游管理办法》规定：在旅游行业组织注册并申请导游证的人员，应当向所在地旅游行业组织提交身份证、导游人员资格证、本人近期照片、注册申请等资料；通过与旅行社订立劳动合同取得导游证的，劳动合同的期限不得少于1个月；申请导游证时，申请人应通过全国旅游监管服务信息系统填写申请信息并提交相关材料，由所在地旅游主管部门依法受理。《导游管理办法》第十二条对不予核发导游证的情况进行了说明，包括无民事行为能力或者限制民事行为能力的；患有甲类、乙类以及其他可能危害旅游者人身健康安全的传染性疾病的；受过刑事处罚的，过失犯罪的除外；被吊销导游证之日起未逾3年的。

（2）导游证的变更

导游证的有效期为3年，有效期届满后需要继续执业的，应当在有效期届满前3个月内，通过全国旅游监管服务信息系统向所在地旅游主管部门提出申请。导游与旅行社订立的劳动合同解除、终止或者在旅游行业组织取消注册的，导游及旅行社或者旅游行业组织应当自解除、终止合同或者取消注册之日起5个工作日内，通过全国旅游监管服务信息系统将信息变更情况报告旅游主管部门。

（3）执业要求

根据《导游管理办法》《导游人员管理条例》的规定，导游人员进行导游活动，必须经过旅行社委派，且应当佩戴导游证。导游人员不得私自承揽或者以其他仟何方式直接承揽导游业务，进行导游活动。导游在执业过程中应当携带电子导游证、佩戴导游身份标识，并开启导游执业相关应用软件。导游在执业过程中，应当自觉履行作为导游应尽的职责，不得出现违反《导游管理办法》第二十三条的行为。

三、带队教师的管理

（一）带队教师的管理部门

《中华人民共和国教育法》第十四条、第十五条规定：国务院和地方各级人民政府根据分级管理、分工负责的原则，领导和管理教育工作。中等及中等以下教育在国务院领导下，由地方人民政府管理。国务院教育行政部门主管全国教育工作，统筹规划、协调管理全国的教育事业。县级以上地方各级人民政府教育行政部门主管本行政区域内的教育工作。县级以上各级人民政府其他有关部门在各自的职责范围内，负责有关的教育工作。《中华人民共和国教师法》第五条规定：国务院教育行政主管部门主管全国的教师工作。国务院有关部门在各自职权范围内负责有关的教师工作。学校和其他教育机构根据国家规定，自主进行教师管理工作。可见，教育部负责全国教师工作，县级以上地方各级人民政府教育行政部门依法对当地的教育工作行使管辖权。

（二）带队教师管理制度

《中华人民共和国教育法》第三十五条规定：国家实行教师资格、职务、聘任制度，通过考核、奖励、培养和培训、提高教师素质，加强教师队伍建设。

1. 教师资格制度

《中华人民共和国教师法》第十条规定：国家实行教师资格制度。中国公民凡遵守宪法和法律，热爱教育事业，具有良好的思想品德，具备本法规定的学历或者经国家教师资格考试合格，有教育教学能力，经认定合格的，可以取得教师资格。

（1）学历要求

《中华人民共和国教师法》第十一条规定：取得幼儿园教师资格，应当具备幼儿师范学校毕业及其以上学历；取得小学教师资格，应当具备中等师范学校毕业及其以上学历；取得初级中学教师、初级职业学校文化、专业课教师资格，应当具备高等师范专科学校或者其他大学专科毕业及其以上学历；取得高级中学教师资格和中等专业学校、技工学校、职业高中文化课、专业课教师资格，应当具备高等师范院校本科或者其他大学本科毕业及其以上学历；取得中等专业学校、技工学校和职业高中学生实习指导教师资格应当具备的学历，由国务院教育行政部门规定；取得高等学校教师资格，应当具备研究生或者大学本科毕业学历；取得成人教育教师资格，应当按照成人教育的层次、类别，分别具备高等、中等学校毕业及其以上学历。国家教师资格考试制度由国务院规定。

（2）资格认定

《中华人民共和国教师法》第十三条规定：中小学教师资格由县级以上地方人民政府教育行政部门认定。中等专业学校、技工学校的教师资格由县级以上地方人民政府教育行政部门组织有关主管部门认定。普通高等学校的教师资格由国务院或者省、自治区、直辖市教育行政部门或者由其委托的学校认定。

2. 教师职务制度

教师职务是指从事教师职业人员的专业技术职务。《中华人民共和国教师法》第十六条规定：国家实行教师职务制度，具体办法由国务院规定。教师职务是各级各类学校依据教育和教学的需要而设置的教师工作岗位。2015 年 8 月 28 日，人力资源和社会保障部、教育部印发的《关于深化中小学教师职称制度改革的指导意见》指出：建立统一的中小学教师职务制度，教师职务分为初级职务、中级职务和高级职务。初级设员级和助理级；高级设副高级和正高级。员级、助理级、中级、副高级和正高级职称（职务）名称依次为三级教师、二级教师、一级教师、高级教师和正高级教师。正高级教师对应专业技术岗位一至四级，高级教师对应专业技术岗位五至七级，一级教师对应专业技术岗位八至十级，二级教师对应专业技术岗位十一至十二级，三级教师对应专业技术岗位十三级。2022 年 9 月 2 日，人力资源和社会保障部、教育部印发《关于进一步完善中小学岗位设置管理的指导意见》，指出：中小学教师岗位等级设置划分为高、中、初级，按照国家现行事业单位专业技术岗位设置管理有关规定执行。

3. 教师聘任制度

《中华人民共和国教师法》第十七条规定:学校和其他教育机构应当逐步实行教师聘任制。教师的聘任应当遵循双方地位平等的原则,由学校和教师签订聘任合同,明确规定双方的权利、义务和责任。实施教师聘任制的步骤、办法由国务院教育行政部门规定。

【任务实训】

把全班分成四个小组,每组自行搜集关于研学从业人员的新闻报道,发现其中的问题,结合当前研学从业人员相关管理制度,提出解决方案。

【任务完成】

通过该任务的学习,学生能够清晰了解研学旅行从业人员的管理制度,深化对研学旅行从业人员管理的认知。

思考与练习

1. 简述研学旅行工作人员的范围。
2. 简述研学旅行从业人员的能力要求。
3. 简述研学导师的权利和义务。
4. 简述导游的权利和义务。
5. 简述带队教师的权利和义务。
6. 简述研学旅行从业人员的管理制度。

项目六
研学旅行供应方管理法规

【思维导图】

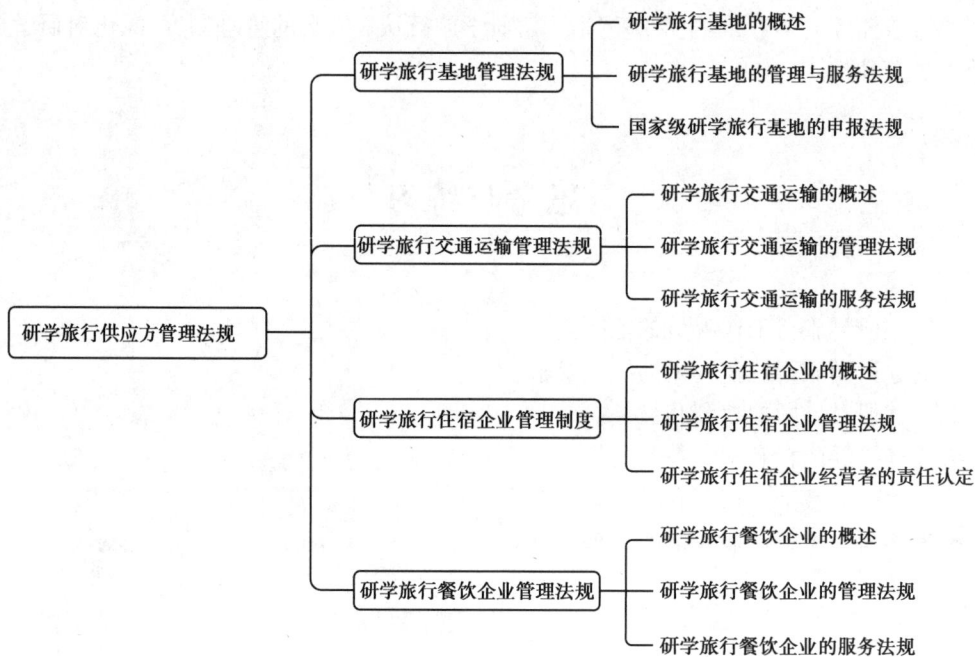

研学旅行供应方管理法规
- 研学旅行基地管理法规
  - 研学旅行基地的概述
  - 研学旅行基地的管理与服务法规
  - 国家级研学旅行基地的申报法规
- 研学旅行交通运输管理法规
  - 研学旅行交通运输的概述
  - 研学旅行交通运输的管理法规
  - 研学旅行交通运输的服务法规
- 研学旅行住宿企业管理制度
  - 研学旅行住宿企业的概述
  - 研学旅行住宿企业管理法规
  - 研学旅行住宿企业经营者的责任认定
- 研学旅行餐饮企业管理法规
  - 研学旅行餐饮企业的概述
  - 研学旅行餐饮企业的管理法规
  - 研学旅行餐饮企业的服务法规

【知识目标】

1. 了解研学旅行供应方的范围及法律地位。
2. 掌握研学旅行基地管理法规。
3. 掌握研学旅行交通运输管理法规。
4. 掌握研学旅行住宿企业管理法规。
5. 掌握研学旅行餐饮企业管理法规。

【能力目标】

1. 能依据有关法规有效地预防研学旅行供应中的基地管理问题。
2. 能依据有关法律法规有效地处理研学旅行交通运输、住宿企业、餐饮企业管理问题。

3.能依据有关法律法规准确地分析研学旅行供应方标准和具体问题。

【素养目标】

1.能够树立法治观念,增强法律意识,运用法律手段提升供应方的服务标准和能力。

2.能够认识到在研学旅行中供应方应承担的责任和义务,明确自己在研学旅行中的角色和定位,积极履行自己的责任。

3.在处理研学旅行相关问题时,能够依据良好的基础和条件,做到有效解决,遵循共同的标准法规。

【项目导入】

研学旅行供应标准良莠不齐,食宿安全如何保障?

某游学活动承办企业选任的餐饮供应企业存在厨师不稳定、饭菜质量差、不卫生等问题,就餐学生在馒头中吃出老鼠屎,游学企业遂以提供餐饮服务的质量不符合约定标准为由,未予支付合同尾款,引发纠纷。

法院经审理认为,两公司签订的游学合作协议为双方的真实意思表达,且不违反法律、行政法规的强制性规定,应属合法有效,双方均应按照合同约定全面履行义务。根据双方约定,游学期间费用为每人每天100元人民币,伙食标准明确要符合人体健康相关要求,若因供餐企业原因造成安全或服务质量问题,责任由供餐企业承担,情节严重的,承办企业将不支付费用。本案中,供餐企业提供的食物不卫生,属于可能损害学生生命健康安全的严重情形,故活动承办企业有权按约定不予支付合同尾款。

上述案例中,基于不同功能定位和服务内容,相关企业"研学"可能涉及教育培训、旅店服务、租赁、旅游合同等不同法律关系。因部分主、承办方选任和招揽服务单位的标准不明确、审查不严格,学生及家长亦难以掌握相关服务主体的经营能力情况,实践中出现因选任不审慎导致供应质量不达标等问题,这违背了《研学旅行服务规范》关于交通、住宿、餐饮、人员配置等基本服务要求,易侵害参训学生的人身及财产安全。

根据案例,尝试分析研学旅行供应方涉及谁?研学旅行供应方应遵循哪些法律法规?我们将在本项目中予以解答。

(案例节选自:火热的研学旅行,却有法律"坑"!甚至可能涉及刑事责任——供应标准良莠不齐,食宿安全如何保障?)

任务一 研学旅行基地管理法规

【任务导入】

某基地为3~12岁的孩子打造的户外森林教育课堂,设立了特色课程区、体能训练区、户外拓展区等多个功能区。通过模拟特种部队训练、艺术课堂、农耕体验课堂等情景,让孩子们在自然的环境里接受教育。试分析该基地应遵循哪些研学旅行基地管理法规,才能保障研学旅行的顺利进行?

【任务剖析】

研学旅行基地管理法规的制定与实施,对于规范研学旅行行业、提升基地服务质量、保障学生安全具有重要意义。其有助于促进研学旅行行业的健康发展,保障参与者的安全与权益,提升研学旅行基地的服务质量和教育效果,根据各自的实际情况和需求,掌握相应的管理法规,并在实践中不断完善和优化。本任务能帮助了解研学旅行基地的内涵、建设规范及管理要点,掌握研学旅行基地管理法规。

一、研学旅行基地的概述

(一)研学旅行基地的内涵

1.研学旅行供应方

依据原国家旅游局颁发的《研学旅行服务规范》,研学旅行供应方是与研学旅行活动承办方签订合同,提供旅游地接、交通、住宿、餐饮等服务的机构。此外,基本要求满足三个条件:一是应具备法人资质;二是应具备相应经营资质和服务能力;三是应与承办方签订旅游服务合同,按照合同约定履行义务。

2.研学旅行基地

2016年,原国家旅游局发布的《研学旅行服务规范》中提及"研学营地"一词,并将其定义为"研学旅行过程中学生学习与生活的场所"。

2017年与2018年,教育部先后公布了第一批和第二批国家级中小学生研学实践教育基地名单,但未对其定义和分类作出明确说明。

2018年,根据福建省教育厅印发的《福建省中小学生研学实践教育基地建设与服务标准(试行)》,研学旅行基地是由政府或社会力量创办的,具备承接中小学生研学旅行实践教育活动,运营良好的各类青少年校外活动场所、现有的爱国主义教育基地、国防教育基地、革命历史类纪念设施遗址、优秀传统文化教育基地、文物保护单位、科技馆、博物馆、生态保护区、自然景区、美丽乡村、特色小镇、科普教育基地、科技创新基地、示范性农业基地、高等学校、科研院所、知名企业以及大型公共设施、重大工程基地等优质资源单位。

2019年2月,中国旅行社协会与高校毕业生就业协会联合发布了《研学旅行基地(营地)设施与服务规范》,使研学旅行基地(营地)有相对科学、规范的准入条件。其将研学旅行基地定义为自身或周边拥有良好的餐饮住宿条件、必备的配套设施,具有独特的研学旅行资源、专业的运营团队、科学的管理制度以及完善的安全保障措施,能够为研学旅行过程中的学生提供良好的学习、实践、生活等活动的场所。同时,其将基地所包含的旅行吸引物等资源根据性质及类别分为知识科普类、自然观赏类、体验考察类、励志拓展类、文化康乐类。

目前学术界关于研学旅行基地的研究不是太多,如何合理划分研学旅行基地类型,更加有针对性地推动研学旅行基地建设为研学旅行服务,对于促进我国研学旅行事业的发展具有现实意义。

通过分析关于研学旅行基地的相关文件及要求,研学旅行基地的概念包含以下含义:

①是一种场所,专供中小学生开展研学实践教育活动。

②富含研学课程资源,围绕一定的教育目标开发有一定数量的主题研学课程。基地还需要有与周边教育资源结合形成的主题研学线路。

③具有教育教学设施,教育功能突出。

④配有接待服务设施,基地还需要具备能一次性集中接待一定规模学生的餐饮、住宿设施。

据此,将研学旅行基地定义为:具有研学课程资源和完善的接待服务设施、教育教学设施,服务中小学生研学实践教育活动的场所。

(二)研学旅行基地的特征

《教育部等 11 部门关于推进中小学生研学旅行的意见》明确要求研学旅行要坚持教育性原则、实践性原则、安全性原则和公益性原则。作为研学实践教育活动的载体,研学旅行基地与研学旅行有着一致的教育性、实践性、安全性和公益性等特征,同时,研学旅行基地还具有自身的地域性和开放性。

1. 教育性

研学旅行"要结合学生身心特点、接受能力和实际需要,注重系统性、知识性、科学性和趣味性,为学生全面发展提供良好的成长空间",因此,教育性是研学旅行基地的本质特性,基地的建设也需要从教育出发,凸显教育功能,实现教育目标。

2. 实践性

研学旅行基地的实践性表现为其课程和设施为满足学生动手实践、亲身体验的需要,尤其是在课程设计与实施中,需尊重学生的主体地位,以主题实践教育活动为主,以培养创新精神和实践能力为目标,将课堂教学设置为实践性的体验式教学。

3. 安全性

研学旅行基地的安全性是由其服务的中小学生这一特殊人群决定的。基地的选址要远离地质灾害区和其他危险区域,要始终坚持安全第一,配备安全保障设施,建立安全保障机制,明确安全保障责任,落实安全保障措施,设立安全应急预案,确保学生的安全。

4. 公益性

《教育部等 11 部门关于推进中小学生研学旅行的意见》规定,研学旅行"不得开展以营利为目的的经营性创收",因此,研学旅行基地也应把谋求社会效益放在首位。例如,对贫困家庭学生有实施减免费用的义务。

5. 地域性

研学旅行基地要体现地域特色,其课程资源一般是该地域的自然资源或人文资源的典型代表。例如,5A级景区是中国最高级别的旅游资源,研学旅行基地依附于景区,充分利用5A级景区的知名度、影响力和完善的旅游设施来吸引客源市场,有利于研学旅行基地的快速成长。不少5A级景区本身也是非常典型和受欢迎的研学旅行基地,如故宫博物院、安徽黄山风景区等。

6.开放性

开放性主要表现在教学环境和服务对象的开放性上。首先,研学旅行基地的课程活动和配套设施需区别于惯常的校园课堂环境,需要引导学生到自然和社会环境中拓展视野、丰富知识、了解社会、亲近自然以及参与体验等。其次,研学旅行任何基地接纳任何地方、任何适龄段的中小学生并开展研学活动,不受地域或其他方面的限制。

(三)研学旅行基地的分类

1.根据基地资源的属性

研学旅行基地可分为自然风景区、文化遗产、综合实践基地、农业基地、工业园区、高等院校和科研院所、重大工程等。自然风景区主要指国家公园、自然公园等供游览欣赏的天然风景区(如山岳、湖泊、河川、海滨、森林、石林、溶洞、瀑布等),如国家级研学旅行基地黄山风景区、黄河壶口瀑布风景名胜区等。

(1)文化遗产

这里指不可移动的物质文化遗产,包括古遗址、古墓葬、古建筑、石窟寺、石刻、壁画、近现代重要史迹及代表性建筑等不可移动文物,以及在建筑式样或与环境景色结合方面具有突出普遍价值的历史文化名城(街区、村镇),如故宫博物院、平遥古城。

(2)综合实践基地

综合实践基地主要是为中小学生开展校外综合实践培训的青少年校外实践基地,如石家庄市青少年社会综合实践学校、宜昌市青少年综合实践学校等。

(3)农业基地

农业基地指可用于中小学生素质教育和农业实践的区域性农产品基地,如湖北东方年华田园综合体等。

(4)工业园区

工业园区主要指工业生产要素集聚、工业化集约强度高、产业特色突出、功能布局优化、市场竞争力强的现代化产业分工协作的特定生产区域,如国家级经济技术开发区、高新技术产业开发区、保税区、出口加工区等,如上海无线电科普教育基地,能够为中小学生提供丰富、便捷的工业研学课程资源。

(5)高等院校和科研院所

充分挖掘高校的高科技资源,开展研学旅行活动,让中小学生走进高校或科研院所感受浓厚的科研氛围,如北京航空航天大学(航空航天博物馆、"月宫一号"综合实验装置)、大连海事大学、中国科学院青海盐湖研究所等开发的重大工程,以及中国长江三峡集团公司、北京市房山区大石窝镇惠南庄泵站南水北调中线干线、水利部丹江口水利枢纽管理局丹江口工程展览馆等。

2.根据研学实践活动的教育目标

研学旅行基地可以分为优秀传统文化型、红色传承型、自然生态型、国情教育型、国防科技型、综合实践教育型。

①优秀传统文化型,包括文物保护单位、博物馆、非遗场所等。

②红色传承型,包括爱国主义教育基地、革命历史类纪念设施遗址等。

③自然生态型,包括自然景区、农业基地、自然保护区、野生动物保护基地等。

④国情教育型,包括体现基本国情和改革开放成就的美丽乡村、特色小镇、知名企业、大型公共设施等。

⑤国防科技型,包括国防教育基地、科普教育基地、科技创新基地、高等学校、科研院所等。

⑥综合实践教育型,包括各类青少年校外活动场所、综合实践基地等。

3.根据基地依托资源单位的性质

研学旅行基地分为青少年校外活动场所、爱国主义教育基地、国防教育基地、革命历史类纪念设施遗址、优秀传统文化教育基地、文物保护单位、科技馆、博物馆、生态保护区、自然景区、美丽乡村、特色小镇、科普教育基地、科技创新基地、示范性农业基地、高等学校、科研院所、知名企业、大型公共设施、重大工程基地等,一些地方还将上述资源单位作为申报基地的基本条件。

4.专门型和综合型

研学旅行基地可以分为专门型和综合型两种。就专门型基地而言,基地的研学实践活动课程的主题一般不超过两个,如国家级研学旅行基地——郧阳区青龙山国家地质公园,主要提供以恐龙为代表的古地质、古生物主题的研学实践活动课程。就综合型基地而言,基地一般应提供涉及三个及以上主题的研学实践活动课程,如国家级研学营地——上海东方绿舟、宜昌市青少年活动中心都开发了包含多个主题的综合实践活动课程。同时,根据评定部门的级别,可以分为研学旅行基地、营地分为国家级、省级、市级和县(区)级。

二、研学旅行基地的管理与服务法规

依据《研学旅行服务规范》中有关研学旅行服务项目的相关内容,研学旅行基地设施规范包括以下相关内容。

(一)研学旅行基地设施

1.教育设施

①应根据不同研学教育主题以及不同年龄段的学生配备相应的研学场地和设施。

②应根据研学旅行教育服务计划,配备相应的教学辅助设施,如电脑、多媒体、实验室、教具等。

③应对不同类型的研学旅行课程设置相应的演示、体验、实践的设施。

2. 导览设施

①应提供全景、线路、景物、位置和参观等标识标牌。

②应在售票处、服务中心、厕所、餐饮、购物、食宿等场所设置服务指示设施。

③应在外部交通、景区内道路、停车场等设置交通导览设施。

④应在医疗救护、危险地段、安全疏散通道、质量投诉和参观线路设置导览设施。

3. 安全设施

基地自身及食宿合作单位的安全设施均应符合以下条件：

①配置齐全，包括：流量监控、应急照明灯、应急工具、应急设备和处置设施。

②应标识醒目，包括：疏散通道、安全提示和指引标识等。

③应在出入口等主要通道和场所安装闭路电视监控设备，实行全天候、全方位录像监控，保证电子监控系统健全、有效，影像资料的保存时间应不少于 15 天。

④基地内禁止存放易燃、易爆、腐蚀性及有碍安全的物品。

⑤应设有安全和紧急避险通道，配置警戒设施。

⑥大型活动场所的安全通道和消防设备应有专人负责，确保设施完好有效。

⑦住宿场所应配有宿舍管理人员负责学生安全，安排保安人员昼夜值班巡逻，保障学生的财产和人身安全。

⑧应配备消防栓、灭火器、逃生锤等消防设备，保证防火设备齐备、有效。

⑨应保证消防通道畅通，消防安全标识完整、清晰，位置醒目。

⑩消防应急照明和疏散指示系统应符合 GB 17945—2024 的要求。

⑪基础救护设备应齐备完好，与周边医院有联动救治机制。

⑫应设有治安机构或治安联防点，与周边公安、消防等机构有应急联动机制。

⑬危险地带（如临水、交通沿线）应设置安全护栏和警示标志，并保证其醒目、健全。

⑭游览娱乐设施的使用及维护应符合 GB/T 41106.1—2021 的要求。

⑮出入口应方便游客集散，紧急出口标志明显、畅通无阻。

4. 安全管理

①应制定研学旅行活动安全预警机制和应急预案，建立科学有效的安全保障体系，落实安全主体责任。

②应有针对性地对参与研学旅行的师生进行安全教育与培训，帮助其了解有关安全规章制度，掌握自护、自救和互救方面的知识和技能。

③应设立安全责任机制，与参加研学旅行的学生家长和开展研学旅行的相关企业或机构签订安全责任书，明确各方安全责任。

④应设置安全管理机构，建立安全管理制度，建立安全事故上报机制，配备安全管理人员和巡查人员，有常态化安全检查机制和安全知识辅导培训。

⑤应为研学旅行学生购买在基地活动的公共责任险，并可根据特色活动需求建议或者协助学生购买相应特色保险。

⑥应建立健全服务质量监督保证体系，明确服务质量标准和岗位责任制度。

⑦应建立健全投诉与处理制度,保证投诉处理及时、公开、妥善,档案记录完整。

⑧应对基础设施进行定期管理,建立检查、维护、保养、修缮、更换等制度。

⑨宜建立结构合理的专职、兼职、志愿者等相结合的基地安全管理队伍。

(二)研学旅行基地合格认定

合格认定应以《研学旅行基地(营地)设施与服务规范》规定的全部条件("宜、可"项目除外)为依据。

①全国研学旅行基地认定委员会(以下简称"认定委员会")负责组织全国研学旅行基地的认定准入工作,制定认定工作的实施办法,对申请认定的单位进行认定。

②经认定委员会审核认定达标的基地,认定委员会应做出批准其为全国研学旅行基地的批复,并授予证书和标志牌。基地证书和标志牌由认定委员会统一制作、核发。

③全国研学旅行基地标志牌的有效期为3年。对已经获得证书和标志牌的基地实施动态管理,有效期期间每年应通过年度复核检查,期满后应进行重新认定。

④对于经复核认定达不到标准要求的,认定委员会应做出撤销全国研学旅行基地的批复。

⑤经认定委员会审核认定达到标准要求的基地,认定委员会将根据工作安排及时予以公示,并在中国旅行社协会官方网站、官方微信上同时公告,并向全体会员及合作媒体进行推介。

(三)研学旅行基地合作与运营

1. 业务方向

由于我国中小学生研学旅行时间设定在学期中的周一至周五,这使得研学旅行基地每年有大量空档期。为解决这一问题,基地的运营业务可以朝以下三个方向拓展:一是研学旅行,基地作为研学旅行活动的载体和依托,可以解决研学旅行核心需求,如活动场地、活动空间等,还可以提供集中吃住;二是素质教育,采取合作形式,包括营地空间出让等合作模式,与基地教育机构、素质教育机构合作开展素质教育活动;三是大型活动,基地可以承接政府、企事业单位的大型活动、团练及培训。研学旅行和素质教育是核心业务,大型活动只是为了更合理地利用资源。

2. 运营策划

基地需要对应研学旅行、素质教育、大型活动等不同的业务方向,策划好运营接待时段和接待规模:学期中的周一至周五,主要服务于研学旅行;周末和寒暑假等假期,主要服务于素质教育、营地教育;空档期,可以考虑服务于大型培训活动。

3. 商业合作

为提升基地的运营质量和效益,基地可以在课程和营销两个方面开展商业合作。关于课程和师资的合作,合作机构可以入驻,也可以将课程和师资纳入基地、营地的课程体系,由其统一进行市场推广营销。关于市场营销的合作,可以在基地圈定的直销区域直营,也可以在特定区域开展代理营销。

此外，研学旅行基地应根据自身情况和研学课程的实施区域，加强外联与协作，主动与一定范围内的交通、医疗卫生、治安、消防、气象、救援等相关组织建立合作关系，以提供研学实践服务的安全保障。

三、国家级研学旅行基地的申报法规

国家级研学旅行基地的申报需要遵循一定的法规和标准。其中，《研学旅行基地（营地）设施与服务规范》是研学旅行基地申报和认定的主要依据之一。此外，还包括其他相关法规。如《大型游乐设施安全监察规定》《特种设备使用管理规则》《特种设备使用单位落实使用安全主体责任监督管理规定》等，这些法规对研学旅行基地中的特种设备、游乐设施等的安全管理提出了具体要求。根据认定部门的级别，对于研学旅行基地，设有国家级、省级、市级和县（区）级。国家级研学旅行基地由教育部审核认定。结合教育部相关文件规定，国家级基地、营地的申报要求如下。

（一）推荐条件

基地应结合自身资源特点，开发适用于不同学段（小学、初中、高中）且与学校教育内容相衔接的研学实践课程，同时应满足下列条件。

1. 具有下列主题板块之一的课程资源

①优秀传统文化板块，包括旅游服务功能完善的文物保护单位、古籍保护单位、博物馆非遗场所、优秀传统文化教育基地等单位，能够引导学生传承中华优秀传统文化核心思想理念、中华传统美德、中华人文精神，坚定学生的文化自觉和文化自信。

②革命传统教育板块，包括爱国主义教育基地、革命历史类纪念设施遗址等单位，引导学生了解革命历史，增长革命斗争知识，学习革命斗争精神，培育新的时代精神。

③国情教育板块，包括体现基本国情和改革开放成就的美丽乡村、传统村落、特色小镇大型知名企业、大型公共设施、重大工程等单位，能够引导学生了解基本国情及中国特色社会主义建设成就，激发学生的爱党爱国之情。

④国防科工板块，包括国家安全教育基地、国防教育基地、海洋意识教育基地、科技馆科普教育基地、科技创新基地、高等学校、科研院所等单位，能够引导学生学习科学知识，培养科学兴趣，掌握科学方法，增强科学精神，树立总体国家安全观，树立国家安全意识和国防意识。

⑤自然生态板块，包括自然景区、城镇公园、植物园、动物园、风景名胜区、世界自然遗产地、世界文化遗产地、国家海洋公园、示范性农业基地、生态保护区、野生动物保护基地等单位，能够引导学生感受祖国的大好河山，树立爱护自然、保护生态的意识。

2. 具备承接中小学生开展研学实践教育的能力

研学旅行基地能够结合自身资源特点，设计开发适合小学、初中、高中不同学段学生，且与学校教育内容相衔接的课程和线路；学习目标明确、主题特色鲜明、富有教育功能；有适合

中小学生需要的专业讲解人员及课程和线路介绍。

3.能够积极配合教育部门工作

对中小学生研学实践教育活动实施门票减免等优惠措施,基地周边交通便利,适宜中小学生前往开展研学实践教育活动,在本地区、本行业有一定示范意义。

4.其他方面

财务管理体制明晰,内部保障机制健全,产权清晰,运行良好,日常运转经费来源稳定;注重预算管理、绩效评价,内部控制与财务制度健全,会计基础工作规范,具备项目管理能力;近三年来没有受到各级行政管理(执法)机构的处罚。

(二)推荐流程

研学旅行基地由国家有关部门和省级教育行政部门分别推荐。省级教育行政部门要会同相关部门(宣传、发改、科技、工信、自然资源、生态环境、住建、交通、水利、农业农村、文旅、卫生健康、气象、海洋等)对本省(区、市)符合推荐条件的优质资源单位进行遴选,重点考虑国家或相关行业已挂牌的各类教育基地。省级教育行政部门组织相关部门行业专家对本地推荐材料进行评审,确定推荐名单和推荐顺序,报教育部审核认定,教育部组织专家对基地进行审核,并在此基础上对候选基地进行实地核查,经过审核的基地在教育部门户网站上公示后予以命名。

【任务实训】

把全班分成四个小组,每个小组需提交一份研学旅行基地建设案例分析报告,包括基地概况、基地类型、管理与服务分析、解决途径等内容。

【任务完成】

通过该任务的学习,学生能够了解研学旅行基地的类型、基地的管理原则以及管理规范,能够将其灵活运用于实际的研学旅行基地建设,促进基地的长远发展和质量提升,能够将其灵活运用于各基地类型中,提高对研学旅行基地建设的管理能力。

任务二　研学旅行交通运输管理法规

【任务导入】

某旅行社组织了一次研学旅行活动,但在交通运输方面存在违规行为。他们使用了一辆未持有效包车客运标志牌进行经营的车辆,并且不按照包车客运标志牌载明的事项运行。请从研学从业人员的视角出发,谈谈研学旅行交通运输法规有哪些。该旅行社在研学旅行交通运输管理中存在哪些问题以及问题所涉及的法规？如何规范和提升研学旅行交通运输管理？

【任务剖析】

作为研学旅行供应方,研学旅行交通运输企业及企业人员应按照合同提供研学旅行交通运输相关服务。研学旅行交通运输企业及企业人员需要遵循法律规范,提供交通服务及健全安全防范体系等。在承运全程中,需要深入分析研学旅行交通运输管理的内容、构成、原则及管理与服务规范,掌握突发事件处理的基本方法。本任务介绍研学旅行交通运输相关基础概念、基本原则、交通法规和服务。

一、研学旅行交通运输管理法规概述

(一)研学旅行交通运输

交通运输是国民经济中最具基础性、先导性、战略性的产业,是现代化经济体系的重要组成部分,是服务人民美好生活、促进共同富裕的坚实保障。从个人层面看,人们的社会生活与交通运输密切相关;从社会层面看,交通运输是经济发展的基石,见证了社会变迁,反映了国家发展。因此,交通运输的场站、线路理应成为研学旅行的重要资源。

旅游交通是为旅游者实现旅游目的而提供空间位移服务的经营活动,主要包括航空运输、铁路运输、公路运输、水路运输等。旅游交通是旅游业经营者借助飞机、火车、各类汽车、轮船等交通运输工具和机场、车站、港口、码头等各项交通运输设施,从事运送包括旅游者在内的旅客及其行李的社会生产活动。旅游交通是随着交通运输业与旅游业的发展而发展的,旅游交通不是一个完全独立的行业,而是整个交通运输业的一个重要组成部分。在整个交通运输业中,旅游交通具有相对独立性。

研学旅行交通运输参考旅游交通运输法律法规,满足研学旅行的需要。研学旅行交通运输管理法规也是一个综合性的体系,涉及多个方面。研学旅行的交通运输管理部门应当认真了解和遵守这些法规和管理要求,确保研学旅行的交通安全和顺畅,推动研学旅行事业的健康发展。

(二)研学旅行交通运输管理法规的基本原则

1. 安全运输原则

安全运输是旅游交通的基本要求,也是旅游交通法规的重要内容与原则。旅游交通运输的目的是使旅游者及其行李物品实现安全、准时、快捷、舒适、方便的空间转移,确保研学旅行的正常开展。如果交通安全得不到保障,就意味着不能实现研学旅行交通运输的目的和意义,给承办方和研学者造成损失与危害。

2. 计划运输原则

计划运输原则是旅游交通法规的一项重要原则。计划运输原则是由旅游活动的性质以

及旅游交通产品的特点决定的。散客的旅游活动在时间、地点的安排上有一定的计划性,团体旅游者具有严格的游览计划,旅游者游览计划的实现程度如何,在很大程度上取决于旅游交通运输计划的配合与支持。如果旅游交通运输的计划不周密,往往会造成各旅游地运力的空间分布失调,引起旅游热点地区交通拥挤与温、冷点地区运力过剩的矛盾,影响旅游接待合同的全面履行,诱发旅游纠纷。因此,研学旅行交通运输也需要遵循这一原则,做好计划运输。

3.合理运输原则

合理运输是旅游交通法规的基本原则,也是旅游部门与交通运输部门的共同任务。它是指通过科学管理手段,根据旅游空间流向与流量特征,合理选择各种旅游交通工具,精心编排旅游线路,以最小的成本,取得最佳的社会经济效益的运输。合理运输的意义,从宏观上看,能节约旅游交通运力,经济使用运输工具,提高交通运输效率,节省交通运输费用,促进旅游交通业发展;从微观上看,可使旅游者减少旅游交通费用、空间转移时间,从而赢得更多的时间进行游览活动。

在实际的旅游交通运营生产过程中,除必须坚持安全运输、计划运输、合理运输三大原则外,还应根据旅游交通运输的特点,遵循正点运输、快捷运输、舒适运输、灵活运输以及游览性运输五项原则。

(三)我国现行的研学旅行交通相关法规

研学旅行交通相关法规是由一系列法律规范组成,既包括国内法律法规,也包括国际运输公约,还包括教育部门的相关规定与地方性旅游交通法律法规。如《中华人民共和国道路交通安全法》《道路旅客运输及客运站管理规定》《旅游安全管理办法》《关于推进中小学生研学旅行的意见》《研学旅行服务规范》等。此外,我国现行的旅游交通法体系涵盖了航空、铁路、公路、水路等领域的法律法规:在航空运输方面,颁布了《中华人民共和国民用航空法》《国内民航旅客、行李运输规则》《中国民用航空旅客、行李国际运输规则》《国内航空运输承运人赔偿责任限额规定》《中国民用航空安全检查规则》《中国民用航空危险品运输管理规定》等;在铁路运输方面,颁布了《中华人民共和国铁路法》《铁路旅客运输损害赔偿规定》等;在公路运输方面,颁布了《中华人民共和国公路法》等;在水路运输方面,颁布了《中华人民共和国内河交通安全管理条例》等。这些法律、法规、规章的颁布对研学旅行交通运输的发展有着重大的指导意义。

二、研学旅行交通运输管理相关法规的构成

我国旅游交通法律的构成包括三个层次:国际运输公约、国内相关法律法规、地方性旅游交通法律法规。

(一)国际运输公约

国际运输公约是我国交通运输法律体系的重要组成部分。目前,我国已加入的有关国际运输公约都可以被用来调整公约意义上的国际旅游交通运输中的有关法律关系,如《华沙

公约》、《统一国际航空运输某些规则的公约》、《国际民用航空公约》(通称《芝加哥公约》)、《海牙议定书》、《蒙特利尔协议》、《雅典公约》等。

(二)国内相关法律法规

国内有关旅游交通的法律法规包括航空、铁路、水路、公路方面的法律法规。

1. 航空运输方面的法律法规

航空运输方面的法律法规包括《中华人民共和国民用航空法》(1996年3月1日起施行)、《国内航空运输承运人赔偿责任限额规定》(2006年3月28日起施行)、《中国民用航空旅客、行李国内运输规则》(1985年1月1日制定,1996年2月28日修订,2004年6月28日中国民用航空总局局务会议通过《中国民用航空总局关于修改〈中国民用航空旅客、行李国内运输规则〉的规定》,2004年7月12日中国民用航空总局令第124号公布,2004年8月12日起施行)、《中国民用航空旅客、行李国际运输规则》(1998年4月1日起施行)等。

2. 铁路运输方面的法律法规

铁路运输方面的法律法规包括《中华人民共和国铁路法》(1991年5月1日起施行)、《中国国家铁路集团有限公司铁路旅客运输规程》(2024年9月1日起施行)、《铁路旅客运输损害赔偿规定》(1994年9月1日起施行)等。

3. 水路运输方面的法律法规

水路运输方面的法律法规包括《水路旅客运输规则》(1996年6月1日起施行)、《中华人民共和国内河交通安全管理条例》(2002年8月1日起施行)等。

4. 公路运输方面的法律法规

公路运输方面的法律法规包括《中华人民共和国公路法》(2017年11月5日起施行)、《中华人民共和国道路交通安全法》(2004年5月1日起施行)等。

(三)地方性相关交通法律法规

各省、自治区、直辖市根据本地域范围内的交通运输情况制定了相应的地方性旅游交通运输法律法规,如《陕西省道路运输管理条例》《上海市轨道交通管理条例》《重庆市轨道交通条例》《天津市铁路道口安全管理办法》《上海市内河航道管理条例》等。另外,《中华人民共和国民法通则》《中华人民共和国合同法》中的有关规定也适用于旅游交通运输领域中的法律调整。

三、研学旅行交通运输的服务要求

(一)交通工具要求

1. 合法资质

研学旅行组织机构应当选择具有旅游营运资质的车辆,确保车辆和驾驶员均符合相关法律法规的要求。

2. 安全检查

交通运输部门负责督促运输企业做好研学旅行车、船等交通工具的安全检查,确保车辆性能良好,无安全隐患。

3. 道路等级

研学旅行团队车辆的行驶道路不宜低于省级公路等级,以确保行车安全。在遭遇突发恶劣天气时,应当研判安全风险,及时调整交通方式。

研学旅行交通运输管理法规是一个综合性的法规体系,涉及多个部门和领域。为了确保研学旅行的交通安全和顺畅,需要各相关部门和单位共同努力,加强协作和配合。同时,研学旅行组织机构也应当严格遵守相关法律法规和政策要求,确保研学旅行活动安全、有序和有效进行。

4. 交通方式

依据《研学旅行服务规范》有关内容,按照以下要求选择交通方式:

①单次路程在400km以上的,不宜选择汽车,应优先选择铁路、航空等交通方式;

②选择水运交通方式的,水运交通工具应符合GB/T 16890—2008的要求,不宜选择木船、划艇、快艇;

③选择汽车客运交通方式的,行驶道路不宜低于省级公路等级,驾驶人连续驾车不应超过2h,停车休息时间不应少于20min。

(二)服务事项要求

依据《研学旅行服务规范》有关内容,研学旅行交通运输企业及企业人员应做到以下几点:

①应提前告知学生及家长相关交通信息,以便其掌握乘坐交通工具的类型、时间、地点以及需准备的有关证件。

②宜提前与相应交通运输部门取得工作联系,组织绿色通道或开辟专门的候乘区域。

③应加强交通服务环节的安全防范,向学生宣讲交通安全知识和紧急疏散要求,组织学生安全有序乘坐交通工具。

④应在承运全程随机开展安全巡查工作,并在学生上、下交通工具时清点人数,防范出现滞留或走失。

⑤遭遇恶劣天气时,应认真研判安全风险,及时调整研学旅行行程和交通方式。

【任务实训】

把全班分成四个小组,每个小组对研学旅行交通运输相关法规及场景应用进行资料收集,并按小组进行成果汇报。

【任务完成】

通过该任务的学习,学生能够了解研学旅行交通运输的相关概念与原则,研学旅行交通运输法规的构成、服务规范以及交通工具的选择与管理,能够将其灵活运用于实际的研学旅行交通运输管理中,提高研学旅行方面的服务能力。

任务三 研学旅行住宿企业管理法规

【任务导入】

某研学旅行服务企业(机构)在组织学生研学旅行期间,选择了某家酒店作为住宿地点。然而,该酒店在卫生条件、消防安全等方面存在诸多问题,导致学生在住宿期间出现了身体不适和安全隐患。事后,学生和家长向研学旅行服务企业投诉,并要求赔偿损失。学生在研学旅行过程中遭遇服务质量问题、安全事故或合同违约等情况,会与研学机构产生纠纷。这些纠纷通常涵盖研学旅行中常见的哪些法律问题和争议点?

【任务剖析】

研学旅行住宿企业管理法规主要涉及多个方面,包括住宿企业的资质要求、服务规范、安全保障、合同履约,以及与其他相关方的合作等。本任务有助于了解研学旅行旅游住宿企业概念,掌握研学旅行住宿企业的服务对象及特点,掌握研学旅行住宿企业法规以及相关经营者的责任界定。

一、研学旅行住宿企业的概述

(一)研学旅行住宿企业的概念

旅游住宿业,是指为旅游者提供住宿、餐饮及多种综合服务的行业。我国旅游住宿业的业态形式包括旅馆、饭店、宾馆、酒店、招待所、民宿客栈等。在研学旅行开展过程中,研学旅行住宿企业的概念可以从其业务范畴和服务对象两个维度来理解。

首先,从业务范围来看,研学旅行住宿企业是专门为研学旅行活动提供住宿服务的机构。其不仅提供传统的住宿设施,还可能根据研学旅行的特殊需求,如学生群体的特点、教育活动的安排等,进行定制化服务。这些服务可能包括但不限于:安全舒适的住宿环境、适合学生的餐饮安排、与研学主题相关的房间布置或活动空间,以及必要的医疗和安全保障措施等。

其次,从服务对象来看,研学旅行住宿企业的主要客户群体是参与研学旅行活动的学生、教师及陪同人员。这些学生可能来自不同的学校、年级和学科背景,他们的研学目的和主题也各不相同。因此,研学旅行住宿企业需要具备灵活多样的服务能力和丰富的教育资源,以满足不同客户和不同研学主题的需求。

此外,研学旅行住宿企业还需要与研学旅行组织方、教育机构、旅游景区等相关方进行紧密合作,共同为研学旅行活动的顺利开展提供有力支持。它们可能参与研学旅行方案制定、行程安排、活动组织等各个环节,确保学生在研学过程中能够获得丰富的知识和实践经验,同时保证他们的安全和健康。

综上所述,研学旅行住宿企业是专门为研学旅行活动提供住宿服务的机构,它们通过提供安全舒适的住宿环境、定制化服务以及与相关方紧密合作,为研学旅行活动的顺利开展提供有力支持。

研学旅行住宿企业是随着研学旅行市场的兴起而逐渐发展壮大的一种特殊类型的住宿服务企业。它们专注于为参与研学旅行活动的学生、教师及陪同人员提供安全、舒适、符合教育需求的住宿解决方案。

(二)研学旅行住宿企业的服务对象及特点

1. 服务对象

研学旅行住宿企业主要服务于各类学校、教育机构、研学旅游组织等,这些机构或组织通常会组织学生进行研学旅行,以拓宽学生的视野、增长学生的知识、培养学生的综合素质。

2. 服务特点

①定制化服务:根据不同研学旅行的主题、目的地、学生年龄及特殊需求,提供定制化的住宿方案。例如,针对自然科学主题的研学旅行,可能会选择靠近自然保护区或科学博物馆的住宿地点,并设计相关的科普活动。

②安全保障:研学旅行住宿企业非常重视学生的安全,会采取一系列措施确保住宿环境的安全,如设置门禁系统、安排夜间巡逻、配备急救设施等。同时,也会对学生进行安全教育,提高他们的自我保护意识。

③教育融合:住宿环境往往融入了教育元素,如设置图书角、科学实验室、文化展览区等,使学生在休息之余也能继续学习和探索。此外,还会组织丰富多彩的夜间活动,如主题讲座、工作坊、文化交流会等,丰富学生的研学体验。

④品质保证:注重住宿设施的品质和服务质量,确保学生能够在干净、整洁、舒适的环境中休息和学习。同时,也会提供营养均衡的餐饮服务,满足学生的成长需求。

⑤合作网络:与研学旅行组织方、教育机构、旅游景区等建立广泛的合作网络,共同推动研学旅行市场的发展。通过资源共享、优势互补,为学生提供更加丰富、全面的研学体验。

二、研学旅行住宿企业的管理法规

(一)主要法律法规

目前,我国住宿业的监管体系以行政法规、部门规章、行业标准规则为主。我国住宿行业现行的主要法律法规见表6-1。

表 6-1　我国住宿行业现行的主要法律法规

法律法规	颁布时间	颁布部门	相关内容
《住宿业卫生规范》	2007 年 6 月	卫生部、商务部	为了进一步加强住宿业的卫生管理,规范经营行为,提高卫生管理水平,对国境内一切从事经营服务的住宿场所进行规定。
《中华人民共和国消防法》(2021 年修订)	1998 年 4 月	全国人民代表大会常务委员会	公众聚集场所在投入使用、营业前,建设单位或者使用单位应当向场所所在地的县级以上地方人民政府公安机关消防机构申请消防安全检查。公安机关消防机构应当自受理申请之日起十个工作日内,根据消防技术标准和管理规定,对该场所进行消防安全检查。未经消防安全检查或者经检查不符合消防安全要求的,不得投入使用、营业。
《商品房屋租赁管理办法》	2010 年 12 月	住房城乡建设部	房屋租赁,出租人和承租人应当签订书面租赁合同,约定租赁期限、租赁用途、租赁价格、修缮责任等条款,以及双方的其他权利和义务,并向房产管理部门登记备案。租用房屋从事生产、经营活动的,由租赁双方协商议定租金和其他租赁条款。
《旅馆业治安管理办法》(2022 年修订)	1987 年 11 月	国务院	申请开办旅馆,应经当地公安机关审查批准,并领取特种行业许可证。同时规定旅馆经营者需承担部分社会治安、消防等职责。
《中华人民共和国消费者权益保护法》(2013 年修订)	1993 年 10 月	全国人民代表大会常务委员会	经营者应当保证其提供的商品或者服务符合保障人身、财产安全的要求。宾馆、商场、餐馆、银行、机场、车站、港口、影剧院等经营场所的经营者,应当对消费者尽到安全保障义务。
《中华人民共和国食品安全法》(2021 年修订)	2009 年 2 月	全国人民代表大会常务委员会	国家对食品生产经营实行许可制度。从事食品生产、食品流通、餐饮服务,应当依法取得食品生产许可、食品流通许可、餐饮服务许可。
《公共场所卫生管理条例》(2019 年修订)	1987 年 4 月	国务院	国家对公共场所以及新建、改建、扩建的公共场所的选址和设计实行卫生许可证制度。经营单位应当负责所经营的公共场所的卫生管理,建立卫生责任制度,对本单位的从业人员进行卫生知识的培训和考核工作。
《旅馆业治安管理条例(征求意见稿)》	2017 年 1 月	公安部	经营旅馆,必须遵守国家法律、法规,建立健全验证登记、来访管理、安全检查、财物保管、值班巡查、情况报告、协查通报、法制培训、突发事件应急处置等各项安全管理制度。

(二)研学旅行住宿企业管理规范

经国务院批准,公安部发布了《旅馆业治安管理办法》。这是我国旅馆业健康发展的一个法治保障。各省、自治区、直辖市公安厅(局)根据该办法制定了实施细则。《旅馆业治安管理办法》规定,凡经营接待旅客住宿的旅馆、宾馆、招待所、客货栈、车马店、浴池等(以下统称"旅馆"),不论是国营、集体经营还是合伙经营、个体经营、中外合资、中外合作经营,不论是专营还是兼营,不论是常年经营还是季节性经营,都必须遵守该办法。

1. 开办要求

开办旅馆,其房屋建筑、消防设备、出入口和通道等,必须符合消防治安法规的有关规定,并且要具备必要的防盗安全设施。为便于掌握旅馆的有关情况,加强对旅馆的治安管理,《旅馆业治安管理办法》规定,申请开办旅馆应经主管部门审查批准,经当地公安机关签署意见,向工商行政管理部门申请登记,领取营业执照后,才可以开业。经批准开业的旅馆,如有歇业、转业、合并、迁移、改变名称等情况,应当在工商行政管理部门办理变更登记后3日内,向当地的县、市公安局、公安分局备案。

2. 经营规范

经营旅馆,必须遵守国家的法律,建立各项安全管理制度,设置治安保卫组织或者指定安全人员。旅馆接待旅客住宿必须登记;登记时,旅馆必须查验旅客的身份证件,并要求旅客按规定的项目如实登记。《中华人民共和国出境入境管理法》第三十九条规定:外国人在中国境内旅馆住宿的,旅馆应当按照旅馆业治安管理的有关规定为其办理住宿登记,并向所在地公安机关报送外国人住宿登记信息。因此,除了要查验身份证件、如实登记规定项目外,旅馆在接待境外旅客住宿时,还应当在24小时内向当地公安机关报送住宿登记表。

《旅馆业治安管理办法》规定,旅馆必须设置旅客财物保管箱、保管柜或者保管室,并指定专人负责保管工作,对旅客寄存的财物,要建立严格、完备的登记、领取和交接手续。旅馆对于旅客遗留的物品,应当加以妥善保管,并根据旅客登记所留下的地址,设法将遗留物品归还原主;如果遗留物主人不明,则应当揭示招领,经招领3个月后仍无人认领的,则应当登记造册,并送当地公安机关按拾遗物品处理。这种处理方法,不仅是我国社会主义道德的要求,而且也是法律的规定。对于旅客遗留物品中的违禁物品和可疑品,旅馆应当及时报告公安机关处理。

3. 服务要求

①为了保护客人的人身和财产安全,研学旅行餐饮企业客房房门应当装置防盗链、门镜、应急疏散图,卫生间内应当采取有效的防滑措施。客房内应当放置服务指南、住宿须知和防火指南。有条件的研学旅行餐饮企业应当安装客房电子门锁和公共区域安全监控系统。

②研学旅行餐饮企业应当确保健身、娱乐等场所设施、设备的完好和安全。

③对可能损害客人人身和财产安全的场所,研学旅行餐饮企业应当采取防护、警示措施。警示牌应当中外文对照。

④研学旅行餐饮企业应当采取措施,防止客人放置在客房内的财产灭失、损毁。由于研学旅行餐饮企业的原因造成客人财物灭失、损毁的,研学旅行餐饮企业应当承担责任。

⑤研学旅行餐饮企业应当保护客人的隐私。除日常清扫卫生、维修保养设施设备或者发生火灾等紧急情况外,研学旅行餐饮企业员工未经客人许可不得随意进入客人下榻的房间。

4. 其他要求

①应保证选址科学,布局合理,便于集中管理。

②学生宿舍应配有沐浴设施、床铺及床上用品、存储柜等。

③酒店类住宿的总体服务质量和安全管理应符合 GB/T 14308—2023 的要求。

④集体住宿应男女分室,保证设施安全、卫生洁净。

⑤宜设野外露营点,选址科学合理,符合 GB/T 31710.3—2015 的要求。

三、研学旅行住宿企业经营者的责任界定

关于旅游经营者的连带责任,主要涉及以下几个方面:

①应以安全、卫生和舒适为基本要求,提前对住宿营地进行实地考察,主要要求如下:

A. 应便于集中管理;

B. 应方便承运汽车安全进出、停靠;

C. 应有健全的公共信息导向标识,并符合 GB/T 10001 的要求;

D. 应有安全逃生通道。

②应提前将住宿营地相关信息告知学生和家长,以便做好相关准备工作。

③应详细告知学生入住注意事项,宣讲住宿安全知识,带领学生熟悉逃生通道。

④应在学生入住后及时进行首次查房,帮助学生熟悉房间设施,解决相关问题。

⑤宜安排男、女学生分区(片)住宿,女生片区管理员应为女性。

⑥应制定住宿安全管理制度,开展巡查、夜查工作。

⑦选择在露营地住宿时还应达到以下要求:

A. 露营地应符合 GB/T 31710—2015 的要求;

B. 应在实地考察的基础上,对露营地进行安全评估,并充分评价露营地接待条件、周边环境和可能发生的自然灾害对学生造成的影响;

C. 应制定露营安全防控专项措施,加强值班、巡查和夜查工作。

【任务实训】

把全班分成六个小组,每个小组对研学旅行住宿企业相关法规及场景应用进行资料收集,并按小组进行成果汇报。

【任务完成】

通过该任务的学习,学生能够了解研学旅行住宿企业的相关概念、服务对象与特点,研学旅行住宿企业法规,以及研学旅行住宿企业经营者责任界定,能够将其灵活运用于实际的研学旅行住宿企业管理中,提高对研学旅行的服务能力。

任务四　研学旅行餐饮企业管理法规

【任务导入】

某研学旅行服务企业在组织一次研学旅行活动时,选择了某餐厅为参与者提供餐饮服务。试分析,研学旅行餐饮企业具备哪些条件? 其管理需要遵循什么法规? 主要涉及哪些方面? 企业应如何严格按照相关法律法规和管理办法的要求来确保学生在研学旅行过程中的饮食安全和健康?

【任务剖析】

研学旅行餐饮企业管理法规主要涉及多个方面,其主要从食品安全、人员管理、环境卫生等方面来确保学生在研学旅行过程中的饮食安全和健康。本任务有助于了解研学旅行旅游餐饮企业的概念,掌握研学旅行餐饮企业的服务对象及特点,掌握研学旅行餐饮企业服务规范。

一、研学旅行餐饮企业的概述

(一)研学旅行餐饮企业的概念

研学旅行餐饮企业可以被定义为:专门为研学旅行活动提供餐饮服务的企业或机构。这些企业不仅要负责为参与研学旅行的学生、教师及陪同人员准备和供应营养均衡、安全卫生的餐饮产品,还要根据研学旅行的主题、目的地以及学生的年龄和口味偏好,设计并推出具有教育意义和文化特色的餐饮方案。

研学旅行餐饮企业不仅需要关注食材的采购、储存、加工和烹饪等常规流程,还需结合研学旅行的特点,融入教育元素,让学生在用餐的过程中也能感受到知识的熏陶和文化的魅力。例如,它们可能会推出与研学主题相关的特色菜品,介绍食材的产地、营养价值以及背后的文化故事,或者组织学生进行简单的烹饪体验活动,让学生在实践中学习并了解食物的制作过程。

此外,研学旅行餐饮企业还需要关注食品安全和卫生问题,严格遵守相关的法律法规和标准,确保提供的餐饮产品符合安全、卫生的要求。他们还需要考虑学生的饮食禁忌和特殊需求,提供个性化的餐饮服务方案,以满足不同学生的需求。

综上所述,研学旅行餐饮企业是一个集餐饮服务、教育引导和文化传播于一体的综合性企业,能为研学旅行活动提供重要的后勤保障和支持。

(二)研学旅行餐饮企业的服务对象及特点

1.服务对象

研学旅行住宿企业主要为参与研学旅行活动的中小学生群体服务,同时也为随行的教师和陪同人员服务。这些客户群体在研学过程中需要营养均衡、安全卫生的餐饮服务,以满足其身体成长和学习探索的需求。

2.服务特点

①营养均衡:根据中小学生身体发育的特点,提供科学合理的膳食搭配,确保学生获得足够的能量和营养。

②安全卫生:严格遵守食品安全法律法规,确保食材新鲜、烹饪过程规范、餐具消毒彻底,保障学生的饮食安全。

③文化体验:结合研学旅行的主题和地方特色,推出具有地方风味和文化内涵的菜品,让学生在品尝美食的同时,感受当地的文化魅力。

④灵活多样:根据不同研学团队的需求,提供定制化的餐饮服务方案,包括早餐、午餐、晚餐以及课间餐等,满足不同时间和口味的需求。

⑤教育融合:在餐饮服务中融入教育元素,如介绍食材来源、烹饪工艺、营养知识等,使学生在用餐过程中也能获得知识的增长和视野的拓宽。

(三)研学旅行餐饮企业的运营模式

1.自主经营

研学旅行餐饮企业可以自主经营餐厅或食堂,负责食材采购、菜品研发、烹饪制作和餐饮服务等全过程。

2.合作经营

与研学旅行基地、学校或旅游机构等建立合作关系,共同提供餐饮服务。通过资源共享和优势互补,提升服务质量和效率。

3.品牌连锁

部分研学旅行餐饮企业可能采用品牌连锁的经营模式,通过统一的管理标准和品牌形象,提供标准化的餐饮服务。

二、研学旅行餐饮企业的管理法规

以下内容是根据相关法规和行业规范,对研学旅行餐饮企业的管理法规进行的详细阐述。

1.食品生产经营的要求

根据《中华人民共和国食品安全法》,研学旅行餐饮企业的食品生产经营应当符合食品安全标准,并符合下列要求:

①具有与生产经营的食品品种、数量相适应的食品原料处理和食品加工、包装、储存等场所,保持该场所环境整洁,并与有毒、有害场所及其他污染源保持规定的距离。

②具有与生产经营的食品品种、数量相适应的生产经营设备或者设施,有相应的消毒、更衣、盥洗、采光、照明、通风、防腐、防尘、防蝇、防鼠、防虫、洗涤以及处理废水、存放垃圾和废弃物的设备或者设施。

③有食品安全专业技术人员、管理人员和保证食品安全的规章制度。

④具有合理的设备布局和工艺流程,防止待加工食品与直接入口食品、原料与成品交叉污染,避免食品接触有毒物、不洁物。

⑤餐具、饮具和盛放直接入口食品的容器,使用前应当洗净、消毒,炊具、用具用后应当洗净,保持清洁。

⑥储存、运输和装卸食品的容器、工具和设备应当安全、无害,保持清洁,防止食品污染,并符合保证食品安全所需的温度等特殊要求,不得将食品与有毒、有害物品一同运输。

⑦直接入口的食品应当有小包装或者使用无毒、清洁的包装材料、餐具。

⑧食品生产经营人员应当保持个人卫生,生产经营食品时,应当将手洗净,穿戴清洁的工作衣、帽;销售无包装的直接入口食品时,应当使用无毒、清洁的售货工具。

⑨用水应当符合国家规定的生活饮用水卫生标准。

⑩使用的洗涤剂、消毒剂应当对人体安全、无害。

⑪法律、法规规定的其他要求。

2. 禁止生产的食品

根据《中华人民共和国食品安全法》,研学旅行餐饮企业禁止生产经营下列食品:

①用非食品原料生产的食品或者添加食品添加剂以外的化学物质和其他可能危害人体健康物质的食品,或者用回收食品作为原料生产的食品。

②致病性微生物、农药残留、兽药残留、重金属、污染物质以及其他危害人体健康的物质含量超过食品安全标准限量的食品。

③营养成分不符合食品安全标准的专供婴幼儿和其他特定人群的主辅食品。

④腐败变质、油脂酸败、霉变生虫、污秽不洁、混有异物、掺假掺杂或者感官性状异常的食品。

⑤病死、毒死或者死因不明的禽、畜、兽、水产动物肉类及其制品。

⑥未经动物卫生监督机构检疫或者检疫不合格的肉类,或者未经检验或者检验不合格的肉类制品。

⑦被包装材料、容器、运输工具等污染的食品。

⑧超过保质期的食品。

⑨无标签的预包装食品。

⑩国家为防病等特殊需要明令禁止生产经营的食品。

⑪其他不符合食品安全标准或者要求的食品。

3. 食品安全管理制度

研学旅行餐饮企业从事食品生产、流通、餐饮服务,应当建立健全食品安全管理制度,加强对职工食品安全知识的培训,配备专职或者兼职食品安全管理人员,做好对所生产经营食品的检验工作,依法从事食品生产经营活动。研学旅行餐饮企业应当建立并执行从业人员健康管理制度。患有痢疾、伤寒、病毒性肝炎等消化道传染病的人员,以及患有活动性肺结核、化脓性或者渗出性皮肤病等有碍食品安全的疾病的人员,不得从事接触直接入口食品的工作。研学旅行餐饮企业内从事食品生产经营的工作人员每年应当进行健康检查,取得健康证明后方可参加工作。

4. 食品采购和储存

研学旅行餐饮企业采购食品原料、食品添加剂、食品相关产品,应当查验供货者的许可证和产品合格证明文件;对无法提供合格证明文件的食品原料,应当依照食品安全标准进行检验;不得采购或者使用不符合食品安全标准的食品原料、食品添加剂、食品相关产品。研学旅行餐饮企业应当建立食品原料、食品添加剂、食品相关产品进货查验记录制度,如实记录食品原料,食品添加剂,食品相关产品的名称、规格、数量,供货者名称及联系方式,进货日期等内容。食品原料、食品添加剂、食品相关产品进货查验记录应当真实,保存期限不得少于两年。

研学旅行餐饮企业采购食品,应当查验供货者的许可证和食品合格的证明文件。研学旅行餐饮企业应当建立食品进货查验记录制度,如实记录食品的名称、规格、数量、生产批号和保质期、供货者名称及联系方式、进货日期等内容。食品进货查验记录应当真实,保存期限不得少于两年,研学旅行餐饮企业应当按照保证食品安全的要求储存食品,定期检查库存食品,及时清理变质或者超过保质期的食品。

5. 食品安全事故处置

研学旅行餐饮企业从事食品生产、食品流通、餐饮服务,应当制定食品安全事故处置方案,定期检查各项食品安全防范措施的落实情况,及时消除食品安全事故隐患。发生食品安全事故的研学旅行餐饮企业应当立即予以处置,防止事故扩大。事故发生单位和接收病人进行治疗的单位应当及时向事故发生地县级卫生行政部门报告。农业行政、质量监督、工商行政管理、食品药品监督管理部门在日常监督管理中发现食品安全事故,或者接到有关食品安全事故的举报,应当立即向卫生行政部门通报。发生重大食品安全事故的,接到报告的县级卫生行政部门应当按照规定向本级人民政府和上级人民政府卫生行政部门报告。县级人民政府和上级人民政府卫生行政部门应当按照规定上报。任何单位或者个人不得对食品安全事故隐瞒、谎报、缓报,不得毁灭有关证据。

①违反《中华人民共和国食品安全法》规定,未取得食品生产经营许可从事食品生产经营活动,或者未取得食品添加剂生产许可从事食品添加剂生产活动的,由县级以上人民政府食品安全监督管理部门没收违法所得和违法生产经营的食品、食品添加剂以及用于违法生产经营的工具、设备、原料等物品;违法生产经营的食品、食品添加剂货值金额不足一万元的,并处五万元以上十万元以下罚款;货值金额一万元以上的,并处货值金额十倍以上二十倍以下罚款。

②违反《中华人民共和国食品安全法》规定,有下列情形之一,尚不构成犯罪的,由县级

以上人民政府食品安全监督管理部门没收违法所得和违法生产经营的食品,并可以没收用于违法生产经营的工具、设备、原料等物品;违法生产经营的食品货值金额不足一万元的,并处十万元以上十五万元以下罚款;货值金额一万元以上的,并处货值金额十五倍以上三十倍以下罚款;情节严重的,吊销许可证,并可以由公安机关对其直接负责的主管人员和其他直接责任人员处五日以上十五日以下拘留:

A.用非食品原料生产食品、在食品中添加食品添加剂以外的化学物质和其他可能危害人体健康的物质,或者用回收食品作为原料生产食品,或者经营上述食品;

B.生产经营营养成分不符合食品安全标准的专供婴幼儿和其他特定人群的主辅食品;

C.经营病死、毒死或者死因不明的禽、畜、兽、水产动物肉类,或者生产经营其制品;

D.经营未按规定进行检疫或者检疫不合格的肉类,或者生产经营未经检验或者检验不合格的肉类制品;

E.生产经营国家为防病等特殊需要明令禁止生产经营的食品;

F.生产经营添加药品的食品。

③违反《中华人民共和国食品安全法》规定,有下列情形之一,尚不构成犯罪的,由县级以上人民政府食品安全监督管理部门没收违法所得和违法生产经营的食品、食品添加剂,并可以没收用于违法生产经营的工具、设备、原料等物品;违法生产经营的食品、食品添加剂货值金额不足一万元的,并处五万元以上十万元以下罚款;货值金额一万元以上的,并处货值金额十倍以上二十倍以下罚款;情节严重的,吊销许可证:

A.生产经营致病性微生物,农药残留、兽药残留、生物毒素、重金属等污染物质以及其他危害人体健康的物质含量超过食品安全标准限量的食品、食品添加剂;

B.用超过保质期的食品原料、食品添加剂生产食品、食品添加剂,或者经营上述食品、食品添加剂;

C.生产经营超范围、超限量使用食品添加剂的食品;

D.生产经营腐败变质、油脂酸败、霉变生虫、污秽不洁、混有异物、掺假掺杂或者感官性状异常的食品、食品添加剂;

E.生产经营标注虚假生产日期、保质期或者超过保质期的食品、食品添加剂;

F.生产经营未按规定注册的保健食品、特殊医学用途配方食品、婴幼儿配方乳粉,或者未按注册的产品配方、生产工艺等技术要求组织生产;

G.以分装方式生产婴幼儿配方乳粉,或者同一企业以同一配方生产不同品牌的婴幼儿配方乳粉;

H.利用新的食品原料生产食品,或者生产食品添加剂新品种,未通过安全性评估;

I.食品生产经营者在食品安全监督管理部门责令其召回或者停止经营后,仍拒不召回或者停止经营。

④违反《中华人民共和国食品安全法》规定,有下列情形之一的,由县级以上人民政府食品安全监督管理部门责令改正,给予警告;拒不改正的,处五千元以上五万元以下罚款;情节严重的,责令停产停业,直至吊销许可证:

A.食品、食品添加剂生产者未按规定对采购的食品原料和生产的食品、食品添加剂进行检验；

B.食品生产经营企业未按规定建立食品安全管理制度，或者未按规定配备或者培训、考核食品安全管理人员；

C.食品、食品添加剂生产经营者进货时未查验许可证和相关证明文件，或者未按规定建立并遵守进货查验记录、出厂检验记录和销售记录制度；

D.食品生产经营企业未制定食品安全事故处置方案；

E.餐具、饮具和盛放直接入口食品的容器，使用前未经洗净、消毒或者清洗消毒不合格，或者餐饮服务设施、设备未按规定定期维护、清洗、校验；

F.食品生产经营者安排未取得健康证明或者患有国务院卫生行政部门规定的有碍食品安全疾病的人员从事接触直接入口食品的工作；

G.食品经营者未按规定要求销售食品；

H.保健食品生产企业未按规定向食品安全监督管理部门备案，或者未按备案的产品配方、生产工艺等技术要求组织生产；

I.婴幼儿配方食品生产企业未将食品原料、食品添加剂、产品配方、标签等向食品安全监督管理部门备案；

J.特殊食品生产企业未按规定建立生产质量管理体系并有效运行，或者未定期提交自查报告；

K.食品生产经营者未定期对食品安全状况进行检查评价，或者生产经营条件发生变化，未按规定处理；

L.学校、托幼机构、养老机构、建筑工地等集中用餐单位未按规定履行食品安全管理责任；

M.食品生产企业、餐饮服务提供者未按规定制定、实施生产经营过程控制要求。

⑤违反本法规定，事故单位在发生食品安全事故后未进行处置、报告的，由有关主管部门按照各自职责分工责令改正，给予警告；隐匿、伪造、毁灭有关证据的，责令停产停业，没收违法所得，并处十万元以上五十万元以下罚款；造成严重后果的，吊销许可证。

⑥违反本法规定，未按要求进行食品贮存、运输和装卸的，由县级以上人民政府食品安全监督管理等部门按照各自职责分工责令改正，给予警告；拒不改正的，责令停产停业，并处一万元以上五万元以下罚款；情节严重的，吊销许可证。

⑦违反《中华人民共和国食品安全法》规定，造成人身、财产或者其他损害的，依法承担赔偿责任。生产经营者财产不足以同时承担民事赔偿责任和缴纳罚款、罚金时，先承担民事赔偿责任。

⑧违反《中华人民共和国食品安全法》规定，构成犯罪的，依法追究刑事责任。

三、研学旅行餐饮企业的服务法规

研学旅行餐饮企业的服务法规主要涉及食品安全、人员管理、环境卫生、采购管理等多个方面。以下内容是根据相关法规和行业规范，对研学旅行餐饮企业服务法规进行的详细阐述。

(一)食品安全

1.依法取得许可

①研学旅行餐饮企业必须依法取得食品经营许可证,并严格按照许可的经营范围亮证、亮照经营。

②遵守《中华人民共和国食品安全法》等相关法律法规,确保食品安全。

2.食品质量与安全

①坚决杜绝使用非法食品添加剂及滥用食品添加剂。

②严格落实进货检查验收制度、索证索票制度、进销货台账制度,确保所经营的食品来源合法、质量合格。

③对经营、使用中发现的问题产品,做到不藏匿、不销售,及时清查上缴,并主动向相关监管部门报告。

④坚持依法诚信经营,不销售、使用过期、变质等不合格的食品,对保质期处于临界期的食品,坚决不销售及使用。

3.从业人员管理

①从业人员每年进行健康检查,取得健康合格证后方可参加工作。

②患有有碍食品安全疾病的人员,不得从事接触直接入口食品的工作。

③从业人员应保持良好个人卫生,操作时应穿戴清洁的工作服、工作帽,头发不得外露,不得留长指甲,涂指甲油,佩戴饰物。

(二)环境卫生管理

1.餐厅环境

①餐厅内部应布局合理,装饰美观,具有特色,采用自然光线与灯光照明,温度、湿度适宜,通风效果好,定期消毒,有室内绿化。

②周围环境应打扫干净,明沟要常疏通,不乱倒污水和垃圾。

③废物桶要加盖存放,不得外溢且保持外观清洁卫生,防止害虫的滋生。

2.厨房卫生

①厨房内应保持清洁,坚持餐后和每日打扫卫生,做到"六面光"。

②经营场所保持通风换气,排风口过滤网应经常擦洗,保持卫生清洁。

③各种容器应每天清理、及时清洗消毒。

(三)采购与储存管理

1.食品原料采购

①不得采购违反食品安全法规定的食品。

②采购食品、食品原料、食品添加剂和食品相关产品均应严格索证索票,包括供应商资

质证明、产品合格证明、发票、收据、供货清单、信誉卡等。

③采购冷、鲜、肉时，应索取定点屠宰证明和检疫合格证明；不得采购没有检疫合格证明的肉类。

2.食品储存

①储存食品的场所应保持清洁，不得存放有毒、有害物品及个人生活用品。

②储存食品应分类、分架、离地隔墙存放，并定期检查，及时处理变质或超过保质期限的食品。

（四）餐具清洗消毒

1.清洗消毒设施

①设置专用的餐饮具清洗、消毒、保洁区域（或专间）及设备，清洗消毒设备设施的大小和数量应能满足需要。

②餐饮具清洗消毒水池应专用，与食品原料、清洁用具及接触非直接入口食品的工具、容器清洗水池分开。

2.清洗消毒程序

①熟练掌握洗刷消毒程序和消毒方法。严格按照"除残渣→洗涤剂洗→清水冲→热力消→保洁"的顺序操作。

②消毒后的餐饮具及时放入保洁柜密闭保存备用。已消毒和未消毒的餐饮具要分开存放，保洁柜内不得存放其他物品。

（五）其他

1.服务规范

研学旅行餐饮企业应参照相关行业标准进行产品管理、人员及服务管理、生产管理及设备管理。应提供符合学生需求的餐饮产品，并注重营养搭配和口味多样性。

2.宣传与教育

①向游客宣传公筷使用、节约粮食、适量取餐、绿色健康消费等理念。

②加强对从业人员的食品安全法律、法规、标准和食品安全责任的教育培训，提高食品安全管理能力和水平。

综上所述，研学旅行餐饮企业的服务法规涵盖了食品安全、人员管理、环境卫生、采购管理、餐具清洗消毒等多个方面，旨在确保学生在研学旅行过程中的饮食安全和健康。

【任务实训】

把全班分成六个小组，每个小组对研学旅行餐饮企业相关法规及应用场景进行资料收集，并按小组进行成果汇报。

【任务完成】

通过该任务的学习,学生能够了解研学旅行餐饮企业的相关概念与服务对象的特点,掌握研学旅行餐饮企业服务与管理法规,并能够将其灵活运用于实际的研学旅行餐饮企业管理,提高研学旅行服务能力。

思考与练习

1. 谁是研学旅行供应方? 包含哪些内容?
2. 请简述研学旅行基地管理法规。
3. 请简述研学旅行交通运输管理法规。
4. 请简述研学旅行住宿企业管理法规。
5. 请简述研学旅行餐饮企业管理法规。

项目七
研学旅行合同法律制度

【思维导图】

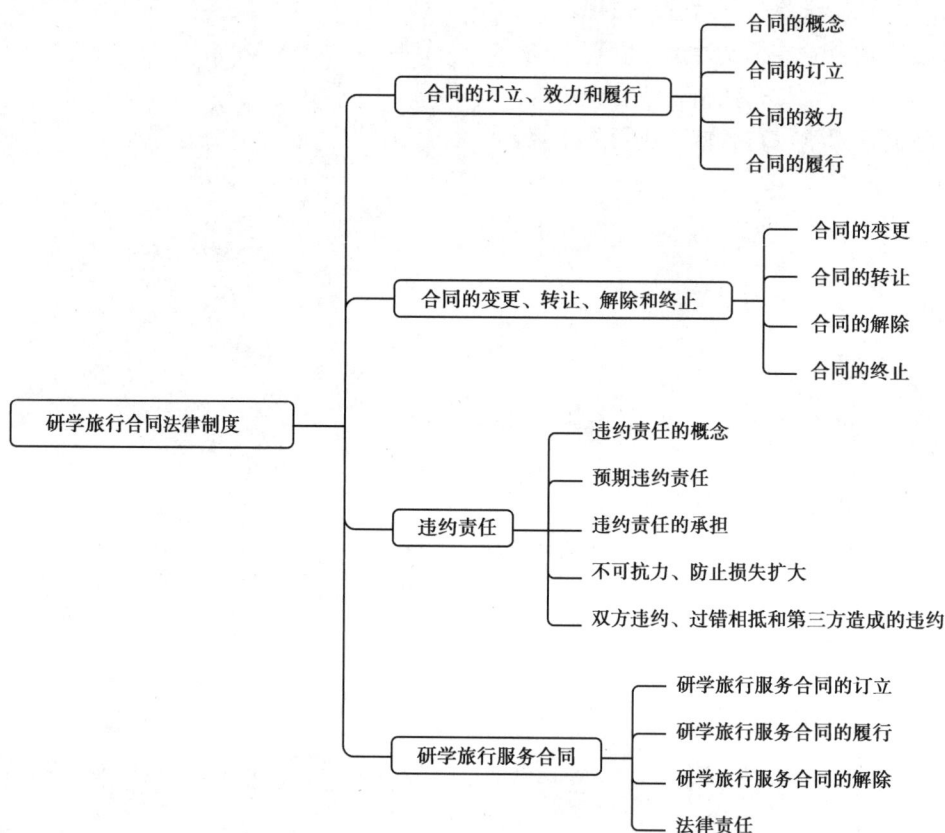

【知识目标】

1. 明确研学旅行合同的法律性质、地位及其在研学活动中的重要性。

2. 熟悉并理解《中华人民共和国合同法》《中华人民共和国旅游法》及教育部、文化和旅游部等相关部门颁布的研学旅行政策文件中关于合同法律制度的规定。

3. 掌握研学旅行合同中应包含的基本信息、安全保障措施、保险条款、违约责任等关键内容。

【能力目标】

1.能够运用所学法律知识,分析研学旅行合同中的条款是否合理、合法,识别潜在的法律风险。

2.具备将理论知识应用于实践的能力,能够在研学旅行活动中正确签订和履行合同,保障自身及参与方的合法权益。

3.面对合同争议或纠纷时,能够运用法律手段进行协商、调解或诉讼,有效解决问题。

【素养目标】

1.培养法治观念,尊重法律、遵守法律,具备运用法律武器维护自身权益的意识和能力。

2.能够倡导诚信原则,在研学旅行合同的签订和履行过程中保持诚实,树立良好的道德风尚。

3.强化责任意识,明确在研学旅行活动中各自应承担的责任和义务,确保活动的顺利进行。

【项目导入】

设免责条款、学校不签合同……研学旅行如何保证安全?

数日前,正在北京某学校读初中二年级的女孩小雪,放学回到家,把一份研学旅行合同书拿给了她爸爸。她说:"这次研学是去湖南张家界,有科学院的老师带着我们去考察岩石!我的小伙伴都去,我也要去!"

"去张家界?怎么也得五天吧?"爸爸一边说,一边翻阅这份合同书。这一看,身为法律工作者的爸爸发现了一些问题。一是,该合同上载明的甲方责任包括:配备随队领队,负责行程监护、生活照料,另有若干活动当地辅导员及当地科学院所工作人员负责学习指导。此外,选择职业车队司机,入住干净舒适的酒店,提供放心可口的餐饮。交通标准为甲方签约的当地车队大巴车,保证一人一座。这样的条款是否有利于保证学生旅行安全?二是,该合同上载明:乙方授权甲方为乙方申请人办理活动期间的人身意外伤害保险,未成年人最高赔付金额为每人10万元。若非因甲方原因导致乙方受到伤害、财物遗失等情况,甲方仅协助解决,但不承担法律和经济赔偿责任。这样的免责条款是否合理?

另外,从小雪学校的这份研学合同来看,甲方是旅游公司,乙方是学生和家长,然而学校并没有出现在这份合同中。"万一孩子们出现什么安全问题,合同中没有学校签字,学校是否就不用承担责任了呢?这样的话,学校会不会对自己的管理责任比较懈怠呢?"小雪的父亲表示担忧。

通过以上案例进行分析:研学合同中的"非甲方原因造成乙方伤害、财物遗失等,甲方协助解决,但不承担法律和经济赔偿责任"属于什么类型的条款?为什么说研学合同中的该免责条款对乙方研学者不公平、不合理?根据分析,该研学合同中的免责条款是否有效?为什么?在校学生研学活动被视为什么性质的活动?学校在研学活动中应当承担哪些义务?如果学校在研学活动中未尽到教育、管理、保护义务,可能需要承担什么责任? 学校能否以学生家长与旅游公司签订了合同为由,来避免履行其在研学活动中的管理职责? 学校能否因为学生家长与旅游公司的合同关系而免除其在研学活动中可能承担的责任?

任务一　合同的订立、效力和履行

【任务导入】

假设你是一名即将参加研学旅行的学生,学校已经为你选好了目的地和旅行社。但在正式出发前,需要签署一份合同。这时,你知道这份合同里写了什么吗? 为什么要签它? 如果旅行中出了问题,这份合同能保护学生的权益吗?

【任务剖析】

在研学旅行中,我们签订的合同通常属于服务合同的一种,它不同于买卖合同、赠与合同等。研学旅行合同主要规定了旅行社与学校或学生之间的权利和义务关系,如行程安排、服务标准、费用支付、违约责任等。本任务主要介绍合同的概念与调整范围、合同的法律效力、合同的解释规则。

《中华人民共和国合同法》于1999年3月15日由中华人民共和国第九届全国人民代表大会第二次会议通过,并于1999年10月1日正式施行。《中华人民共和国合同法》的目的在于保护合同当事人的合法权益,维护社会经济秩序,促进社会主义现代化建设。另外,《中华人民共和国合同法》已于2021年1月1日被《中华人民共和国民法典》合同编所替代,其延续了《中华人民共和国合同法》中关于合同基本内容的规定,并在此基础上进行了完善。例如,《中华人民共和国民法典》合同编增加了对电子合同、格式条款等特殊类型合同的规范,以及关于合同无效、可撤销等情形的详细规定。

《中华人民共和国旅游法》于2013年4月25日由中华人民共和国第十二届全国人民代表大会常务委员会第二次会议通过,并于2013年10月1日起正式施行。该法律特别强调了旅游合同的重要性,规定旅行社组织和安排旅游活动,应当与旅游者订立合同。旅游合同应当包括旅游行程安排,交通、住宿、餐饮等旅游服务安排和标准,游览、娱乐等项目的具体内容和时间,自由活动时间安排,旅游费用及其交纳的期限和方式,违约责任和解决纠纷的方式等内容。

一、合同的概念

合同也可以被称为契约、协议,是平等的当事人之间设立、变更、终止民事权利义务关系的协议。合同作为一种民事法律行为,是当事人协商一致的产物,是两个以上的意思表示相一致的协议。只有当事人所作出的意思表示合法,合同才具有国家法律约束力。依法成立的合同从成立之日起生效,具有国家法律约束力。

合同的法律特征主要体现在:①合同是双方或多方的民事法律行为。合同是两个或两个以上的当事人意思表示的合意。也就是说,合同是当事人双方或多方意思表示一致的结果。②合同以设立、变更、终止民事权利义务关系为目的。当事人订立合同的目的在于设立、变更、终止某种民事权利义务关系。这种关系可以是财产关系,如买卖合同、租赁合同等;也可以是身份关系,如收养合同等。但身份关系的合同受到较多限制,主要由其他法律规定。③合同是合法行为。只有合法的行为才能通过合同来规范,不合法的行为不能形成合同。因此,合同必须符合法律的规定,否则将不能产生当事人所期待的有效合同。[①]

二、合同的订立

(一)订立合同主体的资格

合同的主体资格是指依法享有权利和承担义务的法律关系的参与人。根据《中华人民共和国民法典》及相关法律法规,合同的主体可以是自然人、法人或其他组织。自然人必须具备相应的民事行为能力。《中华人民共和国民法典》规定,年满十八周岁的自然人为成年人,具有完全民事行为能力,可以独立实施民事法律行为。年满十六周岁且以自己的劳动收入为主要生活来源的自然人,也视为具有完全民事行为能力。对于限制民事行为能力人和无民事行为能力人,他们订立的合同效力可能受到限制,甚或被认定为无效。法人应在其核准的经营范围内从事活动,超出经营范围订立的合同可能面临效力问题。然而,根据《中华人民共和国民法典》的规定,法人超越经营范围订立的合同,除非违反法律、行政法规的效力性强制性规定,否则仍然有效。其他组织,如合伙企业、个人独资企业、分支机构等,也可以作为合同主体。它们需要具备相应的民事权利能力和民事行为能力,以及合法的经营资格和授权。

在研学旅行活动中,订立合同的主体除了满足上述一般要求外,订立合同的主体资格主要涉及主办方、承办方和供应方,它们都应具备一定的法律资质和条件,以确保合同的合法性和有效性:①主办方应具备组织研学旅行的合法资质和条件,包括但不限于教育、旅游等相关部门的批准或许可;②承办方通常为旅行社或具备相关旅游服务资质的机构,它们应具备提供研学旅行服务的专业能力和经验;③供应方如交通、住宿、餐饮等服务商,也应具备相应的经营资质和服务能力,以确保研学旅行活动的顺利进行。

在研学旅行活动中,订立合同的主体资格是确保合同有效性和双方权益的重要保障。甲方(学校或学生家长)应具备相应的民事权利能力和民事行为能力;乙方(研学机构)则应具备合法经营资格、专业能力、安全保障能力和良好的信誉口碑。双方当事人在订立合同时,应仔细审查对方的资格条件,确保合同的真实性和合法性。同时,合同中应明确双方的权利义务、违约责任等条款,以便在合同履行过程中发生纠纷时能够有据可依。[②]

---

① 王德山,米新丽,刘胜江.合同法学[M].2版.北京:对外经济贸易大学出版社,2022.
② 潘淑兰,王晓倩.研学旅行概论[M].武汉:华中科技大学出版社,2022.

（二）合同成立应具备的要约和承诺阶段

合同成立应具备的要约和承诺阶段是合同订立过程中的两个关键环节。要约是一方当事人以缔结合同为目的,向对方当事人提出合同条件,希望对方当事人接受的意思表示。其构成要件包括:①要约人具有缔约能力。要约人必须是订立合同一方的当事人,并且应当具有订立合同的行为能力。②要约的内容具体确定。要约的内容必须明确,以便在受要约人承诺的情况下产生合同。③表明经受要约人承诺,要约人即受该意思表示约束,即要约人愿意受其意思表示的约束,与受要约人订立合同。

承诺是受要约人同意要约的意思表示,承诺生效时合同成立。其构成要件包括:①承诺必须由受要约人作出。承诺只能由受要约人本人或其授权的代理人作出。②承诺的内容应当与要约的内容一致。如果受要约人对要约的内容作出实质性变更,则视为新要约。③承诺必须在要约的有效期内作出。超过要约的有效期作出的承诺,为迟到的承诺,不发生承诺的效力。承诺通知到达要约人时生效。承诺应当以通知的方式作出,但根据交易习惯或者要约表明可以通过行为作出承诺的除外。承诺是受要约人同意要约的意思表示,因此,承诺生效即表示合同成立。

合同成立应具备的要约和承诺阶段是相互关联、相互作用的两个重要环节。要约是合同订立的前提和基础,没有要约就没有承诺;承诺则是合同成立的必要条件,只有作出承诺并送达要约人,合同才能成立。这两个阶段共同构成了合同订立的完整过程,确保了合同订立的公平、公正与明确,保护了当事人的合法权益。

研学旅行合同的成立同样需要经历要约和承诺两个阶段。在这两个阶段中,双方应充分表达各自的意愿和条件,并确保要约和承诺的内容具体确定、相互一致,且符合法律法规的规定。只有这样,才能确保研学旅行合同的合法性和有效性。

（三）合同订立的形式

合同订立是当事人之间基于真实意思表示,通过协商达成一致,从而设立、变更、终止民事权利义务关系的过程。这一过程既包括动态的缔约行为和过程,也包括静态的协议结果。合同的订立由"订"和"立"两个阶段组成。其中,"订"强调缔约的行为和过程,是缔约各方接触、洽商并最终达成协议前的整个讨价还价过程;"立"则强调缔约的结果,即双方合意的达成,意味着各方当事人享有的权利和承担的义务得以确定,合同正式成立。而合同形式是指当事人合意的外在表现形式,是合同内容的载体。根据我国《中华人民共和国民法典》的相关规定,当事人订立合同可以采用多种形式。

1. 书面形式

书面形式是合同订立中最常见和最重要的形式之一。它是指合同书、信件、数据电文(包括电报、电传、传真、电子数据交换和电子邮件)等可以有形地表现所载内容的形式。书面形式能够明确记载合同的内容,便于双方当事人明确各自的权利和义务,同时也为合同的履行、变更、解除以及纠纷的解决提供了有力的证据支持。书面形式的优点体现在:①可以清晰地记载合同的各项条款和条件,避免了口头合同可能存在的模糊性和不确定性。②书面形式为合同的履行、变更、解除以及纠纷的解决提供了有力的证据支持。在发生争议时，双方当事人可以依据书面合同进行举证和质证。③书面形式通常要求合同内容符合法律、行政法规的强制性规定和公序良俗的要求，从而保证了合同的合法性和规范性。

2. 口头形式

口头形式是指当事人通过口头语言的方式达成协议。它简便易行，适用于一些即时履行的、标的额较小的合同。但是，由于口头合同缺乏书面记载，因此在发生争议时可能难以证明合同的存在和内容。因此，在涉及重要权益和复杂交易的合同中，建议尽量避免使用口头形式。

3. 其他形式

除了书面形式和口头形式外，合同还可以采用其他形式，如推定形式和沉默形式。推定形式是指当事人通过行为或其他方式表达意思，另一方当事人可以推断出其意思表示的成立。例如，当事人之间长期存在某种交易习惯，当一方按照该习惯实施一定行为时，另一方可以推定其有订立合同的意思表示。沉默形式则是指在法律规定或当事人约定的条件下，一方当事人不作任何表示而被视为对另一方当事人意思的默认。但是，这两种形式在合同订立中的适用范围较为有限，通常需要结合具体情况进行判断。

研学旅行合同的成立方式主要采用书面形式，并须满足合同成立的一般要件和特别约定。

（四）合同成立的时间、方式和地点

1. 合同成立的时间

《中华人民共和国民法典》第四百八十三条规定：承诺生效时合同成立，但是法律另有规定或者当事人另有约定的除外。这意味着，在大多数情况下，当受要约人作出承诺，并且该承诺到达要约人时，合同即告成立。

①对于口头合同，由于没有书面记录，其成立时间通常根据双方当事人的陈述和交易习惯来确定。在实践中，口头合同的成立时间往往难以精确界定，因此建议尽量采用书面形式订立合同。

②《中华人民共和国民法典》第四百九十条规定：当事人采用合同书形式订立合同的，自当事人均签名、盖章或者按指印时合同成立。在签名、盖章或者按指印之前，当事人一方已经履行主要义务，对方接受时，该合同成立。这意味着，如果双方当事人在合同书上签字、盖章或者按指印，则合同自签字、盖章或者按指印时成立。如果一方已经履行了主要义务且对方接受，则即使未签字盖章，合同也成立。

③《中华人民共和国民法典》第四百九十一条规定：当事人采用信件、数据电文等形式订立合同要求签订确认书的，签订确认书时合同成立。这适用于通过电子邮件、短信等方式订立合同后，双方再签订书面确认书以确认合同内容的情形。

④对于通过电子数据交换、电子邮件等方式订立的合同，根据《中华人民共和国民法典》第四百六十九条的规定，这些方式能够有形地表现所载内容，并可以随时调取查用的数据电

文,视为书面形式。因此,电子合同的成立时间通常根据数据电文的发送和接收时间来确定。

⑤附条件或附期限的合同:如果合同附有条件或期限,则合同在条件成就或期限到来时成立。例如,双方约定在某一特定日期签订书面合同,则该合同在该日期到来时成立。

⑥法律另有规定或当事人另有约定的情形:在某些特殊情况下,法律可能对合同的成立时间作出特别规定,或者当事人可以在合同中约定合同的成立时间。此时,应优先适用法律规定或当事人约定。

研学旅行合同的成立时间主要取决于双方当事人的意思表示达成一致的时间点,并受到合同形式、法律规定以及特别约定的影响。在签订合同时,双方当事人应明确合同成立的时间,并妥善保管相关证据材料以备查用。①

2. 合同成立的方式

合同成立的方式主要分为自动成立、确认成立和批准成立三种。

(1)自动成立

合同的自动成立是指合同的各方当事人就合同内容以书面形式达成一致的、完全的意思表示。这种方式通常适用于当事人当面签订合同而又无须经批准的情况。具体表现为:①合同的各方当事人通过协商,就合同的主要条款(如标的、数量、质量、价款或报酬、履行期限、地点和方式、违约责任、解决争议的方法等)达成一致意见。②各方当事人或其法定代表人、授权委托代表人在合同书上签字或盖章,表示对合同内容的认可。③合同自签字或盖章时成立,具有法律效力。

(2)确认成立

确认成立是指当事人采用信件、电报、电传、电子数据交换、电子邮件等形式订立合同后,可以在合同成立之前要求签订确认书。确认书是对之前通过非书面形式达成的协议的一种书面确认,其作用是使合同更具正式性和确定性。具体表现为:①当事人首先通过信件、电报、电传等方式就合同内容达成一致意见;②一方或双方当事人提出签订确认书的要求;③各方当事人在确认书上签字或盖章,确认之前通过非书面形式达成的协议内容;④合同自确认书签订时成立。

(3)批准成立

批准成立是指根据我国法律、行政法规的规定,某些特定类型的合同必须经过国家有关主管机关的审查批准后才能成立。这类合同通常具有期限长、连续性强、内容复杂、牵涉面广、政策法律性强等特点,对国民经济的影响较大,有的甚至涉及国家主权。具体表现为:①合同类型属于法律、行政法规规定应当由国家批准的范畴,如中外合资经营企业合同、中外合作经营企业合同、中外合作勘探开发资源合同、涉外信贷合同等;②当事人在签订合同后,需将合同书及有关文件提交给国家有关主管机关进行审查批准;③合同自获得批准机关的批准时成立,具有法律效力。

---

① 罗昆. 当事人约定合同成立时间的限制[J]. 法律适用,2023(5):32-42.

研学旅行合同的确认成立需要双方意思表示一致、具备合同成立的法定形式,并经过要约与承诺、签订合同、合同生效等具体步骤。在合同确认成立过程中,双方应认真审查合同内容、保留合同证据、遵守法律法规等注意事项。[①]

3.合同成立的地点

《中华人民共和国民法典》第四百九十二条规定:承诺生效的地点为合同成立的地点。这意味着,在大多数情况下,当受要约人作出承诺,并且该承诺到达要约人时,合同成立的地点即为承诺生效的地点。

①收件人的主营业地为合同成立的地点。没有主营业地的,其住所地为合同成立的地点。这是考虑到数据电文形式的合同具有特殊性,收件人的主营业地或住所地通常是与合同关系最为密切的地点。

②双方当事人签字或盖章的地点为合同成立的地点。这是因为在合同书形式下,双方当事人的签字或盖章是合同成立的重要标志,签字或盖章的地点自然成为合同成立的地点。

③如果当事人对合同成立的地点有特别约定,则应当优先适用该约定。这体现了合同法中的意思自治原则,即当事人有权根据自己的意愿约定合同的内容,包括合同成立的地点。

研学旅行合同成立的地点取决于双方当事人签订合同的地点或方式以及双方之间的特别约定或法律规定。

(五)格式条款

1.格式条款的概念

合同格式条款的概念,根据《中华人民共和国民法典》第四百九十六条的规定,可以概括为:格式条款是当事人为了重复使用而预先拟定,并在订立合同时未与对方协商的条款。格式条款是在合同订立之前就已经由一方当事人预先制定好的,而非在合同订立过程中双方协商产生的。格式条款的制定目的是在多次交易中重复使用,以提高交易效率,降低交易成本。在订立合同时,提供格式条款的一方并未就这些条款与对方进行个别协商,对方只能表示接受或拒绝,而不能对这些条款进行修改或谈判。

2.格式条款提供者的责任

(1)遵循公平原则

《中华人民共和国民法典》第四百九十六条明确规定:提供格式条款的一方应当遵循公平原则确定当事人之间的权利和义务。这意味着在设定合同条款时,不能单方面地免除或减轻自身责任,也不能过度加重对方责任或限制对方的主要权益。

(2)提示与说明义务

《中华人民共和国民法典》第四百九十六条第二项规定:提供格式条款的一方应当采取合理的方式提示对方注意免除或者减轻其责任等与对方有重大利害关系的条款,按照对方

---

① 刘贵祥.关于合同成立的几个问题[J].法律适用,2022(4):3-17.

的要求,对该条款予以说明。这意味着格式条款提供者应采取合理的方式,提醒合同相对方注意合同中可能对其权益产生重大影响的条款,特别是那些免除或限制其责任的条款。同时,如果合同相对方提出要求,提供者应对这些条款进行详细的解释和说明。

（3）确保条款合法有效

《中华人民共和国民法典》第四百九十七条列举了格式条款无效的几种情形,包括提供格式条款一方不合理地免除或者减轻其责任、加重对方责任、限制对方主要权利等。格式条款提供者应确保所提供的条款内容合法、有效,不违反法律、行政法规的强制性规定,也不违背公序良俗。同时,应避免制定具有无效情形的格式条款。

（4）尊重合同相对方的知情权与选择权

格式条款提供者应尊重合同相对方的知情权和选择权。在合同订立过程中,应确保合同相对方充分了解合同条款的内容、意义及可能产生的法律后果,并允许其根据自身情况作出是否接受该条款的决定。

研学旅行合同中格式条款提供者的责任是多方面的,这些责任的履行对于保障参与者的权益、维护合同的公平性和合法性具有重要意义。

3. 格式条款的解释

合同格式条款的解释应遵循公平原则、通常理解原则和不利解释原则,采用文义解释、体系解释、目的解释、习惯解释等解释方式。提供格式条款的一方应采取合理的方式提示对方注意免除或限制其责任的条款,并按照对方的要求对该条款予以说明。如果未履行这一义务,导致对方没有注意或理解这些条款的,对方可以主张该条款不成为合同的内容。如果格式条款与非格式条款(即双方协商一致的条款)发生冲突或不一致的,应当采用非格式条款。这是因为非格式条款更能体现双方的真实意愿和协商结果。①

研学旅行合同中格式条款的解释应遵循公平原则、合理期待原则和不利解释原则,并特别关注费用标准、行程安排、安全保障措施、退改政策和争议解决机制等方面的内容。

4. 格式条款无效

合同格式条款无效的情形在《中华人民共和国民法典》中有明确规定,主要包括以下四种情况。

（1）违反法律基本原则的情形

①违反公平原则。提供格式条款一方不合理地免除或者减轻其责任、加重对方责任、限制对方主要权利。这是造成格式条款无效的情形之一,公平原则旨在保护合同双方的合法权益,防止一方利用优势地位制定不公平条款。

②违反法律、行政法规的强制性规定。如果格式条款违反了法律、行政法规的强制性规定,该条款将被认定为无效。这是为了维护法律的权威性和社会的公共利益。

③违背公序良俗。格式条款的内容如果违背了社会公共秩序和善良风俗,也会被认定

---

① 孟强. 合同格式条款效力的法律控制——以《民法典》合同编及其司法解释为中心[J]. 广东社会科学,2024(1): 243-260.

为无效。公序良俗是法律对民事行为的基本要求,任何违背这一要求的条款都不能得到法律的认可。

（2）特定情况下的无效条款

①造成对方人身损害。如果格式条款中包含了造成对方人身损害的免责条款,则该条款无效。因为人身安全是公民的基本权利,任何免除造成人身损害责任的条款都是不合法的。

②因故意或重大过失造成对方财产损失。如果格式条款中包含了因故意或重大过失造成对方财产损失的免责条款,则该条款同样无效。这是因为故意或重大过失是严重的过错行为,不能通过格式条款来免除责任。[1]

（3）合同主体不具备相应资格的情形

①无民事行为能力人签订的格式条款。无民事行为能力人由于缺乏辨认自己行为的能力,其签订的格式条款无效。

②虚假意思表示。如果双方以虚假的意思表示签订格式条款,则该条款也无效。这包括了一方以欺诈、胁迫等手段使对方在违背真实意思的情况下签订的格式条款。

（4）其他情形

①恶意串通损害他人利益:如果行为人与相对人恶意串通,通过格式条款损害他人合法权益,则该条款无效。

②格式条款提供方未履行提示或说明义务:如果提供格式条款的一方未按照法律规定履行提示或说明义务,导致对方没有注意或理解与其有重大利害关系的条款,则对方可以主张该条款不成为合同的内容。

三、合同的效力

（一）合同的效力和生效

1. 合同的效力

合同的效力是指依法成立的合同在当事人之间产生的法律约束力。有效的合同必须满足以下要件:①当事人具有相应的民事行为能力。合同双方必须是具有完全民事行为能力的自然人、法人或其他组织,能够独立进行民事活动并承担民事责任。②意思表示真实。合同双方在签订合同时,必须基于真实的意思表示,没有欺诈、胁迫或乘人之危等情形。③不违反法律、行政法规的强制性规定,不违背公序良俗。合同内容必须合法,不得违反国家法律法规的强制性规定,也不得违背社会公共秩序和善良风俗。④符合法定形式。对于某些特定类型的合同,如不动产买卖合同、知识产权转让合同等,法律可能规定必须采用特定的书面形式或其他形式才能成立和生效。[2]

---

① 李文成. 什么是无效合同? [J]. 经营者,2002(6):66.
② 曾彬,蔡琳. 合同法律的约束力与效力作用分析[J]. 法制博览,2024(23):105-107.

2.合同的生效

合同的生效是指已经成立的合同在当事人之间产生法律效力的过程。一般来说,合同自成立时生效,但也有一些特殊情况需要注意:①附条件或附期限的合同。如果合同双方约定了生效的条件或期限,那么合同将在条件成就或期限届满时生效。在此之前,合同虽然成立但尚未生效,对双方没有法律约束力。②需要审批或登记的合同。对于一些特殊类型的合同,如中外合资经营企业合同、土地使用权转让合同等,法律可能规定必须经过相关部门的审批或登记才能生效。在未经审批或登记之前,合同虽然成立但尚未生效。③格式条款的效力。在合同中包含格式条款时,如果格式条款存在免除或限制提供方责任、加重对方责任、排除对方主要权利等情形,且提供方未采取合理方式提示对方注意或按照对方要求予以说明的,则该格式条款可能被视为无效。但这并不影响合同其他部分的效力。①

3.合同的效力和生效的关系

合同的效力和生效是两个相互关联的概念。有效的合同必然具备法律效力,即能够在当事人之间产生法律约束力;而生效的合同则是指已经成立并具备法律效力的合同。在实践中,我们往往将这两个概念混同使用,但实际上它们是有区别的。一份合同可能因为某些原因而处于成立状态但尚未生效(如附条件或附期限的合同),也可能因为违反法律规定而自始无效(如违反法律强制性规定的合同)。

(二)无效合同

无效合同是指已经成立的合同,但因欠缺生效要件而不具有法律约束力,不受国家法律保护。这些生效要件通常包括行为人的民事行为能力、意思表示的真实性、不违反法律或行政法规的强制性规定以及不违背公序良俗等。②

①无民事行为能力人订立的合同。如果合同由无民事行为能力人(如未成年人或精神病人)签署,该合同无效。这是因为他们缺乏独立进行民事活动的能力。

②虚假的意思表示。行为人与相对人以虚假的意思表示订立的合同无效,这包括双方通谋虚伪表示和单独虚伪表示。

③恶意串通损害他人合法权益。行为人与相对人恶意串通,损害国家、集体或第三人利益的合同无效。这种合同违背了诚实信用原则,损害了社会公共利益。

④违反法律、行政法规的强制性规定。合同内容如果违反了法律、行政法规的强制性规定(且该强制性规定不导致合同无效的除外),则该合同无效。这是为了维护社会秩序和公共利益。

⑤违背公序良俗。违背公序良俗的合同无效。公序良俗是社会公共秩序和善良风俗的简称,是民法的基本原则之一。

---

① 谈乔雪.浅析合同的成立与生效[J].法制博览,2018(17):232.
② 谭佐财.论公法责任承担对合同无效的阻却[J].法学,2024(8):132-145.

(三)可变更和可撤销的合同

1. 可变更的合同

在法律上,虽然《中华人民共和国民法典》没有直接使用"可变更的合同"这一术语,但在某些特定情况下,合同的某些条款或内容是可以根据法律规定或双方当事人的协议进行变更的。这种变更旨在调整合同以适应新的情况、满足双方当事人的合理需求或解决合同履行过程中出现的问题。

可变更合同的情况有:①双方协商一致。最常见的合同变更方式是双方当事人通过协商达成一致意见,对合同的部分或全部条款进行修改。这种变更需要双方明确同意,并可能涉及重新签订书面协议或补充协议。②法律规定。在某些情况下,法律可能规定合同在特定条件下可以变更。例如,当合同中的某些条款因法律、法规的变更而失效或无法履行时,双方可能需要根据法律规定对合同进行相应的变更。③情势变更。虽然《中华人民共和国民法典》中没有直接规定"情势变更",将其作为合同变更的法定事由,但在司法实践中,如果合同订立后发生了当事人无法预见的、由非不可抗力造成的不属于商业风险的重大变化,继续履行合同对于一方当事人明显不公平或者不能实现合同目的,受不利影响的当事人可以与对方重新协商;在合理期限内协商不成的,当事人可以请求人民法院或者仲裁机构变更或者解除合同。这可以被视为一种基于公平原则对合同进行变更的情况。④合同漏洞的填补。如果合同中存在漏洞或不明确之处,导致合同无法完全履行或存在争议,双方可以通过协商或依据法律规定对合同进行补充或解释,以填补漏洞并明确双方的权利和义务。①

2. 可撤销的合同

可撤销的合同是指当事人在订立合同时,由于意思表示不真实,依据法律规定享有撤销权的当事人可以通过行使撤销权,使已经生效的合同归于无效。这类合同通常涉及以下几种情况:①因重大误解订立的合同。当一方当事人对合同的主要内容或关键条款存在重大误解时,该方有权请求人民法院或仲裁机构撤销合同。重大误解通常指的是对合同性质,对方当事人,标的物的品种、质量、规格、数量和价格等的错误认识,这种错误认识对合同的主要内容和当事人的权利义务产生了重大影响。②在订立合同时显失公平的合同。如果合同在订立时明显违反了公平、等价有偿原则,使一方当事人遭受了重大损失,而另一方则获得了明显不合理的利益,那么受损害方有权请求撤销合同。这种显失公平的情况通常是一方利用自己的优势地位或对方没有经验、急迫需要等不利因素造成的。③一方以欺诈、胁迫的手段或者乘人之危,使对方在违背真实意思的情况下订立的合同。欺诈是指故意告知对方虚假情况或隐瞒真实情况以诱使对方作出错误意思表示的行为;胁迫是指以给对方或其亲友的合法权益造成损害为要挟,迫使对方作出违背真实意思的行为;乘人之危则是指利用他人的危难处境或紧迫需要,强迫对方接受明显不公平的条件。对于这类合同,受损害方有权

---

① 蔡睿.民法典恢复"可变更合同"规则之必要性——围绕"重大误解"与"显失公平"案件的实证分析[J].北方法学,2020,14(1):146-160.

请求撤销。

需要注意的是,撤销权的行使有一定的时间限制。根据《中华人民共和国民法典》的规定,具有撤销权的当事人自知道或应当知道撤销事由之日起一年内没有行使撤销权的,其撤销权消灭。此外,撤销权的行使范围以被撤销的民事行为所影响的当事人为限,即撤销权的行使只能针对合同中的部分或全部内容,而不能扩大到合同以外的其他事项。

撤销权的行使将导致合同自始无效,即合同从订立之时起就没有法律效力。被撤销的合同对双方当事人均不具有约束力,双方因合同而取得的财产应当返还给对方;如果因合同而造成了损失,有过错的一方应当承担赔偿责任;如果双方都有过错,则各自承担相应的责任。①

3.可变更合同和可撤销合同的区别

①目的不同。可变更的合同主要是为了调整合同内容以更好地适应实际情况或双方当事人的需求;而可撤销的合同则是为了纠正因意思表示不真实而导致的合同效力问题。

②条件不同。可变更的合同通常需要双方当事人的协商一致或法律另有规定;而可撤销的合同则基于法律规定的特定情形,如重大误解、显失公平、欺诈、胁迫或乘人之危等。

③法律后果不同。可变更的合同在变更后继续有效;而可撤销的合同在被撤销后自始没有法律约束力。

(四)无效合同、被撤销合同的法律后果

无效合同和被撤销合同的法律后果在《中华人民共和国民法典》中有明确规定。

1.无效合同的法律后果

①合同自始无效。无效的合同自始没有法律约束力,即合同从订立之时起就不具备法律效力。

②返还财产。合同被确认无效后,当事人依据该合同所取得的财产应当返还给对方。如果财产不能返还或者没有必要返还的,应当折价补偿。

③赔偿损失。有过错的一方应赔偿对方因此遭受的经济损失。如果双方都有过错,则各自承担相应的责任。

④追缴财产。对于违反国家利益和社会公共利益的无效合同,如果当事人双方都是故意的,就应当将双方已经取得或者约定取得的财产收归国家所有。如果只有一方是故意的,那么故意的一方应将从对方取得的财产返回给对方;非故意的一方已经从对方取得的或者约定取得的财产,应收归国家所有。在追缴过程中,应注意保护非故意一方的合法利益。

⑤部分无效的处理。如果合同部分无效,但不影响其他部分效力的,其他部分仍然有效。

2.被撤销合同的法律后果

①合同自始无效。被撤销的合同同样自始没有法律约束力,即合同从订立之时起就不

---

① 龚蒙蒙.论可撤销合同[J].法制与社会,2016(16):262-263.

具备法律效力。

②返还财产或折价补偿。行为人因该合同取得的财产,应当予以返还;不能返还或者没有必要返还的,应当折价补偿。

③赔偿损失。有过错的一方应当赔偿对方由此所受到的损失;各方都有过错的,应当各自承担相应的责任。

④溯及力。被撤销的合同具有溯及力,即合同自行为开始时起就没有法律约束力。

四、合同的履行

(一)合同履行的概念

合同的履行是合同规定义务的执行。它表现为当事人执行合同义务的行为,当合同义务执行完毕时,合同也就履行完毕。合同履行的法律目的是使债权转变成物权或与物权具有相等价值的权利,从而实现合同双方当事人的权益。[①]

(二)合同履行的原则

根据《中华人民共和国民法典》的相关规定,合同履行应遵循以下原则:①全面履行原则:当事人应当按照约定全面履行自己的义务,包括合同的主给付义务和附随义务。②诚实信用原则。当事人在履行合同过程中,应当遵循诚信原则,根据合同的性质、目的和交易习惯履行通知、协助、保密等义务。③避免浪费资源、污染环境和破坏生态原则。当事人在履行合同过程中,应当注意节约资源、保护环境和生态,避免造成不必要的浪费和损害。

(三)合同履行的具体规则

1. 约定优先

合同生效后,当事人就质量、价款或者报酬、履行地点等内容没有约定或者约定不明确的,可以协议补充;不能达成补充协议的,按照合同相关条款或者交易习惯确定。

2. 不明确条款的履行

①质量要求不明确的,按照强制性国家标准履行;没有强制性国家标准的,按照推荐性国家标准履行;没有推荐性国家标准的,按照行业标准履行;没有国家标准、行业标准的,按照通常标准或者符合合同目的的特定标准履行。②价款或者报酬不明确的,按照订立合同时履行地的市场价格履行;依法应当执行政府定价或者政府指导价的,依照规定履行。③履行地点不明确的,给付货币的,在接受货币一方所在地履行;交付不动产的,在不动产所在地履行;其他标的,在履行义务一方所在地履行。④履行期限不明确的,债务人可以随时履行,债权人也可以随时请求履行,但是应当给对方必要的准备时间。⑤履行方式不明确的,按照有利于实现合同目的的方式履行。⑥履行费用的负担不明确的,由履行义务一方负担;因债

---

① 陈超彦.新冠疫情对旅行社包价旅游合同履行的影响及对策研究[D].广州:广东财经大学,2023.

权人原因增加的履行费用,由债权人负担。

(四)合同履行的抗辩权

在合同履行过程中,当事人还享有一定的抗辩权,以维护自己的合法权益。这些抗辩权包括同时履行抗辩权、先履行抗辩权和不安抗辩权等。[①] 这些抗辩权的行使条件和法律效力在《中华人民共和国民法典》中均有明确规定。

(五)合同履行的法律后果

当合同得到全面、适当的履行时,合同双方当事人的权益得以实现,合同关系消灭。如果一方当事人未按照合同约定履行义务或履行义务不符合约定,将构成违约行为,需要承担相应的违约责任。违约责任的承担方式包括继续履行、采取补救措施、赔偿损失等。[②]

【任务实训】

某学校计划组织一次研学旅行活动,目的地为某历史文化名城,旨在通过实地考察和体验,提高学生的历史文化素养和团队协作能力。为确保活动顺利进行,学校需要与研学旅行服务机构签订正式合同。请各小组模拟学校(甲方)与研学旅行服务机构(乙方)起草研学旅行合同,明确合同效力所及的范围,包括时间范围、空间范围及对人的适用范围等,模拟研学旅行活动的执行过程,包括学生参观考察、参与体验、学习交流等环节。其间,双方应严格遵守合同约定,确保活动顺利进行。

【任务完成】

通过该任务的学习,学生能够掌握研学旅行合同的订立、效力和履行的基本流程与关键要素,能够运用所学知识解决实际问题。

任务二　合同的变更、转让、解除和终止

【任务导入】

假设某旅行社与某校高一班家长签订了一份去云南开展研学旅行的合同,约定了详细的行程安排和住宿标准。然而,在合同签订后不久,由于目的地发生自然灾害,原定的部分景点无法游览。旅行社提出调整行程,将受损景点替换为其他景点,同时保证总游览时间和

---

① 文志林,朱文欣.以对方未履行从合同义务主张行使同时履行抗辩权的法律认定[J].公民与法(审判版),2024(5):56-60.

② 王伟.合同履行不能的法律后果[J].法制博览,2015(19):253.

接待标准不变。试分析旅行社的行为是否构成合同的变更,应如何操作以确保合法合规。

【任务剖析】

在研学旅行活动开展过程中,合同的变更、转让、解除和终止成为不可避免的法律问题。本任务将深入探讨这些概念,通过具体案例和任务导入,帮助学生理解和掌握相关知识。

一、合同的变更

(一)合同变更的定义

合同变更是指在合同成立之后,尚未履行或未完全履行之前,由于一定原因,合同关系的当事人依据法律规定的条件和程序,对原合同的某些条款进行修改或补充的法律行为。[①]这种变更可以是合同内容的变更,也可以是合同主体的变更(但广义上合同主体的变更通常被视为合同转让)。在研学旅行合同中,这通常意味着合同双方就研学旅行的行程安排、服务内容、费用标准等方面进行调整。

(二)合同变更的条件

①已生效的合同。被变更的合同必须是已经发生法律效力的合同。无效的合同或尚未生效的合同不存在变更的问题。

②尚未履行或正在履行。合同必须在尚未履行或正在履行的过程中,如果合同已经履行完毕并终止,则不存在变更的问题。

③协商一致。在一般情况下,合同的变更需要双方当事人协商一致,并在原来合同的基础上达成新的协议。任何一方未经过对方同意,无正当理由擅自变更合同内容的,将构成违约行为。

(三)合同变更的形式

合同变更通常为当事人协商一致的结果,可以通过书面形式或口头形式进行,但书面形式更具法律效力。在某些情况下,合同也可以基于法律的直接规定而变更,如情势变更、债务人违约等。在合同因重大误解、显失公平、欺诈、胁迫、乘人之危而成立的情况下,以及因情势变更使合同履行显失公平的情况下,当事人可以诉请变更合同,由法院或仲裁机构裁决变更。

(四)合同变更的程序

在符合变更合同的条件下,一方当事人可以提出或发出变更合同的书面建议。另一方当事人在接到变更合同的书面要求后,应在法定或约定的时间内通过书面形式予以答复,表

---

① 韩硕. 以"法律效果"为标准对合同变更进行分类——兼浅谈合同变更规范的完善[J]. 法制博览,2022(25):133-135.

示同意或不同意。双方当事人都同意变更合同的，经过协商达成一致后，应制作变更合同的协议书。对于需要办理批准、登记等手续的合同，在变更时还需办理相关手续。

（五）合同变更的效力

合同的变更仅在变更的范围内使合同原有内容消灭，而变更之外的合同内容继续有效。变更后的合同对双方当事人具有法律约束力，双方应按照变更后的合同内容履行义务。①

研学旅行合同的变更是一个复杂而重要的法律问题，需要合同双方充分沟通、协商并依法依规进行操作。

二、合同的转让

（一）合同转让的概念

合同的转让，是指合同权利、义务的转让，即当事人一方将合同的权利或义务全部或部分转让给第三人的现象。这种转让可以基于法律的直接规定（如被继承人死亡、法院裁决等），也可以基于法律行为（如遗赠、转让合同等）。合同转让后，债的内容保持同一性，即转让后的合同权利或义务与原合同相同。但合同转让会导致合同关系的当事人发生变化，产生新的合同关系人。转让后，原合同关系中的权利和义务可能由新的当事人享有和承担。②

（二）合同转让的类型

根据转让内容的不同，合同转让可以分为合同权利的转让、合同义务的转让和合同权利义务的概括转让三种类型。合同权利的转让（债权转让）是指合同债权人通过协议将其债权全部或者部分转让给第三人的行为。这种转让不改变合同权利的内容，仅改变权利的主体。合同义务的转让（债务承担）是指合同债务人将其债务全部或部分转移给第三人的行为。这种转让可能导致原债务人脱离合同关系，由新的债务人承担义务。合同权利义务的概括转让是指合同当事人将合同中的权利和义务一并转让给第三人的行为。这种转让是合同主体的彻底变更，原合同当事人退出合同关系，新的第三人进入合同关系。

（三）合同转让的法律规定

根据《中华人民共和国民法典》的相关规定，合同转让必须符合以下条件：有合法有效的合同关系，必须以合法有效的合同关系存在为前提；符合转让程序，需要通知的依法通知，需要征得相对方同意的先经其同意；应当办理批准、登记等手续的，依照其规定办理相应手续；符合社会公共利益，且所转让的内容要合法；双方合意，转让人与受让人之间达成合同转让的合意，具备民事法律行为的有效条件。

---

① 汤苏莉.合同变更的法律效力认定问题[J].中国民营科技与经济,2001(1):53.
② 杨旖旎.旅游服务合同转让研究[J].西部旅游,2023(20):84-87.

（四）合同转让的生效要件

①债权转让。债权人转让权利的,应当通知债务人。未经通知,该转让对债务人不发生效力。同时,债权人转让权利的通知不得撤销,但经受让人同意的除外。

②债务承担。合同义务的转让除遵守合同转让的一般条件和要求外,必须经债权人同意,否则无效。

③合同权利义务的概括转让。合同权利义务的概括转让必须经对方当事人同意,否则无效。

三、合同的解除

（一）合同解除的概念

合同解除是指合同当事人一方或者双方依照法律规定或者当事人的约定,依法解除合同效力的行为。合同解除是合同终止的一种情形,它意味着合同双方或多方之间的法律约束力被终止,各方不再受合同条款的约束。①

（二）合同解除的类型

1. 单方解除

单方解除是指解除权人行使解除权将合同解除的行为。它不必经过对方当事人的同意,只要解除权人将解除合同的意思表示直接通知对方,或经过人民法院或仲裁机构向对方主张,即可发生合同解除的效果。《中华人民共和国民法典》第五百六十三条至第五百六十五条等条款规定了单方解除的具体情形和程序。通常需要满足法律规定的单方解除条件,如对方根本违约等。

2. 协议解除

协议解除是指当事人双方通过协商同意将合同解除的行为。它不以解除权的存在为必要条件,解除行为也不是解除权的行使。《中华人民共和国民法典》第五百六十二条第一项规定:当事人协商一致,可以解除合同。

3. 法定解除

法定解除是指根据法律规定而解除合同,即当法律规定的解除条件具备时,当事人可以解除合同。《中华人民共和国民法典》第五百六十三条详细列举了法定解除的具体情形,如因不可抗力致使不能实现合同目的;当事人一方迟延履行主要债务,经催告后在合理期限内仍未履行等。

4. 约定解除

约定解除是指当事人以合同形式,约定为一方或双方保留解除权的解除。其中,保留解

---

① 徐清宇,高小刚,姚栋材.疫情影响下旅游合同的解除及处理[J].人民司法,2021(35):49-52.

除权的合意,被称为解约条款。《中华人民共和国民法典》第五百六十二条第二项承认了约定解除权,并规定了解除权行使的期限和方式。

(三)合同解除的程序

合同解除的程序第一步是通知对方,当事人一方行使解除权解除合同的,应当通知对方。合同自通知到达对方时解除。第二步是办理相关手续,如果法律、行政法规规定解除合同应当办理批准、登记等手续,应依照其规定办理。第三步是处理后续事宜:合同解除后,尚未履行的终止履行;已经履行的根据履行情况和合同性质,当事人可以要求恢复原状、采取其他补救措施并有权要求赔偿损失。

(四)合同解除的法律效果

合同解除的法律效果是使合同关系消灭,但其消灭是溯及既往还是仅向将来发生,各国的立法不尽相同。[①] 我国《中华人民共和国民法典》第五百六十六条规定了合同解除后的法律效果:尚未履行的,终止履行;已经履行的,根据履行情况和合同性质,当事人可以请求恢复原状或者采取其他补救措施,并有权要求赔偿损失。

四、合同的终止

(一)合同终止的概念

合同终止是指合同当事人双方在合同关系建立以后,因一定的法律事实的出现,使合同确立的权利义务关系消灭的法律现象。这里所指的"一定的法律事实"包括合同履行完毕、合同解除、合同被撤销、合同终止权行使、债务相互抵消、债务人依法将标的物提存、债权债务同归于一人等情形。当这些情形发生时,合同关系即告终止,合同所规定的权利和义务也随之消失。[②]

(二)合同终止的类型

根据《中华人民共和国合同法》(现已被《中华人民共和国民法典》替代)及相关法律规定,合同终止的类型主要包括以下几种:

①清偿,即债务已履行。当合同债务得到完全履行时,合同关系自然终止。

②解除,包括单方解除和双方解除。当合同双方或一方根据法律规定或合同约定行使解除权时,合同关系终止。

③抵消,即债务相互抵消。当双方互负债务且债务种类、品质相同时,可以相互抵消,从而导致合同终止。

④提存,即债务人将标的物提存。在某些情况下,债务人可以将标的物提存以代替履

① 李雅娟.服务合同任意解除权的适用与法律效果[D].北京:北京外国语大学,2023.
② 邹越.履行不能情形下的合同终止研究[D].南昌:南昌大学,2024.

行,此时合同关系终止。

⑤免除,即债权人免除债务。当债权人明确表示免除债务人的债务时,合同关系终止。

⑥债权债务同归于一人。当债权和债务同归于一人时(如继承、合并等情形),合同关系因混同而终止。

⑦法律规定或者当事人约定的其他情形。除了上述情形外,法律还可能规定或当事人可能约定其他导致合同终止的情形。

(三)合同终止的效力

合同终止后,当事人应遵循诚信原则,按照交易习惯履行保密、协助、通知等义务。同时,合同终止不影响合同中结算和清算条款的效力。这些条款是合同中相对独立的部分,即使合同终止,也应继续履行。

(四)合同终止与合同解除的区别

虽然合同终止和合同解除都可能导致合同关系的消灭,但二者在性质和适用情形上存在一定区别。合同解除是合同终止的一种原因或方式,但合同终止的原因还包括清偿、抵消、提存等多种情形。此外,合同解除通常涉及违约责任的承担问题,而合同终止则不一定涉及。①

【任务实训】

以小组为单位,模拟合同变更协议、转让协议、解除协议的签订过程和合同终止的程序,注意权利和义务的明确表述,以及准备好原合同当事人的同意书等必要文件。

【任务完成】

通过该任务的学习,学生能够更加深入地理解和掌握研学旅行合同中关于变更、转让、解除和终止的法律规定及操作流程,为未来的职业生涯打下坚实的基础。

任务三　违约责任

【任务导入】

请你谈谈研学旅行中常见的造成违约的情形,以及违约者一般应该如何承担违约责任。

【任务剖析】

本任务引导学生关注研学旅行中可能出现的违约情形,理解违约责任的概念、性质及法

---

① 邓叶芬.合同解除与合同终止之辨析——兼评我国"大"合同解除观[J].朝阳法律评论,2011(2):129-139.

律后果,掌握违约责任的认定与承担方式,以便在未来的研学旅行的组织与管理中有效预防和应对违约风险。

一、违约责任的概念

违约责任,也称违反合同的民事责任,是指合同当事人因违反合同义务所承担的责任。这种责任是保障债权实现及债务履行的重要法律措施,与合同债务紧密相关。[①] 违约责任具有以下特点。

(一)以合同的有效存在为前提

违约责任的产生必须基于有效成立的合同关系。没有合同,就不存在违约责任的问题。

(二)基于合同当事人的违约行为

当合同一方当事人不履行合同义务或者履行合同义务不符合约定时,即构成违约,应承担相应的违约责任。

(三)具有相对性

违约责任只能在特定的合同当事人之间发生,即只能在合同关系的当事人之间追究。如果一方因第三人的原因造成违约,仍应向对方承担违约责任。

(四)具有可约定性

当事人在法律规定的范围内,可以对违约责任进行预先约定,如约定违约金的数额、损害赔偿额的计算方法等。这种约定在合同成立后即具有法律效力。

(五)具有惩罚性和补偿性的双重属性

一方面,违约责任具有惩罚性,通过对违约方的制裁来促使其履行债务;另一方面,违约责任也具有补偿性,即违约方所承担的赔偿责任应相当于守约方因此所受到的损失。

二、预期违约责任

预期违约责任是指当事人在合同生效后、履行前,一方明确表示或者以自己的行为表明不履行合同义务的,对方可以在履行期限届满之前要求其承担违约责任。预期违约责任的发生必须基于合同关系,合同是预期违约责任的前提。合同对方当事人违反合同义务的行为,包括明示违约(即明确表示不履行合同)和默示违约(即以自己的行为表明将不履行合同)。

预期违约表现为将来不履行合同义务,具体可以分为两种形式:①明示预期违约,一方当事人无正当理由,明确地向另一方当事人表示其将不履行合同;②默示预期违约,一方当

---

① 苏秀武,杨永才,钱雯君.违约责任中可得利益损失的确定[J].人民司法,2023(26):63-64.

事人以自己的行为表明在履行期限届满时将不履行合同主要义务,或者一方当事人虽未明确表示不履行合同,但其行为或客观事实使对方当事人有确切的证据预见到其在履行期限届满时将不履行或不能履行合同主要义务。①

三、违约责任的承担

(一)继续履行

继续履行,又称强制履行,是指在一方当事人不履行合同时,由法院强制其按照合同的约定继续履行合同义务的责任形式。② 根据《中华人民共和国民法典》第五百八十条的规定,当事人一方不履行非金钱债务或者履行非金钱债务不符合约定的,对方可以请求履行,但存在法律上或者事实上不能履行、债务的标的不适于强制履行或者履行费用过高等除外情形时,法院或仲裁机构可以根据当事人的请求终止合同权利义务关系,但不影响违约责任的承担。

1.金钱债务

对于金钱债务,由于金钱是一般等价物,其特殊性在于只存在迟延履行的问题,而不存在履行不能的情况。因此,对于金钱债务的不履行,应无条件适用继续履行的责任形式。即,如果债务人未按照合同约定的时间支付价款、报酬、租金、利息等金钱债务,债权人可以要求其继续履行,支付相应的款项。③

2.非金钱债务

对于非金钱债务,即除了金钱作为标的的债务以外的债务,其标的可能包括物、行为或智力成果等。在原则上,非金钱债务也可以请求继续履行,但存在以下情形时除外:①法律上或事实上不能履行。如果合同的标的物已经灭失、被禁止流通或债务人因客观原因无法履行等,导致合同在客观上无法继续履行,则不适用继续履行的责任形式。②债务的标的不适于强制履行或履行费用过高。有些合同的标的具有人身专属性或履行成本过高,如委托合同、技术开发合同、演出合同等,这些合同在性质上决定了不适于强制履行。此外,如果履行费用过高,以至于与合同所带来的利益不成比例,也不宜适用继续履行的责任形式。③债权人在合理期限内未请求履行。如果债权人在知道或应当知道债务人违约后,未在合理期限内请求其继续履行,而是采取了其他救济措施或默示接受了违约事实,则可能被视为放弃了继续履行的权利。④

(二)赔偿损失

赔偿损失是指当合同一方当事人的违约行为给对方当事人造成财产损失时,违约方应

① 倪佳欣.预期违约责任制度研究[D].上海:华东政法大学,2008.
② 崔建远.论强制履行[J].法治研究,2023(4):3-17.
③ 林婷婷.《民法典》视域下金钱债务合同僵局的化解[J].经贸法律评论,2024(2):55-73.
④ 陈成建,郭翔峰.非金钱债务继续履行责任的司法适用[J].法律适用(司法案例),2018(10),68-74.

向对方当事人所作的经济补偿。根据《中华人民共和国民法典》第五百八十三条和第五百八十四条的规定,当事人一方不履行合同义务或者履行合同义务不符合约定的,在履行义务或者采取补救措施后,对方还有其他损失的,应当赔偿损失。损失赔偿额应当相当于因违约所造成的损失,包括合同履行后可以获得的利益,但不得超过违约一方订立合同时预见到或者应当预见到的因违约可能造成的损失。

(三)支付违约金

违约金是指合同当事人在合同中约定的,在合同债务人不履行或不适当履行合同义务时,向对方当事人支付的一定数额的金钱。它是合同双方对可能发生的违约行为的一种事先约定,用于弥补守约方因违约行为所遭受的损失。根据我国《中华人民共和国民法典》第五百八十五条的规定,当事人可以约定一方违约时应当根据违约情况向对方支付一定数额的违约金,也可以约定因违约产生的损失赔偿额的计算方法。这一规定为支付违约金提供了明确的法律依据。

支付违约金的适用条件主要包括:双方当事人在合同中应明确约定违约金的数额或计算方法;合同一方当事人未履行合同义务或履行合同义务不符合约定,构成违约;违约方不能因不可抗力等法定免责事由而免除支付违约金的责任。

违约金的计算方式根据合同约定可分为两种,一是合同中直接约定违约金的固定金额,如"如一方违约,需向对方支付违约金××元"。二是合同中约定违约金的计算方法,如"如一方违约,需按合同总金额的××%向对方支付违约金"。

同时,根据《中华人民共和国民法典》的规定,如果约定的违约金低于造成的损失,人民法院或者仲裁机构可以根据当事人的请求予以增加;如果约定的违约金过分高于造成的损失,人民法院或者仲裁机构可以根据当事人的请求予以适当减少。

(四)采取补救措施

《中华人民共和国民法典》第五百八十二条规定:履行不符合约定的,应当按照当事人的约定承担违约责任。对违约责任没有约定或者约定不明确,依据《中华人民共和国民法典》第五百一十条的规定仍不能确定的,受损害方根据标的的性质以及损失的大小,可以合理选择请求对方承担修理、重作、更换、退货、减少价款或者报酬等违约责任。

补救措施的适用性以合同对质量不合格的违约责任没有约定或者约定不明确为前提。补救方式的选择应以标的物的性质和损失大小为依据,确保所选方式合理且有效。受损方对补救措施享有选择权,但选定的方式应当合理且符合法律规定。

(五)定金责任

我国《中华人民共和国民法典》及相关司法解释对定金责任有明确规定。例如,《中华人民共和国民法典》第五百八十六条规定:当事人可以约定一方向对方给付定金作为债权的担保。定金合同自实际交付定金时成立。定金的数额由当事人约定;但是,不得超过主合同标的额的百分之二十,超过部分不产生定金的效力。实际交付的定金数额多于或者少于约定数额的,视为变更约定的定金数额。同时,最高人民法院的司法解释也对定金责任的适用进行了细化规定。

定金责任的适用需要满足以下条件:

①定金合同必须有效成立。即双方当事人就定金的支付方式、数额、用途等达成一致意见,并实际交付了定金。

②一方当事人存在违约行为。即给付定金的一方不履行约定债务或收受定金的一方不履行约定债务。

③不存在法定或约定的免责事由。如因不可抗力等导致合同无法履行的情形。①

(六)其他方式

除了上述几种常见的违约责任承担方式外,根据合同的性质和当事人的约定,还可能存在其他违约责任承担方式,如担保责任等。在不违背法律原则及有关规定的情况下,合同当事人可以约定其他违约责任承担方式。

四、不可抗力、防止损失扩大

(一)不可抗力

1. 概念

不可抗力,依据《中华人民共和国民法典》第一百八十条的规定,是指不能预见、不能避免且不能克服的客观情况。这包括但不限于自然灾害(如地震、洪水、海啸、火灾、台风、冰雹等)、政府行为[主要是指具有行政规章制定权、实施权的政府部门(如国务院、国务院各部委、省政府、市政府等)颁布的新法律、政策、行政措施等,导致合同不能履行的情形。但需注意,这里的政府行为需作限制性解释,不包括各级政府下设的局、处、科、室为进行日常工作而颁发的文件]、社会异常事件(如罢工、骚乱等偶发事件,这些事件在订约时是不可预见的)。②

2. 不可抗力的后果

(1)免除全部责任

依据《中华人民共和国民法典》第一百八十条和第五百九十条,当不可抗力导致合同完全不能履行时,如标的物全部灭失或毁损,导致合同履行的客观不能,当事人可以免除全部责任,包括免除继续履行的责任和全部免除承担违约责任。这一规定旨在保护因不可抗力而无法履行合同的当事人,避免其承担不必要的法律责任。

(2)免除部分责任

在不可抗力导致合同部分不能履行的情况下,当事人可以免除部分不能履行的责任。

---

① 谢鸿飞.定金责任的惩罚性及其合理控制[J].法学,2023(3):83-98.
② 吴泊涯.《民法典》侵权责任不可抗力规则适用问题研究[D].南昌:南昌大学,2023.

对于仍可履行的部分,双方可以协商解除或继续履行。这种处理方式既体现了法律的公平性,也尊重了当事人的意思。

(3)解除合同

依据《中华人民共和国民法典》第五百六十三条,当不可抗力致使不能实现合同目的时,如特定标的物的灭失导致合同根本无法履行,当事人有权解除合同。这一规定旨在保护当事人的合法权益,避免合同继续履行可能带来的更大损失。

(4)延期履行

在不可抗力只是暂时地阻碍了合同的履行时,发生事件的一方可以延迟履行合同。具体期限由当事人协商确定,是否承担违约责任视履行情况决定。这种处理方式为当事人提供了一定的灵活性,以便在不可抗力事件过后继续履行合同。

需要注意的是,如果当事人迟延履行后发生不可抗力,则不能免除其违约责任。因为迟延履行本身已构成违约,当事人应对其违约行为承担责任。

(5)损失分担

对于因不可抗力造成的损失,应根据具体情况进行分担。例如,合同工程本身的损害、因工程损害导致第三方人员伤亡和财产损失以及运至施工场地用于施工的材料和待安装的设备的损害等,通常由发包人承担。而发包人、承包人人员伤亡则由其所在单位负责,并承担相应费用。

(二)防止损失扩大

《中华人民共和国民法典》第五百九十一条明确规定:当事人一方违约后,对方应当采取适当措施防止损失的扩大;没有采取适当措施致使损失扩大的,不得就扩大的损失请求赔偿。这一条款为守约方设定了防止损失扩大的义务。《中华人民共和国民法通则》第一百一十四条(注意:该法条已随《中华人民共和国民法典》的施行而废止,但相关原则在《中华人民共和国民法典》中得以延续)以及《中华人民共和国合同法》第一百一十九条(同样已随《中华人民共和国民法典》的施行而废止)等也曾对防止损失扩大原则作出规定。

五、双方违约、过错相抵和第三方造成的违约

(一)双方违约

在双方均存在违约行为的情况下,违约责任的承担需要根据双方各自的过错大小进行划分。①

1. 按过错大小承担责任

双方共同违约时,应按各自的过错大小承担责任,即过错大的一方当事人承担主要的违约责任,过错小的另一方当事人则承担次要的违约责任。如果双方过错相当,或者不能确定

---

① 李斌. 论双方违约规则的司法适用[D]. 昆明:云南财经大学,2023.

双方过错大小的,则双方平均分担违约责任。

2.各自承担责任

《中华人民共和国民法典》第五百九十二条规定:当事人都违反合同的,应当各自承担相应的责任。这意味着,即使双方都存在违约行为,也不能因此免除各自的责任。

(二)过错相抵

过错相抵,又称过失相抵或混合过错规则,是指在加害人依法应承担损害赔偿责任的前提下,如果受害人对于损害事实的发生或扩大也有过错,则可以据此减轻或免除加害人的赔偿责任。① 这一原则在《中华人民共和国民法典》中有明确的体现,如第五百九十二条的规定。当事人一方违约造成对方损失,对方对损失的发生也有过错的,可以减少相应的损失赔偿额。

过错相抵的适用条件有:①加害人依法应承担损害赔偿责任。这是过错相抵的前提,即必须有损害事实的存在,且该损害事实是由加害人的行为引起的,加害人依法应承担相应的损害赔偿责任。②受害人对损害事实的发生或扩大也有过错。受害人的过错行为必须是损害事实发生或扩大的共同原因之一。如果受害人没有过错,或者其过错行为与损害事实的发生或扩大无关,则不能适用过错相抵原则。

(三)第三方造成的违约

《中华人民共和国民法典》第五百九十三条规定:当事人一方因第三人的原因造成违约的,应当依法向对方承担违约责任。这意味着,在因第三人导致的违约情形中,合同的直接当事人(即违约方和守约方)之间的责任关系并不因第三人的介入而改变。违约方需首先向守约方承担违约责任,包括但不限于继续履行、采取补救措施或赔偿损失等。

【任务实训】

某旅行社组织的研学旅行团原计划在西安曲江海洋馆进行为期一天的研学活动,但旅行社在未征得学生及家长同意的情况下,擅自将行程变更为兵马俑景区。请分析旅行社的行为是否构成违约,并说明理由;列出旅行社可能承担的违约责任形式(如赔偿损失、支付违约金等);设计一份与旅行社沟通的函件,要求其恢复原行程或提出合理的补偿方案。

【任务完成】

通过该任务的学习,学生不仅能够掌握研学旅行中违约责任的相关知识,还能够提升实践能力和法律意识,为未来的社会实践和职业发展打下坚实的基础。

---

① 范爽.违约责任"过错相抵规则"的"过错"认定与区分适用[J].天津法学,2022,38(3):29-40.

任务四　研学旅行服务合同

【任务导入】

请你谈谈研学旅行合同中有哪些关键条款和特殊条款。你能否根据研学旅行的实际情况和反馈,不断优化合同条款和执行计划,提升研学旅行的质量和效果?

【任务剖析】

本任务旨在通过对研学旅行服务合同的详细解析,引导学生明确合同主体、理解合同内容、识别特殊条款、评估风险与责任、制定执行计划。

一、研学旅行服务合同的订立

(一)研学旅行服务合同的主要内容

就本质而言,研学旅游范围合同是一种服务合同,它明确了研学旅行活动中各方(如学校、教育机构作为委托方,旅行社、研学机构作为服务提供方)的权利、义务及责任范围。其具体是指,在研学旅行活动中,为明确活动组织方(委托方)与服务提供方(如旅行社、研学机构)之间的合作关系、服务内容、费用标准、安全责任、争议解决等事项而订立的书面协议。该合同旨在保障研学旅行活动的顺利进行,维护参与者的合法权益,明确各方在活动中的责任与义务。

研学旅行服务合同的主要内容通常包括以下几个方面。

1. 合同双方信息

甲方(委托方):一般为学校、教育机构或学生家长,需明确其全称、地址、联系电话、法定代表人或负责人等信息。

乙方(服务提供方):研学旅行机构或旅行社,需明确其全称、统一社会信用代码、地址、联系电话、法定代表人等信息。

2. 研学旅行基本信息

研学主题与目的:明确研学旅行的主题、教育目标及预期达到的教学效果。

时间与地点:详细列出研学旅行的起止时间、具体地点及行程安排。

参与人员:介绍学生人数、教师或随行人员数量等信息。

3. 服务内容与标准

行程安排:详细描述研学旅行的每日行程,包括参观景点、实地考察、课程安排等。

交通方式:明确使用的交通工具类型、数量及安全标准。

住宿与餐饮:提供住宿条件、餐饮标准及特殊要求(如清真餐、素食等)的说明。

研学导师与安全保障:介绍研学导师的资质、数量及安全保障措施,如安全预案、医护人员配备等。

4.费用与支付

费用明细:列出研学旅行的总费用及各项费用的具体明细,如报名费、交通费、住宿费、餐饮费、门票费等。

支付方式:明确费用的支付时间、支付方式及退费规定。

5.双方权利与义务

甲方权利与义务:包括参加研学旅行的权利、支付费用的义务、遵守活动规则及安全要求的义务等。

乙方权利与义务:包括提供研学旅行服务的义务、确保活动安全与质量的义务、提前通知活动安排及注意事项的义务等。

6.违约责任

明确双方因违反合同条款而应承担的违约责任,包括赔偿损失、支付违约金等。

7.争议解决

规定合同双方在履行合同过程中发生争议时的解决方式,如协商、调解、仲裁或诉讼等。

8.其他条款

包括合同的生效条件、有效期、变更与解除条件、附件清单等。

(二)研学旅行行程单

研学旅行行程单是研学旅行活动中用于记录旅行者(通常是学生)在研学过程中的详细行程安排和服务标准的文件。它不仅是旅行者安排和规划研学行程的重要参考,也是旅行社或研学机构提供服务的依据。研学旅行行程单,简称行程单,是旅行社或研学机构为参与研学旅行的学生及其家长、学校提供的,详细列出研学旅行期间各项活动安排、服务标准、注意事项等内容的书面文件。它作为研学旅行合同的附件或重要组成部分,具有法律约束力。

研学旅行行程单有必要对以下几方面内容进行明确说明。

1.基本信息

合同双方信息:明确列出旅行社或研学机构(服务提供方)与参与研学旅行的学校或学生(委托方)的基本信息,包括名称、地址、联系电话等。

研学主题与目的:简要介绍研学旅行的主题、教育目标及预期效果。

2.行程安排

日期与时间:详细列出研学旅行的起止日期、每日的具体行程时间安排。

地点与活动:明确研学旅行的各个目的地及在每个目的地将要进行的活动,如参观景点、实地考察、课程学习等。

交通方式:说明研学旅行期间使用的交通工具类型、出发时间、到达时间等。

3. 服务标准

住宿：介绍住宿条件，包括酒店名称、地址、房间类型、设施等。

餐饮：列出每日的餐饮安排，包括用餐时间、用餐地点、餐饮标准等。

研学导师：介绍研学导师的资质、数量及职责。

安全保障：说明研学旅行期间的安全保障措施，如安全预案、医护人员配备等。

4. 费用说明

费用明细：列出研学旅行的总费用及各项费用的具体明细，如报名费、交通费、住宿费、餐饮费、门票费等。

支付方式：明确费用的支付时间、支付方式及退费规定。

5. 注意事项

行李要求：提醒学生携带哪些必需品，如身份证、学生证、衣物、药品等。

安全提示：强调研学旅行期间的安全注意事项，如遵守交通规则、不擅自离队、注意个人财物安全等。

特别提醒：针对研学旅行目的地的特殊情况或特殊要求进行提醒，如气候、饮食、文化习俗等。

6. 其他条款

合同变更与解除：说明合同变更与解除的条件和程序。

争议解决：规定合同双方在履行合同过程中发生争议时的解决方式。

（三）委托代理信息内容

1. 双方基本信息

甲方（委托方）：研学旅行服务提供方，通常为具有合法资质的旅行社或教育机构，负责研学旅行的整体策划和组织。

乙方（受托方/代理方）：被委托方，可能是另一家旅行社、教育机构或相关服务提供商，负责按照甲方的要求执行研学旅行的具体事务。

2. 委托代理内容

研学旅行项目设计与执行：乙方根据甲方的要求，设计研学旅行项目，包括确定目的地、制定行程安排、安排住宿和交通、提供导游和讲解等。

市场推广与宣传：乙方负责研学旅行项目的市场推广和宣传，包括但不限于在互联网、社交媒体等渠道进行广告投放、宣传活动的策划和实施等。

客户服务：乙方负责解答客户咨询、处理客户投诉、提供售后服务等，确保客户对研学旅行服务的满意度。

财务管理：乙方可能还负责研学旅行项目的财务管理，包括制定预算、进行成本控制、结算收入等（具体是否包含此项内容需根据合同具体条款确定）。

3. 双方权利与义务

甲方权利与义务：甲方有权对乙方的业务进行监督和检查，确保乙方的业务符合甲方的要求和相关法律法规的规定。甲方应提供必要的支持和协助,确保研学旅行项目的顺利进行。

乙方权利与义务:乙方应按照甲方的要求和相关法律法规的规定,认真履行研学旅行项目的执行和管理职责。乙方有权根据实际情况提出对甲方研学旅行项目的建议和意见,并有权获得合同约定的报酬。

4. 费用与支付方式

费用承担:乙方应承担因履行合同而产生的所有合理费用,包括但不限于通信费、交通费、住宿费等(具体费用承担方式需根据合同具体条款确定)。

支付方式:甲方应按照双方约定的方式和时间,向乙方支付相应的报酬,包括但不限于固定报酬、业绩提成等。

5. 合同期限与终止

合同期限:本合同自双方签署之日起生效,具体期限需根据合同具体条款确定。除非一方提前终止合同,否则合同将自动续约。

合同终止:一方提前终止合同时,应提前书面通知对方,并按照合同约定的方式处理后续事宜。

6. 保密条款

乙方应对甲方的商业秘密和客户信息保密,未经甲方同意,不得向任何第三方透露。

7. 争议解决

如在合同履行过程中发生争议,双方应友好协商解决;协商不成的,可以向有管辖权的人民法院提起诉讼。

8. 其他约定

合同中可能还包含其他双方认为需要约定的条款,如不可抗力条款、违约责任条款等。

二、研学旅行服务合同的履行

(一)合同履行的主体

1. 旅行社

作为研学旅行服务的主要提供者,旅行社是合同履行的核心主体。它们负责整个研学旅行的策划、组织、实施和监督。旅行社需要按照合同约定的内容和标准,为参与者(如学生、教师等)提供研学旅行的各项服务,包括但不限于行程安排、活动内容设计、住宿预订、餐饮安排、交通接送以及安全保障等。

2. 学校或教育培训机构

虽然学校或教育培训机构不直接提供研学旅行服务,但它们通常是研学旅行的发起者和组织者。学校或教育培训机构与旅行社签订研学旅行服务合同,明确双方的权利和义务。在合同履行过程中,学校或教育培训机构负责学生的组织、动员、安全教育等工作,并与旅行社保持密切沟通,确保研学旅行的顺利进行。

3. 学生及家长或其他监护人

学生作为研学旅行的直接参与者,是合同履行的受益者之一。虽然他们不直接参与合同的签订,但他们的权益和需求应当在合同中得到体现和保护。同时,家长或其他监护人作为学生的法定监护人,有权了解研学旅行的具体情况,并对学生参与研学旅行进行必要的指导和监督。在合同履行过程中,家长或其他监护人需要配合学校或旅行社的工作,确保学生的安全和权益。

4. 其他相关方

除了上述主要主体外,还可能涉及其他相关方,如研学基地、景区、酒店等住宿和餐饮提供者、交通运输企业等。这些相关方虽然不直接与学校或旅行社签订研学旅行服务合同,但它们的服务质量和履行情况也直接影响到研学旅行的整体效果。因此,在合同履行过程中,旅行社需要与这些相关方保持沟通和协调,确保他们按照合同约定的内容和标准提供服务。

(二)履行原则

1. 自愿原则

自愿原则是指合同当事人在订立合同时,具有选择相对人、决定合同内容以及是否订立合同的自由。任何一方都不得将自己的意志强加给另一方,更不得以强迫、威胁等手段签订合同。

在研学旅行服务合同中,学校和旅行社(或研学机构)应在平等、自愿的基础上,就研学旅行的具体事项进行协商,达成一致意见后签订合同。任何一方都不得强迫对方接受自己的条件或要求。

2. 平等原则

平等原则是指合同当事人在法律地位上一律平等,他们之间的权利和义务对等,不存在一方当事人可以凌驾于另一方当事人之上的特殊权利。

在研学旅行服务合同中,学校和旅行社(或研学机构)的法律地位是平等的,双方都应尊重对方的合法权益,不得利用自己的优势地位损害对方的利益。合同条款应公平合理,不得存在显失公平或一方利用优势地位强迫另一方接受不合理条件的情况。

3. 诚实信用原则

诚实信用原则要求合同当事人在订立和履行合同过程中,应当诚实守信,以善意的方式行使权利和履行义务,不得有欺诈或其他违背诚实信用的行为。

在研学旅行服务合同中,双方都应遵守诚实信用原则,如实告知对方有关研学旅行的真实情况,不得隐瞒或虚构事实。旅行社(或研学机构)应按照合同约定的内容和标准提供服务,不得擅自降低服务质量或变更合同条款。学校也应按时支付合同约定的费用,并积极配合旅行社(或研学机构)的工作。

4. 全面履行原则

全面履行原则是指合同当事人应按照合同约定的全部内容履行自己的义务,包括主给付义务和从给付义务。同时,合同当事人还应履行与合同有关的附随义务,如协助、通知、保密等。

在研学旅行服务合同中,旅行社(或研学机构)应严格按照合同约定的内容和标准提供服务,包括交通、住宿、餐饮、研学活动安排等各个方面。同时,旅行社(或研学机构)还应履行与合同有关的附随义务,如提供必要的协助和支持、确保活动安全有序进行等。学校也应按照合同约定的时间和方式支付费用,并确保参与研学旅行的学生遵守旅行社(或研学机构)的安排和纪律。

5. 安全原则

虽然安全原则并非合同法中的一般原则,但在研学旅行服务合同中尤为重要。因为研学旅行涉及未成年人的安全和健康,所以必须确保活动全程安全有序进行。

旅行社(或研学机构)应采取一切必要措施确保学生在研学旅行期间的人身安全,包括制定安全管理制度、明确安全管理责任人及其职责分工、定期组织安全教育培训等。同时,旅行社(或研学机构)还应为学生投保相应的旅客意外伤害保险以应对可能发生的意外事件。

(三)旅行社的提醒和告知义务

旅行社在研学旅行服务合同履行中的提示和告知义务主要依据《中华人民共和国旅游法》及相关法律法规的规定。特别是《中华人民共和国旅游法》中关于旅游服务合同订立、履行及旅游者权益保护等方面的条款,为旅行社履行提示和告知义务提供了明确的法律依据。

1. 合同订立前的提示和告知

(1)旅游产品详情

旅行社应详细、准确地介绍研学旅行的目的地、主要活动内容、行程安排、费用构成及标准等基本信息,确保旅游者能够全面了解旅游产品的真实情况。

(2)不适合参加的情形

旅行社应根据研学旅行的特点,明确告知哪些人群(如患有特定疾病、年龄过小或过大等)可能不适合参加此次活动,以便旅游者根据自身情况做出合理选择。

(3)安全注意事项

旅行社应提前向旅游者说明研学旅行过程中可能遇到的安全风险及应对措施,包括紧急联系方式、安全自救知识等,提高旅游者的安全意识和自我保护能力。

2. 合同履行中的提示和告知

(1)行程变更

如因不可抗力或其他原因需要对行程进行变更,旅行社应及时通知旅游者,并详细说明变更的原因、新的行程安排以及可能产生的影响,确保旅游者能够及时调整计划。

(2)服务标准说明

旅行社应明确告知旅游者研学旅行的各项服务标准,包括但不限于住宿条件、餐饮质量、交通方式及安全性能等,确保旅游者能够享受到与合同约定相符的服务。

(3)注意事项提醒

在研学旅行过程中,旅行社应不断提醒旅游者注意当地的法律法规、风俗习惯、宗教禁忌等,以避免因不了解当地情况而引发麻烦或冲突。

3.特殊情况的提示和告知

(1)紧急事件应对

在研学旅行过程中,如遇到紧急事件(如自然灾害、安全事故等),旅行社应立即启动应急预案,并及时向旅游者通报相关情况,指导旅游者采取正确的应对措施。

(2)健康状况关注

旅行社应密切关注旅游者的健康状况,一旦发现旅游者出现身体不适等异常情况,应立即采取必要措施,并协助旅游者及时就医。

(四)研学旅行服务合同的变更

研学旅行服务合同的变更主要依据《中华人民共和国民法典》和《中华人民共和国旅游法》的相关规定。其中,《中华人民共和国民法典》明确了合同变更的基本原则和程序;《中华人民共和国旅游法》则对旅游服务合同的订立、履行、变更和解除等方面进行了详细规定。

1.合同变更的原则

(1)协商一致

根据《中华人民共和国民法典》第五百四十三条,当事人协商一致,可以变更合同。这是合同变更的基本原则,即合同双方必须在平等、自愿的基础上,就合同内容的变更达成一致意见。

(2)合法合规

合同变更的内容必须符合法律法规的强制性规定,不得损害国家利益、社会公共利益或他人合法权益。

2.合同变更的情形

在研学旅行服务合同的履行过程中,出于各种原因,合同可能需要变更。这些情形包括但不限于不可抗力(如自然灾害、战争、政府行为等不可抗力因素导致合同无法继续履行或履行变得困难)、旅行社或履行辅助人的原因(如旅行社或相关服务提供方因故无法按照原合同约定提供服务,需要变更合同内容)、旅游者的原因(如旅游者出于个人原因需要调整行程、住宿等要求,且旅行社同意,可以协商变更合同)、其他合法原因(如法律法规的变化、政策调整等致使合同需要变更)。

3.合同变更的程序

(1)提出变更请求

合同一方(通常是旅行社或旅游者)出于上述原因需要变更合同的,应向对方提出书面或口头变更请求,并说明变更的原因和具体内容。

(2)协商一致

双方应在平等、自愿的基础上就合同变更的内容进行协商,并达成一致意见。在协商过程中,双方可以就变更后的合同内容、履行方式、违约责任等进行详细讨论。

（3）签订变更协议

双方协商一致后,应签订书面变更协议,明确变更后的合同内容、履行期限等事项。变更协议应作为原合同的补充文件,与原合同具有同等法律效力。

三、研学旅行服务合同的解除

（一）不可抗力因素

1. 合同解除的条件

当不可抗力因素导致研学旅行服务合同无法继续履行或履行变得不现实时,合同双方均有权解除合同。但需要注意的是,解除合同的一方必须及时通知对方,并提供充分的证据证明不可抗力因素的存在和影响。

2. 合同解除的程序

①通知义务。遭受不可抗力影响的一方应及时书面通知对方,说明不可抗力事件的具体情况、影响程度以及预计的持续时间等。通知应尽可能详细和准确,以便对方了解实际情况并进行相应处理。②证据提供。遭受不可抗力影响的一方应提供相关的证明材料,如政府发布的公告、新闻报道、气象证明等,以证明不可抗力事件的真实性和影响程度。③协商处理。合同双方应在接到通知后及时进行协商,就合同解除后的相关事宜达成一致意见,这包括但不限于退费、改签、赔偿损失等事项。

3. 合同解除的后果

（1）费用结算

合同解除后,旅行社应根据实际情况退还已收取但尚未发生的费用给游客或学校。同时,对于已发生的费用（如已支付的机票、酒店预订费用等）,如果无法退还或只能部分退还的,旅行社应与游客或学校协商处理。

（2）损失赔偿

如果不可抗力因素导致游客或学校遭受了损失（如时间损失、精神损失等）,且该损失与不可抗力因素有直接的因果关系,游客或学校有权要求旅行社承担相应的赔偿责任。但需要注意的是,赔偿责任的承担应根据具体情况和合同约定来确定。

（3）合同终止

合同解除后,双方之间的权利义务关系终止。旅行社不再承担为游客提供研学旅行服务的义务;游客也不再享有要求旅行社提供服务的权利。

（二）旅行社原因

1. 旅行社原因导致的合同解除情形

（1）旅行社经营问题

例如,旅行社出于经营不善、财务困难、许可证被吊销或注销等原因,无法继续提供研学旅行服务。旅行社应提前与旅游者协商解除合同,并退还旅游者已支付的全部费用,以及赔偿可能产生的其他损失。

(2)服务标准未达到约定

如果旅行社提供的研学旅行服务未达到合同约定的标准,如师资力量不足、课程安排不合理、住宿条件不达标等,旅游者则有权要求旅行社采取补救措施或解除合同。若旅游者选择解除合同,旅行社应退还旅游者已支付但尚未发生的费用,并承担违约责任。

(3)其他违约行为

如果旅行社在合同履行过程中存在其他违约行为,如擅自变更行程、增加自费项目、降低服务标准等,旅游者则有权要求旅行社承担违约责任,包括解除合同并退还费用。若违约行为严重影响旅游者权益,旅游者还可以要求旅行社赔偿损失。

2.合同解除后的处理流程

(1)通知与协商

旅行社应提前与旅游者进行充分沟通,说明解除合同的原因及后续处理方案。双方可协商解除合同的具体事宜,如退款金额、退款方式及时间等。

(2)退款处理

旅行社应在扣除已实际发生的费用(如已预订的交通、住宿等费用)后,将余款退还给旅游者。退款金额及方式应明确无误,避免产生纠纷。

(3)违约责任

若因旅行社导致合同解除,旅行社应承担相应的违约责任,包括退还费用、赔偿损失等。双方可根据合同约定或法律规定确定违约责任的承担方式及范围。

(三)旅游者原因

旅游者享有任意解除权,特别是在旅游活动开始前或行程未结束前,旅游者可以出于个人原因(如健康、工作、家庭等)或仅因个人喜好而选择解除合同。然而,这并不意味着旅游者可以随意解除合同而不承担任何责任。在行使任意解除权时,旅游者可能需要支付旅行社因解除合同而产生的合理费用,如退房、退票等手续费。

研学旅行服务合同的解除,若归因于旅游者,则主要包括以下几种情形。

1.患有传染病等疾病

当旅游者患有传染病或其他可能危害其他旅游者健康和安全的疾病时,旅行社有权解除合同。这是为了保护其他参与者的健康安全,避免疾病的传播。

2.携带危害公共安全的物品

如果旅游者携带了危害公共安全的物品,并且不同意将其交给有关部门处理,旅行社也有权解除合同。这是为了维护整个旅行团的安全和秩序。

3.从事违法或违反社会公德的活动

旅游者若在旅行过程中从事违法活动或做出违反社会公德的行为,旅行社可以解除合同。这不仅是对其他旅游者的尊重,也是对社会秩序的维护。

4.从事严重影响其他旅游者权益的活动

当旅游者的行为严重影响到其他旅游者的权益,且不听劝阻、不能制止时,旅行社同样有权解除合同,这有助于保障每位旅游者的合法权益和旅行体验。

5.法律规定的其他情形

除了上述具体情形外,如果旅游者的行为符合法律规定的其他可以解除合同的情形,旅行社也有权依法解除合同。

(四)合同双方协商一致

在某些情况下,合同双方可能出于某种原因(如双方合作不愉快、市场变化等)而协商一致,同意解除合同。此时,双方应签订书面协议明确解除合同的条款和条件,并妥善处理后续事宜。

(五)法律规定的其他情形

根据《中华人民共和国民法典》等相关法律规定,合同还可能因其他法定情形而被解除,如当事人在履约期限前表明不履行主要债务、迟延履行主要债务经催告后仍未履行等。

四、法律责任

研学旅行服务合同中的法律责任主要涉及旅行社(或承办方)、学校(或主办方)、家长(或监护人)以及其他可能参与的服务提供方(如供餐企业、交通服务提供商等)。这些责任主要基于相关法律法规,如《中华人民共和国旅游法》《中华人民共和国民法典》《中华人民共和国消费者权益保护法》等,以确保研学旅行的安全、质量和合法性。

(一)旅行社(或承办方)的法律责任

1.合同内容履行责任

旅行社应严格按照合同中约定的研学旅行时间、路线、活动内容等提供服务,确保研学旅行的真实性和教育性。若旅行社在宣传过程中存在夸大或虚假宣传,导致合同内容与实际情况不符,虽不一定构成欺诈,但可能构成违约,需承担违约责任。

2.安全保障责任

旅行社应负责学生的安全、健康及人身和财产安全事宜,包括聘请合格的教师或领队陪同、提供必要的保险等。若因旅行社的过失导致学生受到伤害或财产损失,旅行社应承担相应的赔偿责任。

3.服务质量责任

旅行社应确保提供的交通、住宿、餐饮等服务符合合同约定和行业标准,不得擅自降低服务标准或变更服务内容。

4.违约责任

若旅行社未能按照合同约定履行义务,如擅自变更行程、降低服务标准等,应承担违约责任,包括赔偿损失、支付违约金等。

(二)学校(或主办方)的法律责任

1. 资质审查责任

学校在选择研学旅行承办方时,应严格审查其资质和信誉,确保承办方具备合法经营资格和良好服务能力。

2. 学生安全监管责任

学校应加强对学生的安全教育和监管,确保学生遵守研学旅行的规章制度和活动安排。学校应委派带队领导或教师随同研学旅行,负责学生的日常管理和紧急情况处理。

3. 合同履行协助责任

学校应协助旅行社履行合同义务,如组织学生按时参加研学旅行、提供必要的学生信息等。

(三)家长(或监护人)的法律责任

1. 知情同意责任

家长应仔细阅读研学旅行服务合同内容,对合同条款和行程安排有充分了解,并签署同意书。

2. 监督责任

家长应关注学生的研学旅行过程,与学校和旅行社保持沟通,及时了解学生的安全和健康状况。若发现研学旅行过程中存在问题或安全隐患,应及时向学校和旅行社反映并要求解决。

(四)其他服务提供方的法律责任

1. 服务质量责任

各服务提供方(如供餐企业、交通服务提供商等)应按照合同约定提供优质服务,确保研学旅行的顺利进行。服务提供方若因过失导致服务质量问题或安全事故,应承担相应的赔偿责任。

2. 合同履行责任

各服务提供方应严格按照合同约定履行义务,不得擅自变更服务内容或降低服务标准。

(五)法律责任的具体表现

1. 违约责任

若一方违反合同约定,未履行或未完全履行合同义务,应承担违约责任,包括赔偿损失、支付违约金等。

2. 侵权责任

若一方因过错侵害他人民事权益造成损害,应承担侵权责任,包括赔偿医疗费、精神损失费等。

3. 刑事责任

若研学旅行过程涉及违法犯罪行为(如诈骗、猥亵儿童等),相关责任人将依法承担刑事责任。

【任务实训】

把全班分成四个小组,每组选取一份真实的研学旅行服务合同,对其中的关键条款进行深入分析,分析条款的合理性,讨论潜在风险点,撰写分析报告,提出改进建议。

【任务完成】

通过该任务的学习,学生或从业者能够深入理解研学旅行服务合同的制定、执行及法律责任等相关内容。

思考与练习

1. 什么是合同? 其具有哪些法律特征?
2. 请简述合同订立的形式。
3. 请简述合同成立的三种形式:自动成立、确认成立和批准成立。
4. 请分析合同的效力和生效的关系。
5. 请简述合同变更的条件、形式和程序。
6. 什么是违约责任? 其具有哪些特点?
7. 请分析研学旅行服务合同解除的主要原因。

项目八
研学旅行安全与保险法律法规

【思维导图】

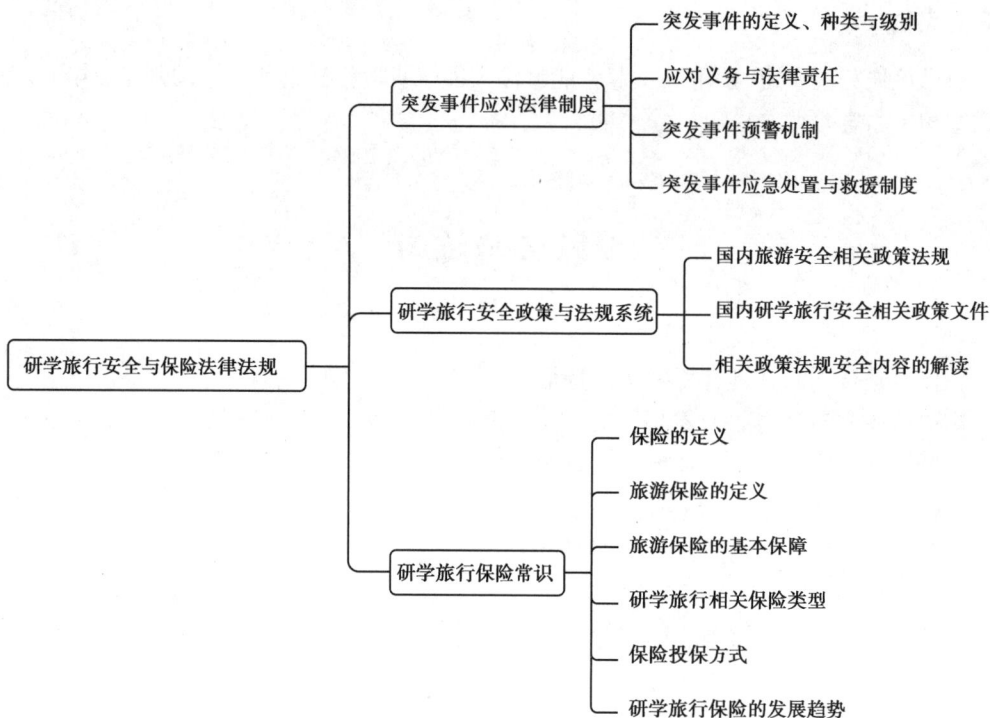

研学旅行安全与保险法律法规
- 突发事件应对法律制度
  - 突发事件的定义、种类与级别
  - 应对义务与法律责任
  - 突发事件预警机制
  - 突发事件应急处置与救援制度
- 研学旅行安全政策与法规系统
  - 国内旅游安全相关政策法规
  - 国内研学旅行安全相关政策文件
  - 相关政策法规安全内容的解读
- 研学旅行保险常识
  - 保险的定义
  - 旅游保险的定义
  - 旅游保险的基本保障
  - 研学旅行相关保险类型
  - 保险投保方式
  - 研学旅行保险的发展趋势

【知识目标】

1.认识研学旅行安全管理的定义、重要性及其在教育活动中的作用。

2.学习国家及地方关于研学旅行安全管理的法律法规、政策文件。

3.了解研学旅行安全管理的内容,包括人员安全、交通安全、场所安全、食品安全等。

【能力目标】

1.掌握制定有效预防措施的方法,以减少安全事故的发生。

2.在遇到突发事件或安全事故时,能够迅速启动应急预案,采取有效措施进行应对。

3.能够根据学生的年龄特点和研学旅行活动的特点,制定科学合理的安全教育计划。

【素养目标】

1.树立强烈的安全责任意识,将学生的安全放在首位,时刻关注研学旅行活动的安全状况。

2.在研学旅行活动中,注重学生的体验和感受,关注学生的身心健康和成长需求。

3.保持对研学旅行安全管理法规及相关知识的持续学习和关注,不断更新和完善自己的知识体系。

【项目导入】

设免责条款、学校不签合同……研学旅行如何保证安全?

2019年7月22日晚,四川内江市某中学参加暑期研学旅行的368名学生和20名带队教师,乘坐北京西开往重庆西的Z95次列车返程。途中晚饭后,39名学生在列车上陆续出现拉肚子、呕吐、发热的症状。他们的晚餐是旅行社准备的方便食品及列车上的水果等。带队教师迅速安排身体不适的学生在途经的郑州、汉口、恩施等当地医院就近诊治。经卫生部门诊断,发病学生被确认为细菌性集体食物中毒。

学生研学途中食物中毒,食物由谁提供?经过了怎样的把关?把关人为何失守?背后的原因何在?这些内容应当一查到底,依法依规,对有关责任方严惩不贷。筑牢研学旅行的安全防线,不妨借鉴旅游行业经过几十年摸索形成的旅游安全立法、安全保障体系和保险等经验,建立让学校和家长放心的研学旅行发展体系。

任务一　突发事件应对法律制度

【任务导入】

想象一下,你带领一群中学生兴奋地准备着一场期待已久的研学旅行,目的地是风景如画的古城,你们将在这里探索历史遗迹,体验传统文化,增长见识,拓宽视野。然而,就在你们满怀期待地踏上旅程之际,一系列突如其来的挑战和意外情况接踵而至:恶劣天气导致交通受阻,部分同学不慎受伤,还有因食物安全问题引发的身体不适……面对这些突发事件,你该如何应对?

【任务剖析】

深入剖析研学旅行中的突发事件应对法律制度,让理论知识与实践操作紧密结合,能够确保每位同学都能学有所获、学以致用。本任务主要介绍突发事件应对法律制度、研学旅行安全政策与法规系统和保险法律制度的相关知识。

为规范和指导突发事件的应对工作,包括预防与应急准备、监测与预警、应急处置与救援、事后恢复与重建等多个方面,保护人民生命财产安全,维护国家安全、公共安全、生态环境安全和社会秩序,《中华人民共和国突发事件应对法》自 2007 年 11 月 1 日起正式施行。该法的实施不仅提高了我国突发事件应对工作的法治化水平,也为构建和谐社会、保障人民安居乐业提供了坚实的法律保障。本任务的内容主要源自《中华人民共和国突发事件应对法》中的相关条款规定。

一、突发事件的定义、种类与级别

(一)定义

突发事件是指突然发生,造成或者可能造成严重社会危害,需要采取应急处置措施予以应对的自然灾害、事故灾难、公共卫生事件和社会安全事件。这一定义明确了突发事件的六个核心要素:突发性、紧急性、危害性、不确定性、社会性和非常规性。[①]

1. 突发性

突发事件的发生往往出乎人们的意料,具有突然性和不可预测性。这种突发性使事件在极短的时间内迅速爆发,给社会带来巨大冲击。

2. 紧急性

突发事件一旦发生,其破坏力和影响力会迅速扩散,要求决策者必须在有限的时间内迅速作出反应,采取有效措施控制事态发展,防止事态进一步恶化。这种紧急性要求应急响应机制必须高效、迅速,以最大程度地减少损失。

3. 危害性

突发事件通常会对社会造成严重的危害,包括人员伤亡、财产损失、环境破坏等。这种危害性不仅体现在直接的经济损失上,还可能对社会的心理、政治、经济等方面产生深远的影响。

4. 不确定性

突发事件的发展过程和结果往往具有不确定性。由于事件的突发性、复杂性和信息的不完全性,人们很难在事件发生时准确预测其发展趋势和后果。这种不确定性要求决策者必须保持高度的警惕性和灵活性,随时准备应对可能出现的新情况和新问题。

5. 社会性

突发事件往往涉及广泛的社会领域和群体,其影响范围广泛,涉及人数众多。这种社会性要求应急管理工作必须注重社会动员和公众参与,形成全社会共同应对突发事件的良好氛围。

---

① 黄倩. 旅游目的地脆弱性对旅游突发事件的影响机制[D]. 泉州:华侨大学,2020.

6.非常规性

突发事件通常超出了常规的管理范畴和应对能力,需要采取特殊的措施和手段进行应对。这种非常规性要求应急管理工作必须注重创新和实践,不断探索新的应对方法和手段。

(二)种类

1.自然灾害

自然灾害包括水旱灾害、气象灾害、地震灾害、地质灾害、生物灾害和森林草原火灾等。这些灾害主要由自然因素引起,具有不可抗力和难以预测的特点。

2.事故灾难

事故灾难包括工矿商贸等企业的各类安全事故、火灾事故、交通运输事故、公共设施和设备事故、辐射事故、环境污染和生态破坏事件等。这些事件多由人为因素或技术故障引起,具有可预防性和可控性的特点。

3.公共卫生事件

公共卫生事件包括传染病疫情、群体性不明原因疾病、食物和职业中毒以及其他严重影响公众健康和生命安全的事件。这些事件主要涉及公众健康和生命安全,具有传播速度快、影响范围广的特点。

4.社会安全事件

社会安全事件包括恐怖袭击事件、严重刑事案件、群体性事件、金融突发事件、涉外突发事件、民族宗教事件、舆情突发事件、网络与信息安全事件等。这些事件主要涉及社会稳定和公共安全,具有政治性、敏感性和复杂性的特点。

(三)级别

突发事件的级别是根据其社会危害程度、影响范围、突发事件性质和可控性等因素来划分的。在我国,自然灾害、事故灾难、公共卫生事件等突发事件通常被分为四级,即特别重大(一级)、重人(二级)、较人(三级)和一般(四级)。

突发事件的分级标准由国务院或者国务院确定的部门制定,具有权威性和指导性。突发事件的分级是动态的,随着事态的发展和变化,其级别也可能发生相应的调整。在应对突发事件时,应遵循"就高不就低"的原则,确保能够迅速、有效地控制事态的发展。

二、应对义务与法律责任

突发事件相关主体在应对突发事件时各有其法律义务和责任。政府应发挥主导作用,组织救援、提供保障、发布信息;公民、法人和其他组织应积极参与、配合应对;专业机构应提供专业支持和技术指导;其他主体也应根据各自的特点和优势发挥作用,共同努力确保突发事件得到及时、有效的应对。

(一)信息报告的义务

《中华人民共和国突发事件应对法》第十条规定:突发事件应对措施应当与突发事件可能造成的社会危害的性质、程度和范围相适应;有多种措施可供选择的,应当选择有利于最大程度地保护公民、法人和其他组织权益,且对他人权益损害和生态环境影响较小的措施,并根据情况变化及时调整,做到科学、精准、有效。同时,该法还规定了公民、法人和其他组织在突发事件应对中的义务,包括参与应对工作、配合应急处置、报告信息等。

突发事件的信息报告义务确保政府和社会能够迅速、准确地掌握事件情况,从而及时采取应对措施,保障人民的生命财产安全和社会稳定。获悉突发事件信息的公民、法人或者其他组织是信息报告的主要义务主体,应当立即向所在地人民政府、有关主管部门或者指定的专业机构报告所知的突发事件信息。信息报告的内容主要涉及突发事件发生的时间、地点、性质、规模、影响范围等基本情况;已经采取的措施和可能的发展趋势;其他与突发事件有关的重要信息。

(二)制定、演练应急预案与排查、消除风险隐患的义务

《中华人民共和国突发事件应对法》第十七条、第十八条、第二十条、第二十二条等条款指明了制定、演练应急预案与排查、消除风险隐患的义务和责任,以确保各级政府和相关部门在突发事件应对中能够迅速、有效地采取行动,最大限度地减少损失。

为了有效预防和应对突发事件,减少其造成的损害,政府及其相关部门、企事业单位、基层自治组织等需要事先制定科学、合理、可行的应急预案。应急预案应明确突发事件的类型、级别、可能的影响范围、应对措施、应急指挥体系、应急队伍、应急物资保障等内容。

应急预案的演练可以采用桌面推演、实战等形式定期进行,并根据实际情况进行修订和完善。演练结束后,应对演练效果进行评估,总结经验教训,提出改进措施。通过演练,检验应急预案的可行性和有效性,提高应急队伍的反应速度和应对能力。

排查可以采用自查、互查、专项检查等多种方式进行。排查范围应覆盖各个领域、各个环节,特别是重点区域、重点行业、重点单位等。对排查出的风险隐患,应建立台账,明确整改责任人和整改时限,确保整改到位。通过全面、深入的排查,及时发现可能引发突发事件的风险隐患。

消除风险隐患的措施应根据隐患的性质和严重程度而定,包括整改、加固、拆除、隔离等多种方式。在消除风险隐患的过程中,应加强监督检查,确保整改措施得到有效执行。消除风险隐患后,应建立长效机制,加强日常管理和维护,防止类似隐患再次出现。

(三)参加应急专、兼职或志愿者救援队伍的义务

《中华人民共和国突发事件应对法》第二十六条规定:县级以上人民政府有关部门可以根据实际需要设立专业应急救援队伍。该法还规定了中国人民解放军、中国人民武装警察部队和民兵组织等力量在应急救援中的重要作用,以及他们依法参加应急救援和处置工作的法律依据。虽然法律没有直接规定每个公民必须参加应急专、兼职或志愿者救援队伍,但

鼓励和支持公民、法人和其他组织积极参与突发事件应对工作,包括加入救援队伍。这种参与不仅有助于提升整个社会的应急响应能力,还能在关键时刻为受灾群众提供及时有效的帮助。

具备相关专业技能和资质的公民可以加入政府或民间组织的专业救援队伍,接受专业培训,参与各类突发事件的应急救援工作;在不影响本职工作的前提下,一些公民可以选择成为兼职救援人员,在突发事件发生时迅速响应,提供必要的支持和协助;广大公民可以通过加入志愿者组织,参与应急救援的志愿服务工作。志愿者队伍在突发事件应对中发挥着重要作用,他们提供的帮助往往能够迅速缓解受灾地区的压力。

(四)为应急处置提供帮助的义务

《中华人民共和国突发事件应对法》第七十九条规定:突发事件发生地的个人应当依法服从人民政府、居民委员会、村民委员会或者所属单位的指挥和安排,配合人民政府采取的应急处置措施,积极参加应急救援工作,协助维护社会秩序。虽然法律没有直接规定具体的协助内容,但公民有义务在力所能及的范围内为应急处置提供帮助,具体表现为提供信息、物资、人力支持等。例如,在灾害发生时,公民可以报告灾情信息、捐赠救援物资等。公民在突发事件中应遵守相关法律法规,不得编造、传播虚假信息,不得哄抬物价、扰乱市场秩序等。公民应保持冷静,不信谣、不传谣,遵守政府发布的各项规定和命令,共同维护社会稳定和秩序。

(五)执行有关决定和命令的义务

《中华人民共和国突发事件应对法》中第十一条、第二十条、二十一条等条款明确规定,突发事件应急指挥机构在突发事件中有执行有关决定和命令的义务。公民、法人和其他组织在突发事件发生后,应当服从人民政府及其有关部门发布的决定、命令,并积极配合其依法采取的各项应急处置措施。这包括但不限于疏散、撤离、隔离、封锁、救援等行动,以及提供必要的信息、物资和人力支持。违反突发事件应对法规定,不服从所在地人民政府及其有关部门发布的决定、命令或者不配合其依法采取的措施的单位或个人,将依法承担相应的法律责任。这可能包括行政处罚、民事赔偿甚至刑事责任。

在实际应对突发事件时,政府会通过多种渠道发布相关决定和命令,如公告、通知、媒体发布等。公民、法人和其他组织应密切关注这些渠道的信息,确保及时了解和执行相关决定和命令。同时,社会各界也应加强合作与协调,共同应对突发事件带来的挑战,确保人民生命财产安全和社会稳定。

(六)参加抢险救灾的义务

《中华人民共和国突发事件应对法》第七十八条规定:受到自然灾害危害或者发生事故灾难、公共卫生事件的单位,应当立即组织本单位应急救援队伍和工作人员营救受害人员,疏散、撤离、安置受到威胁的人员,控制危险源,标明危险区域,封锁危险场所,并采取其他防止危害扩大的必要措施,同时向所在地县级人民政府报告;对因本单位的问题引发的或者主体是本单位人员的社会安全事件,有关单位应当按照规定上报情况,并迅速派出负责人赶赴现场开展劝解、疏导工作。突发事件发生地的其他单位应当服从人民政府发布的决定、命令,配合人民政府采取的应急处置措施,做好本单位的应急救援工作,并积极组织人员参加所在地的应急救援和处置工作。

当有关单位在突发事件发生后,未及时组织开展应急救援工作,并因此造成严重后果时,将受到法律的制裁。所在地履行统一领导职责的人民政府责令其停产停业,暂扣或者吊销许可证或者营业执照,并处以罚款。根据《中华人民共和国突发事件应对法》第九十六条的规定,罚款的金额可能在五万元以上二十万元以下。

(七)服从征用、征调等措施的义务

《中华人民共和国突发事件应对法》第十二条的规定:县级以上人民政府及其部门为应对突发事件的紧急需要,可以征用单位和个人的设备、设施、场地、交通工具等财产。被征用的单位和个人应当服从征用决定,配合征用工作的实施。征用应当遵循合法、合理、必要的原则,并确保被征用财产能够得到妥善使用和及时归还或补偿。

在突发事件中,政府可能会征调医疗人员、救援队伍等前往灾区进行救援。被征调的人员应当服从征调决定,积极履行救援职责。同时,其他公民也应当积极参与应急救援工作,如参加志愿者队伍、提供必要的帮助和支持等。

被征用或征调的单位和个人在配合政府工作的过程中,应当如实提供相关信息和资料,协助政府做好应急处置工作。任何单位和个人不得以任何理由拒绝或阻碍征用、征调工作的实施。

对于不服从征用、征调等措施的单位和个人,政府有权依法采取相应的强制措施,并追究其法律责任,这些法律责任可能包括行政处罚、民事赔偿甚至刑事责任等。

三、突发事件预警机制

突发事件预警机制旨在通过监测、识别、判断、评价等手段,对社会运行状况发出信号,显示社会已经或即将发生无序现象的临界状态,以期引起社会管理者和社会公众的注意,及时采取对策,防风险于未然。其目的在于提高应急管理效率,减少因突发事件爆发带来的重大损失。

(一)突发事件预警级别

《中华人民共和国突发事件应对法》第七十一条规定:突发事件的应急响应级别,按照突发事件的性质、特点、可能造成的危害程度和影响范围等因素分为一级、二级、三级和四级,一级为最高级别。其分别用红色、橙色、黄色和蓝色标示:①红色预警(一级)。预计将要发生特别重大以上突发事件,事件会随时发生,事态正在不断蔓延。此级别为最高级别,表示突发事件的影响范围极大,可能对社会造成极其严重的损失或影响。②橙色预警(二级)。预计将要发生重大以上突发事件,事件即将发生,事态正在逐步扩大。此级别表示突发事件的影响范围广泛,可能会对多个地区或行业造成重大影响。③黄色预警(三级)。预计将要

发生较大以上突发事件,事件已经临近,事态有扩大的趋势。此级别表示突发事件的影响范围较大,可能会对局部地区或行业造成较大影响。④蓝色预警(四级)。预计将要发生一般以上突发事件,事件即将临近,事态可能会扩大。此级别表示突发事件的影响范围较小,但仍有可能造成一定的损失或影响。

(二)突发事件发布、报告与通告

突发事件的发布是指将有关突发事件的信息通过适当的方式和渠道向公众传递的过程。其目的是让公众及时了解突发事件的情况,以便采取相应的防护措施或调整个人生产生活。突发事件的发布强调及时性、准确性和全面性。发布方式包括:通过官方媒体、政府网站、社交媒体等渠道发布信息;召开新闻发布会,邀请相关专家和官员介绍情况并回答记者提问;利用短信、广播、电视等传统媒体进行广泛传播。

突发事件的报告是指有关单位和个人在发现突发事件后,按照规定的程序和时限向上级政府或有关部门报告的过程。其目的是让上级政府或有关部门及时了解情况,以便做出正确的决策和部署。报告主体包括:地方各级人民政府及其有关部门;专业机构、监测网点和信息报告员;有关企事业单位和其他社会组织。报告内容包括:突发事件的基本情况,包括时间、地点、性质、规模等;已经采取的措施和处置情况以及需要上级政府或有关部门协助解决的问题。报告要求及时、客观、全面。

突发事件的通告是指在突发事件发生后,为了加强相关部门间的沟通与协作,确保应急处置工作的顺利进行,而向相关部门或单位发出的通知或告知。通常通过内部文件、传真、电子邮件等方式向相关部门或单位发送通告或者召开紧急会议或电话会议,向相关部门或单位传达通告内容并部署工作。通告内容包括:突发事件的基本情况;应急处置工作的总体要求和具体安排;需要相关部门或单位配合的事项和注意事项。

突发事件的发布、报告与通告是应急管理中的重要环节,它们相互关联、相互补充,共同构成了突发事件应对工作的信息传递体系。这一体系可以确保信息在各个环节中的及时、准确、全面传递,为应急管理工作的有效开展提供有力保障。

(三)突发事件发布应采取的措施

1.三级、四级警报

根据《中华人民共和国突发事件应对法》第六十六条的规定,发布三级、四级警报,宣布进入预警期后,县级以上地方人民政府应当根据即将发生的突发事件的特点和可能造成的危害,采取下列措施:①启动应急预案。政府应迅速启动相应的应急预案,明确应急处置的流程和责任分工,确保应急处置工作有序进行。②信息收集与报告。责令有关部门、专业机构、监测网点和负有特定职责的人员及时收集、报告有关信息,向社会公布反映突发事件信息的渠道,加强信息的透明度,定时向社会发布与公众有关的突发事件预测信息和分析评估结果,并对相关信息的报道工作进行管理,以确保信息的准确性和权威性。③监测、预报和预警。加强对突发事件发生、发展情况的监测、预报和预警工作,及时掌握事态发展情况,为应急处置提供科学依据。④分析与评估。组织有关部门和机构、专业技术人员、有关专家学者,随时对突发事件信息进行分析评估,预测发生突发事件可能性的大小、影响范围和强度以及可能发生的突发事件的级别,为决策提供支持。⑤公众沟通与教育。及时按照有关规定向社会发布可能受到突发事件危害的警告,提醒公众注意防范;宣传避免、减轻危害的常识,提高公众的自我保护意识和能力;公布咨询电话,为公众提供咨询和帮助。

2. 一级、二级警报

《中华人民共和国突发事件应对法》第六十七条对于一级、二级警报的应对措施有明确规定,这些措施旨在迅速、有效地应对即将发生的重大突发事件,保障人民生命财产安全。以下是根据《中华人民共和国突发事件应对法》及相关资料整理的一级、二级警报应对措施,除采取《中华人民共和国突发事件应对法》第六十六条规定的措施外,还应当针对即将发生的突发事件的特点和可能造成的危害,采取下列一项或者多项措施:①应急准备与响应。责令应急救援队伍、负有特定职责的人员进入待命状态,并动员后备人员做好参加应急救援和处置工作的准备;调集应急救援所需物资、设备、工具,准备应急设施和避难场所,并确保其处于良好状态、随时可以投入正常使用。②社会管理与保障。加强对重点单位、重要部位和重要基础设施的安全保卫,维护社会治安秩序;采取必要措施,确保交通、通信、供水、排水、供电、供气、供热、医疗卫生、广播电视、气象等公共设施的安全和正常运行;转移、疏散或者撤离易受突发事件危害的人员并予以妥善安置,转移重要财产;关闭或者限制使用易受突发事件危害的场所,控制或者限制容易导致危害扩大的公共场所的活动。③法律、法规、规章规定的其他必要的防范性、保护性措施。根据实际情况和需要,还应采取其他必要的防范性、保护性措施,确保人民生命财产安全和社会稳定。

(四)预警级别的调整与解除

《中华人民共和国突发事件应对法》第七十条为预警级别的调整和解除提供了明确的法律依据和指导原则。发布突发事件警报的人民政府应当根据事态的发展,按照有关规定适时调整预警级别并重新发布。有事实证明不可能发生突发事件或者危险已经解除的,发布警报的人民政府应当立即宣布解除警报,终止预警期,并解除已经采取的有关措施。解除警报的程序应当严格按照法律规定执行,确保信息的准确性和权威性。发布警报的人民政府应当及时通过官方渠道向社会公布解除警报的信息,并告知公众相关事项。

四、突发事件应急处置与救援制度

突发事件应急处置与救援制度的主要目的是在突发事件发生时,能够迅速、有序、高效地开展应急处置和救援工作,最大限度地减少人员伤亡、财产损失和社会影响,维护社会和谐稳定。该制度适用于自然灾害、事故灾难、公共卫生事件和社会安全事件等各类突发事件的应急处置与救援工作。[1]

---

[1] 莫小雪. 规范突发事件应对增强应急救援水平[N]. 人民法院报,2024-06-27(4).

（一）基本原则

①统一领导，分级负责。在政府的统一领导下，各级政府和相关部门按照职责分工，分级负责突发事件的应急处置与救援工作。

②快速反应，协同应对。建立健全快速反应机制，加强部门之间、地区之间的协同配合，形成合力，共同应对突发事件。

③以人为本，科学救援。始终把保障人民生命财产安全放在首位，坚持科学救援、安全救援，避免次生灾害的发生。

④预防为主，平战结合。注重预防和应急准备工作，加强日常管理和监测预警，提高应对突发事件的能力。①

（二）组织机构

①应急指挥机构。县级以上人民政府设立应急指挥机构，负责统一领导、协调本行政区域内的突发事件应急处置与救援工作。

②专业救援队伍。组建专业化的应急救援队伍，包括消防、医疗、公安、交通、水利、电力等部门的专业救援力量，以及社会救援组织等。

（三）应急处置与救援流程

①信息报告与接警。突发事件发生后，相关单位和个人应立即向当地人民政府或有关部门报告。应急指挥机构接到报告后，应立即启动应急预案，并通知相关救援队伍赶赴现场。

②现场处置。救援队伍到达现场后，应立即开展救援工作，包括搜救被困人员、疏散群众、控制事态发展等。同时，要做好现场保护和证据收集工作。

③医疗救治。对受伤人员进行及时救治，确保伤员得到妥善安置和治疗。

④善后处理。事件得到控制后，要做好善后处理工作，包括清理现场、恢复秩序、赔偿损失等。

（四）保障措施

①物资保障。建立健全应急物资储备体系，确保应急救援所需物资的及时供应。

②资金保障。将应急救援工作经费纳入财政预算，确保应急救援工作的顺利进行。

③人员保障。加强应急救援队伍的建设和培训，提高应急救援人员的素质和能力。

④技术保障。加强应急技术研发和应用，提高应急救援的科技含量和效率。

（五）法律依据

①《中华人民共和国突发事件应对法》第七十二条规定：突发事件发生后，履行统一领导

---

① 唐钧，龚琬岚.综合应急救援负面舆情治理的八大原则[J].中国减灾,2019(23):39-43.

职责或者组织处置突发事件的人民政府应当针对其性质、特点、危害程度和影响范围等,立即启动应急响应,组织有关部门,调动应急救援队伍和社会力量,依照法律、法规、规章和应急预案的规定,采取应急处置措施,并向上级人民政府报告;必要时,可以设立现场指挥部,负责现场应急处置与救援,统一指挥进入突发事件现场的单位和个人。

②《中华人民共和国突发事件应对法》第七十三条详细列出了自然灾害、事故灾难或者公共卫生事件发生后,履行统一领导职责的人民政府可以采取的应急处置措施,包括组织营救和救治受害人员、迅速控制危险源和标明危险区域、立即抢修公共设施、保障基本生活必需品的供应等。

③《中华人民共和国突发事件应对法》第七十四条针对社会安全事件,规定了组织处置工作的人民政府应当采取一项或多项应急处置措施,如控制特定区域内的建筑物、交通工具等,封锁有关场所、道路,查验身份证件,限制活动等。

【任务实训】

请选取《中华人民共和国突发事件应对法》中的关键条款,如突发事件的定义、分类、分级标准、应对原则、应急指挥体系、信息发布制度等,进行详细解读。另外,分析近年来国内外发生的典型突发事件案例,如自然灾害、事故灾难、公共卫生事件和社会安全事件等,探讨其发生原因、应对措施及法律适用问题。

【任务完成】

通过该任务的学习,学生能深刻认识到法律在突发事件应对中的重要性,增强法律意识和法治观念,培养学生在突发事件应对中保持冷静、客观、公正的态度和行为,认识到自己在社会中的角色和责任,进而增强社会责任感和使命感。

任务二　研学旅行安全政策与法规系统

【任务导入】

近年来,国家高度重视研学旅行工作,出台了一系列政策文件,对研学旅行的组织、实施、安全等方面提出了明确要求。这些政策文件不仅为研学旅行的规范化发展提供了法律保障,也为学校、教师、家长及学生提供了明确的行动指南。请你谈谈你所熟悉的国家层面的政策文件、地方政府的实施细则以及学校内部的管理制度。

【任务剖析】

通过本任务的学习,学生能够充分认识到研学旅行安全政策与法规的重要性,掌握相关知识并将其内化为实际行动。在未来的研学旅行中,能够自觉遵守相关规定,保护自己和他人的安全,让研学旅行成为一次安全、愉快、收获满满的旅程。

自 2016 年起,教育部等 11 部门联合发布了《教育部等 11 部门关于推进中小学生研学旅行的意见》,将研学旅行纳入中小学教育教学计划。作为学校教育和校外活动衔接的创新方式,研学旅行将研究性学习和旅行体验相结合,是综合实践育人的有效途径。它弥补了课堂教学中的不足,让学生走出校园,走进自然与社会,丰富眼界与阅历,收获知识,实现成长,对于培养创新型人才具有重要意义。出台研学旅行政策法规是推动教育改革、促进文旅融合、提升学生综合素质以及规范研学旅行市场的重要举措。这些政策法规的制定和实施,为我国研学旅行事业的健康发展奠定了坚实基础。

一、国内旅游安全相关政策法规

(一)发展历程

我国关于旅游安全方面的法律法规的发展可以追溯到不同的历史时期,这是一个逐步建立和完善的过程。

1. 旅游安全法律法规的空白阶段(1949—1989 年)

在 1949—1989 年,我国的旅游事业还处于起步阶段,以外事接待为主,旅游安全法律法规基本上处于空白状态。这一时期,旅行社、宾馆、饭店、景区等企业多为国家和集体所有,旅游活动以满足海外华侨及港澳同胞归国探亲的需要,以及接待少量外国自费旅游者而赚取外汇为主。因此,对旅游安全法律法规的需求并不迫切,相关的法律法规也无从谈起。

2. 旅游安全法律法规的形成阶段(1990—2013 年)

随着旅游业的逐步发展,旅游安全问题日益凸显,我国开始重视旅游安全法律法规的建设。1990 年 2 月,原国家旅游局颁布了第一部规章《旅游安全暂行办法》,这部规章确立了旅游安全管理实施统一指导、分级管理、以基层为主的原则,明确了旅游安全管理机构的职责,规定了旅游安全管理、事故处理、奖励与惩罚等内容。这标志着我国旅游行政管理部门对旅游安全进行法律规制的开始。此后,原国家旅游局又陆续颁布了《重大旅游安全事故报告制度试行办法》和《重大旅游安全事故处理程序试行办法》等规范性文件,对旅游安全事故的处理和报告作出了规定。

3. 旅游安全法律法规的完善阶段(2013 年至今)

进入 21 世纪后,随着旅游业的快速发展和人民群众对旅游安全需求的不断提高,我国进一步加强了旅游安全法律法规的建设和完善。2013 年 4 月 25 日,第十二届全国人民代表大会第二次会议通过了《中华人民共和国旅游法》,该法于 2013 年 10 月 1 日开始实施。在这部法律中,虽然没有专门的"旅游安全"章节,但与安全相关的内容贯穿于整部法律,对旅游安全提出了更加全面和具体的要求。[①] 此外,我国还制定了《旅行社条例》《旅行社条例实施细则》《导游人员管理条例》等相关法律法规,对旅游安全进行了更加详细和具体的规定。

---

① 朱宁宁.我国首部旅游法十年回看[N].法治日报,2023-05-09(5).

（二）主要法律法规

1.《旅游行政许可办法》

自 2018 年 5 月 1 日起施行的《旅游行政许可办法》是由原国家旅游局制定并发布的一项行政规章，旨在规范旅游行政许可行为，保护公民、法人和其他组织的合法权益，保障和监督旅游主管部门有效实施行政管理。

2.《旅游安全管理办法》

自 2016 年 12 月 1 日起正式施行的《旅游安全管理办法》是为了加强旅游安全管理，提高应对旅游突发事件的能力，保障旅游者的人身、财产安全，促进旅游业持续健康发展而制定的一项重要法规。本办法适用于旅游经营者的安全生产、旅游主管部门的安全监督管理，以及旅游突发事件的应对。旅游经营者主要指旅行社及地方性法规规定旅游主管部门负有行业监管职责的景区和饭店等单位。

3.《中华人民共和国旅游法》

《中华人民共和国旅游法》是为了保障旅游者和旅游经营者的合法权益、规范旅游市场秩序、保护和合理利用旅游资源、促进旅游业持续健康发展而制定的一部法律。该法于 2013 年 4 月 25 日由第十二届全国人民代表大会常务委员会第二次会议通过，并历经 2016 年、2018 年两次修正。

4.《导游管理办法》

于 2017 年 11 月 1 日公布、自 2018 年 1 月 1 日起施行的《导游管理办法》是为规范导游执业行为、提升导游服务质量、保障导游合法权益、促进导游行业健康发展而制定的重要法规。《导游管理办法》的出台和实施，为导游行业的规范发展提供了法律保障，明确了导游执业的许可、管理、保障与激励等方面的要求，有助于提升导游服务质量，保障导游合法权益，促进导游行业的健康和稳定发展。

5.《大陆居民赴台湾地区旅游管理办法》

《大陆居民赴台湾地区旅游管理办法》自 2006 年 4 月 16 日起正式实施，于 2011 年 6 月 20 日和 2017 年 4 月 13 日进行了两次修订。该办法为大陆居民赴台旅游提供了明确的指导和规范，保障了旅游者的合法权益，促进了两岸旅游交流的健康发展。该办法在发布后经过多次修订和完善，以适应两岸旅游市场的变化和需求。

二、国内研学旅行安全相关政策文件

国内旅游安全相关政策文件主要涵盖了对旅游安全工作的全面指导和规范，旨在确保旅游市场的安全平稳运行，保护旅游者的合法权益。[①]

①2016 年 11 月 30 日由教育部等 11 部门发布的《教育部等 11 部门关于推进中小学生

---

① 邹永广.意识与应景：中国旅游安全政策演进特征研究［J］.旅游学刊,2018,33（6）:110-122.

研学旅行的意见》旨在推动研学旅行健康快速发展。

②2016 年 12 月 19 日由原国家旅游局发布的《研学旅行服务规范》从服务提供方、人员配置、研学旅行产品、服务项目以及安全管理等多个方面进行了详细规定,为研学旅行服务的规范化提供了依据。

③2017 年 8 月 17 日由中华人民共和国教育部发布的《中小学德育工作指南》旨在深入贯彻落实立德树人根本任务,加强对中小学德育工作的指导,切实将党和国家关于中小学德育工作的要求落细落小落实。通过构建方向正确、内容完善、学段衔接、载体丰富、常态开展的德育工作体系,大力促进德育工作专业化、规范化、实效化,努力形成全员育人、全程育人、全方位育人的德育工作格局。

④2017 年 9 月 25 日由教育部发布的《中小学综合实践活动课程指导纲要》旨在全面贯彻党的教育方针,坚持教育与生产劳动、社会实践相结合,引导学生深入理解和践行社会主义核心价值观,充分发挥中小学综合实践活动课程在立德树人中的重要作用。

三、相关政策法规对安全内容的解读

(一)《教育部等 11 部门关于推进中小学生研学旅行的意见》安全内容解读

《教育部等 11 部门关于推进中小学生研学旅行的意见》中关于安全内容的解读,可以从以下几个方面进行。

1. 安全原则的确立

安全原则是研学旅行活动开展的基本原则之一。该原则强调,研学旅行必须坚持安全第一,建立全面的安全保障机制,明确安全保障责任,并落实各项安全保障措施,以确保学生在研学旅行过程中的安全。这一原则为研学旅行的安全管理工作提供了根本性的指导和要求。

2. 安全责任体系的建立

该意见明确指出,各地要制定科学有效的中小学生研学旅行安全保障方案,并探索建立行之有效的安全责任落实、事故处理、责任界定及纠纷处理机制。这要求各相关部门和单位必须明确自身的安全责任,并层层落实,确保责任到人。同时,教育行政部门、学校、家长以及委托开展研学旅行的企业或机构之间需要签订安全责任书,明确各自的安全责任和义务。

3. 具体的安全保障措施

(1)活动前的安全准备

学校需提前拟定活动计划,并按管理权限报教育行政部门备案。

通过家长委员会、致家长的一封信或召开家长会等形式,向家长详细告知活动的意义、时间安排、出行线路、费用收支及注意事项等信息。

加强学生和教师的研学旅行事前培训,提高他们的安全意识和应对突发事件的能力。

(2)活动中的安全管理

学校和委托机构应确保活动过程中学生的安全,包括交通安全、食宿安全、活动安全等。

教师应全程陪同并对学生进行有效指导与教育,确保学生活动有序进行。

加强与交通、旅游、公安等相关部门的沟通协调,确保活动过程中的安全监管和应急响应。

(3)活动后的安全总结

学校和委托机构应进行事后考核,总结经验教训,不断完善安全保障措施。

对在研学旅行过程中发生的安全事故进行及时处理和上报,确保信息畅通和应对有效。

4. 特殊情况的应对

该意见还强调了对特殊情况的应对措施。例如,对于单次路程较长的研学旅行活动,应选择更为安全的交通方式;对于可能存在的安全隐患和风险点,要提前进行排查和整改;对于突发事件和紧急情况,要制定详细的应急预案并定期组织演练。

(二)《研学旅行服务规范》安全内容解读

《研学旅行服务规范》中关于安全内容的解读可以被归纳为以下几个方面。

1. 安全原则与制度

研学旅行活动的主办方、承办方和供应方须严格遵循安全第一的原则,全程进行安全防控工作,确保活动安全进行。这是整个规范中安全内容的核心原则。

各方需制定科学有效的安全管理制度,包括但不限于研学旅行安全管理工作方案、应急预案及操作手册、产品安全评估制度、安全教育培训制度等,以构建完善的安全防控机制。

2. 安全责任与人员配置

该规范明确了主办方、承办方及供应方在研学旅行活动中的安全责任,要求各方根据各项安全管理制度的要求,明确安全管理责任人员及其工作职责。

承办方需为每个研学旅行团队配置安全员,负责在研学旅行过程中随团开展安全教育和防控工作。同时,研学导师、导游人员等也需承担一定的安全责任,确保学生安全。

3. 安全教育与培训

该规范要求对参与研学旅行活动的工作人员进行多种形式的安全教育和培训,包括安全管理工作制度、工作职责与要求、应急处置规范与流程等内容,以提升其安全意识和应急处理能力。

该规范强调应对参加研学旅行活动的学生进行安全教育,通过提供安全防控教育知识读本、召开行前说明会等,强化学生的安全防范意识。

4. 应急预案与演练

规范要求主办方、承办方及供应方需制定和完善包括地震、火灾、食品卫生、治安事件等在内的各项突发事件应急预案,并定期组织演练,以提高应对突发事件的能力。

5. 具体服务项目的安全要求

(1)交通服务

该规范对交通方式的选择提出了安全要求,如单次路程在400km以上的应优先选择铁路、航空等交通方式;选择汽车客运交通方式的需确保行驶道路不低于省级公路等级等。要求提前告知学生及家长相关交通信息,加强交通服务环节的安全防范,确保学生安全有序乘坐交通工具。

（2）住宿服务

该规范对住宿营地的选择提出了安全、卫生和舒适的基本要求,并要求详细告知学生入住注意事项和住宿安全知识。要求制定住宿安全管理制度,开展巡查、夜查工作,确保住宿安全。

（3）餐饮服务

该规范要求以食品卫生安全为前提选择餐饮服务提供方,并督促其做好食品留样工作。要求在学生用餐时做好巡查工作,确保餐饮服务质量。

（4）医疗及救助服务

该规范要求提前调研和掌握研学营地周边的医疗及救助资源状况,学生生病或受伤时应及时送往医院或急救中心治疗。宜聘请具有职业资格的医护人员随团提供医疗及救助服务。

(三)《中小学德育工作指南》安全内容解读

从《中小学德育工作指南》的整体框架和原则中,可以推导出对安全工作的重视和要求。

1. 安全作为德育工作的重要基础

德育工作与学生的身心健康密切相关,而安全则是身心健康的基本保障。该指南强调中小学德育工作的全面性和系统性,其中必然包含对学生安全教育的重视。通过德育活动,学校可以增强学生的安全意识,培养他们自我保护的能力,从而为学生提供一个安全、健康的学习和生活环境。

2. 安全教育与德育内容的融合

该指南提到的德育内容,如心理健康教育、法治教育、生命教育等,都与安全教育紧密相连。例如,心理健康教育旨在培养学生健全的心理素质,提高其心理适应能力,这有助于学生在面对困难和挑战时保持冷静和理智,减少安全事故的发生。法治教育则通过普及法律知识,增强学生的法治观念,使他们能够自觉遵守法律法规,维护自身和他人的安全。

3. 安全管理与德育工作的协同

该指南强调德育工作的协同配合,这同样适用于安全管理工作。学校需要加强与家庭、社会的沟通与合作,共同构建安全教育的网络。家长应关注学生的安全状况,与学校保持密切联系,共同做好学生的安全教育工作。同时,学校还应积极利用社会资源,如邀请公安、消防等部门的专业人员进校开展安全教育活动,提高学生的安全意识和自我保护能力。

4. 安全应急机制的建立

虽然该指南可能未直接提及安全应急机制的具体内容,但根据德育工作的整体要求,学校应建立健全安全应急机制。这包括制定详细的安全应急预案、定期组织安全演练、加强校园安全巡查等。通过这些措施,学校可以及时发现并消除安全隐患,有效应对突发事件,确保学生的安全。

5. 师德建设与安全保障

该指南还强调了师德建设的重要性，指出要把师德表现作为教师资格注册、年度考核、职务(职称)评审、岗位聘用、评优奖励的首要标准。这一规定间接促进了学校安全工作的开展，因为具有良好师德的教师更可能关注学生的安全状况，积极履行安全教育职责，为学生营造一个安全、和谐的学习环境。

(四)《中小学综合实践活动课程指导纲要》安全内容解读

《中小学综合实践活动课程指导纲要》中关于安全内容的解读，主要体现在以下几个方面。

1. 安全保障机制的重要性

该指导纲要明确指出，安全是中小学综合实践活动课程顺利实施的基础和前提。地方教育行政部门、学校以及参与活动的各方应高度重视安全保障工作，建立健全安全保障机制，确保学生在活动过程中的安全。

2. 安全责任制的落实

各级教育行政部门、学校、教师、家长以及参与活动的社会机构应明确各自的安全责任，确保责任到人。在活动开展前，学校应与相关机构、家长签订安全责任书，明确各方的安全责任和义务。

3. 安全教育与培训

学校应在活动前对学生进行必要的安全教育，增强学生的安全意识和自我保护能力。参与活动的教师应接受相关的安全培训，了解并掌握应急处置知识和技能，以便在紧急情况下能够迅速、有效地采取措施。

4. 活动前的安全准备

在活动筹备阶段，学校应对活动场所、交通、饮食等方面进行全面的风险评估，并制定相应的风险防控措施。学校应制定详细的安全应急预案，包括紧急疏散、医疗救护、通信联络等内容，确保在突发事件发生时能够迅速响应。

5. 活动中的安全管理

在活动进行过程中，学校应派遣专人进行现场监管，确保活动有序进行，并及时处理可能出现的安全问题。学校应建立畅通的信息沟通机制，确保活动过程中出现的各种情况能够及时、准确地传递到相关部门和人员手中。

6. 事后的安全总结与反馈

活动结束后，学校应对活动过程中的安全工作进行总结，分析存在的问题和不足，并提出改进措施。学校应建立健全安全反馈机制，鼓励学生、家长和教师积极反馈活动中存在的安全问题，以便学校能够不断完善安全保障工作。

7. 与其他安全机制的协同

该指导纲要还强调,中小学综合实践活动课程的安全保障工作应与学校的其他安全机制相协同,如校园安全、校车安全、食品安全等,共同构建一个全方位、多层次的安全保障体系。

【任务实训】

请各小组设定一个或多个研学旅行场景,如历史文化考察、自然生态探索、科技创新体验等,明确任务的具体环境和条件。要求学生根据给定的研学旅行场景,分析可能存在的安全隐患和风险点;查阅并应用相关的研学旅行安全政策与法规,制定详细的安全保障措施和应急预案;撰写实训报告,包括安全隐患分析、政策与法规应用、安全保障措施及应急预案等内容。

【任务完成】

通过该任务的学习,学生能够掌握研学旅行安全政策与法规的具体要求、操作流程及应对措施。

任务三　研学旅行保险常识

【任务导入】

近期你需要组织一场四川南充市某校初一学生前往成都的三天两夜的研学旅行,请你根据研学旅行的特点、参与者的需求和经济状况,确定合适的保险金额、保险期限和保险公司。

【任务剖析】

为了保障参与者的安全,降低意外事件带来的损失和风险,研学旅行保险方案的制定和实施显得尤为重要。本任务将重点介绍研学旅行保险常识,帮助大家更好地理解和运用这一重要保障措施。

在研学旅行的筹备过程中,除了精心规划行程、选择适宜的目的地和活动内容外,安全保障工作同样不容忽视。由于研学旅行通常涉及校外活动,环境复杂多变,参与者众多,一旦发生意外,后果往往较为严重。因此,为所有参与者购买合适的保险,是保障其人身安全和合法权益的必要手段。

一、保险的定义

保险的定义可以从多个角度进行阐述,但核心思想基本一致。一般而言,保险是指投保人根据合同约定,向保险人支付保险费,保险人对于合同约定的可能发生的事故因其发生所造成的财产损失承担赔偿保险金责任,或者当被保险人死亡、伤残、疾病或者达到合同约定的年龄、期限等条件时承担给付保险金责任的商业保险行为。

保险的核心功能在于风险管理和经济补偿。通过购买保险,个人或企业可以将潜在的风险转移给保险公司,从而在风险发生时获得经济上的支持和保障。这种支持可以是直接的现金赔付,用于弥补损失或支付医疗费用等;也可以是提供某种形式的服务或保障,如人寿保险中的身故赔付、健康保险中的医疗费用报销等。[①]

保险的种类繁多,根据保障对象的不同,可以分为人身保险和财产保险两大类。人身保险主要关注人的身体和生命,包括寿险、健康险、意外险等;财产保险则主要关注财产的安全和完整,包括车险、家财险、企业财产险等。

此外,保险还具有互助性、法律性和科学性等特点。互助性体现在保险通过集合多数人的力量来分散和转移风险;法律性则强调保险合同是双方基于自愿原则订立的,具有法律效力;科学性则体现在保险费率的厘定、保险资金的投资运用等方面都需要运用科学的方法和手段。

二、旅游保险的定义

旅游保险可以理解为一种专为旅游者设计的保险产品,旨在为他们在旅行过程中可能遇到的各种风险提供经济保障。这些风险包括但不限于意外伤害、疾病、财产损失、航班延误或取消、行李丢失等。通过购买旅游保险,旅游者可以在遭遇这些不幸事件时,获得一定的经济补偿或援助,从而减轻其经济负担和心理压力。[②] 旅游保险的概念包含了多个方面:首先,它针对的是旅游活动这一特定场景,因此其保障内容和范围都与旅游者的实际需求紧密相关;其次,它提供的保障是经济性质的,即当旅游者遭遇损失或伤害时,保险公司会根据合同约定给予一定的经济补偿;最后,旅游保险还具有及时性和便捷性的特点,确保旅游者在遇到问题时能够迅速获得帮助和支持。

在研学旅行活动中,为了保障参与者的安全,通常由负责组织的企业、学校或旅行社负责代办相关保险事宜,而保险费用则会被纳入整个团队旅行的总费用中,作为其中的一项单独列支。

三、旅游保险的基本保障

旅游保险的基本保障通常包括以下几个方面,这些保障旨在降低旅游者在旅行过程中可能面临的风险和损失。

(一)人身意外伤害保障

人身意外伤害保障是指被保险人遭受意外事故造成死亡或永久致残,由保险人给付保

---

① 陈运来.农业保险法基本原则的体系构造及逻辑展开[J].政治与法律,2024(9):35-50.
② 孙雷蕾,王国军.旅游保险:发展潜力、市场需求与制度设计[J].暨南学报(哲学社会科学版),2021,43(12):107-119.

险金额的全部或一部分。这是旅游保险中最核心的保障之一。在保险期限内,若被保险人在旅行过程中因意外事故导致身故、残疾或丧失身体机能,保险公司将按照合同约定支付相应的保险金。

(二)医疗费用保障

医疗费用保障涉及在旅途中因意外而引致的医疗费用开支。完善的旅游保险还应包括国际医疗支援服务。保险公司将支付被保险人在旅途中因意外伤害或疾病(部分保单包括这些项目)所产生的医疗费用,包括就医费用、住院费用和药品费用等。同时,还提供紧急医疗运送、送返原居地等增值服务,确保被保险人在遇到严重事故时能够得到及时救治。

(三)个人财物保障

个人财物保障主要保障在旅途中财物因意外损毁或被盗窃所带来的经济损失。保险公司将赔偿被保险人在旅行过程中因意外导致的财物损失,包括行李丢失、被盗或损坏等情况。部分保险产品还提供证件丢失(如护照)的补偿服务。

(四)个人法律责任保障

个人法律责任保障是在旅途中受保人因疏忽而导致第三者人身伤亡或财物损失而被追讨索偿的保障。若被保险人在旅行过程中因疏忽导致第三者人身伤亡或财物损失,并因此被追究法律责任,保险公司将按照合同约定承担相应的赔偿责任。这有助于减轻被保险人的经济负担和降低被保险人的法律风险。

(五)其他特殊保障(视具体产品而定)

若受保人在保单生效日至起行日内,因严重疾病或意外不能成行,所有旅费定金、机票等损失由保险公司负责;若乘搭的交通工具因天气恶劣、机械故障、工业行动或被骑劫导致延误,受保人可按时间得到赔偿;若受保人或家属因遭遇意外、重病或死亡,需要提早结束旅程时,受保人可索偿已支付或是不能享用的费用。

四、研学旅行相关保险类型

研学旅行保险是保障学生研学活动安全的重要手段之一。通过选择合适的保险产品和了解相关注意事项,可以为学生提供更加全面和可靠的保障。虽然市场上已有一些保险公司推出了研学旅行专属保险产品,但相比其他成熟的旅游保险产品,其种类和保障范围仍有待进一步拓展。不同研学活动的特点和风险各异,需要更加个性化的保险产品来满足需求。现有的适用于研学旅行的相关保险类型有以下几种。

(一)旅游责任险

1. 旅游责任险的定义

旅行责任险,也称旅行社责任保险,是承保旅行社在组织旅游活动过程中因疏忽、过失造成事故所应承担的法律赔偿责任的险种。其投保人为旅行社。当发生保险事故时,旅行社应及时向保险公司报案,并提供必要的证明材料。保险公司将根据保险合同的约定和实际情况进行理赔调查,并在确认保险责任后向受害者或其法定继承人支付赔偿金。[①]

2.旅游责任险的保险责任

(1)赔偿范围

关于旅游者人身伤亡赔偿方面:当旅行社在组织旅游活动过程中,因疏忽或过失导致旅游者发生人身伤亡时,保险人将按照保险合同的约定,承担相应的赔偿责任。这通常包括医疗费用的赔偿、残疾赔偿、死亡赔偿等。

关于旅游者财产损失赔偿方面:对于因旅行社责任导致的旅游者财产损失,如行李、贵重物品丢失、损坏等,保险人也将根据保险合同的约定进行赔偿。

其他经济损失和费用方面:包括但不限于必要的近亲属探望的交通、食宿费,随行儿童或长者的送返费用,旅行社人员和医护人员前往护理的交通、食宿费及补办旅游证件的费用等。

(2)赔偿限额

旅游责任险的赔偿限额由投保人与保险人在签订保险合同时协商确定,并在保险合同中载明,通常包括每次事故赔偿限额、每人人身伤亡赔偿限额和累计赔偿限额。根据规定,旅行社为游客办理的旅游责任险金额最低标准为:出、入境旅游30万元/人,国内旅游10万元/人,一日游3万元/人。这意味着每位游客在任何情况下获得的赔偿金额均不超过上述规定的每人赔偿限额。

(3)赔偿条件

赔偿必须发生在保险责任范围内,即因旅行社的疏忽或过失导致的事故;旅游者或旅行社需要提供必要的证明材料,如医疗证明、费用发票、事故报告等,以支持赔偿申请;旅游者或旅行社应在事故发生后及时向保险公司报案,以便保险公司及时进行理赔调查。

(二)校方责任险

校方责任险,全称为"学校责任保险",是为教育机构提供的一种责任保障,旨在维护学校的教育活动并应对因学校过失导致学生伤亡或财产损失的风险。[②] 在研学旅行过程中,校方责任险主要保障的对象是参与研学旅行的在校学生。

校方责任险在研学旅行中的保障范围主要包括以下几个方面:①人身伤害赔偿。因学校组织研学旅行时未尽到安全保障义务,导致学生发生人身伤害事故的,保险公司将负责赔偿医疗费用、残疾赔偿金、死亡赔偿金等。②财产损失赔偿。学生因研学旅行活动而遭受的财产损失,如行李、学习用品等,若因学校过失导致,也在赔偿范围内。③法律费用。因学校责任事故引发的法律诉讼或仲裁费用,保险公司将按照保险合同的约定进行赔偿。

---

① 斯琴塔娜.我市24家旅行社全部投保旅行责任险[N].通辽日报,2010-05-13(5).
② 李树学.正确理解和适用校方责任险[J].山西教育(管理),2018(8):13-15.

（三）人身意外伤害保险

人身意外伤害保险是指被保险人在保险有效期内,因遭受非本意的、外来的、突然发生的意外事故,致使身体蒙受伤害而残废或死亡时,保险公司按照保险合同的规定给付保险金的保险。理赔流程为:①报案。发生意外事故后,被保险人或其家属应及时向保险公司报案。②准备资料。按照保险公司的要求准备理赔所需的相关资料,如保险单、身份证明、医疗费用发票、诊断证明等。③提交申请。将准备好的资料提交给保险公司,并填写保险金给付申请书。④审核与调查。保险公司将对提交的资料进行审核,并可能进行必要的调查。⑤赔付。经审核确认属于保险责任范围的,保险公司将按照保险合同的约定给付保险金。

（四）交通意外保险

交通意外保险以被保险人的身体为保险标的,当被保险人在乘坐交通工具(如火车、飞机、轮船、汽车、地铁等)期间遭受意外伤害事故,导致身故、残疾或医疗费用支出时,保险公司将按照保险合同的约定给付保险金。

研学旅行中交通意外保险方面的保障包括以下内容。

1. 意外伤害保障

①身故保障。若学生在研学旅行中乘坐交通工具时因意外事故导致身故,保险公司将给付身故保险金。

②残疾保障。若学生因意外事故导致残疾,保险公司将根据残疾程度给付相应的残疾保险金。

2. 医疗费用保障

医疗费用保障包括因意外事故受伤所需的医疗费用,如治疗费、手术费、住院费等。部分保险产品还可能提供医疗运送、紧急救援等增值服务。

3. 公共交通意外额外保障

一些交通意外保险产品可能提供额外的公共交通意外保障,即在乘坐公共交通工具时发生的意外事故将享有更高的赔付比例或额外的赔付金额。

（五）旅游救助保险

旅游救助保险是保险公司与国际(SOS)救援中心联手推出的旅游救助保险险种,将原先的旅游人身意外保险的服务扩大,将传统保险公司的一般事后理赔向前延伸,变为事故发生时提供及时的有效救助。旅游救助保险旨在为游客在旅行过程中遇到紧急情况时提供及时的救助和支持。无论游客在国内外任何地方遭遇险情,只要拨打电话,就能获得无偿的救助服务。这种服务通常包括紧急医疗转运、紧急医疗咨询、紧急救援等。其主要特点为全球覆盖、及时救助、无偿服务。

旅游救助保险的保障内容通常包括以下几个方面:①紧急医疗转运。当游客因意外或疾病需要紧急医疗救治时,保险公司将提供紧急医疗转运服务,将游客转送至条件更好的医疗机构接受治疗。②紧急医疗咨询。提供 24 小时紧急医疗咨询热线,游客可以随时咨询医疗问题,获取专业的医疗建议和指导。③紧急救援服务。包括紧急撤离、紧急搜救、紧急翻译等服务,以确保游客在遇到自然灾害、交通事故等紧急情况时能够得到及时救助。④其他增值服务。部分旅游救助保险产品还可能包含行李丢失找回、法律援助等增值服务,以提供更全面的保障。

五、保险投保方式

研学旅行保险的投保方式多种多样,以满足不同人群和场景的需求。以下是一些常见的投保方式。

(一)线上投保

1. 保险公司官网或手机 APP

投保人可以直接登录保险公司的官方网站或下载其手机 APP,在相应的保险产品页面选择研学旅行保险进行购买。这种方式便捷快速,且可以随时随地进行操作。

2. 第三方平台

除了保险公司官网外,许多第三方平台也提供保险产品的销售服务。投保人可以在这些平台上搜索并选择合适的研学旅行保险产品进行购买。这些平台通常有丰富的产品,且价格相对透明。

(二)线下投保

1. 保险公司营业厅

投保人可以直接前往保险公司的营业厅,咨询并购买研学旅行保险。在营业厅,投保人可以得到专业的保险顾问的面对面指导,更全面地了解保险产品的保障内容和条款。

2. 旅行社或研学机构

许多旅行社和研学机构会与保险公司合作,为参加研学旅行的学生提供保险服务。投保人可以在报名参团时,直接通过旅行社或研学机构购买研学旅行保险。这种方式方便快捷,且通常与旅行或研学活动紧密结合。

(三)其他投保方式

1. 电话投保

投保人也可以拨打保险公司的客服电话,通过人工服务咨询并购买研学旅行保险。这种方式适合对保险产品有一定了解,且希望快速完成投保流程的投保人。

2. 微信公众号或小程序

许多保险公司会开通微信公众号或小程序,提供在线投保服务。投保人可以通过关注保险公司的微信公众号或进入小程序,选择并购买研学旅行保险。

(四)注意事项

在投保前,投保人应仔细阅读保险产品的保障内容、免责条款等关键信息,确保所选产品符合自身需求。

投保人应提供真实、准确的个人信息和旅行计划信息,以便保险公司能够准确评估风险并提供相应的保障。

投保后,投保人应妥善保管保单信息,并了解理赔流程和所需材料,以便在需要时能够顺利办理理赔手续。

六、研学旅行保险的发展趋势

研学旅行保险的发展趋势将呈现互联网化与智能化、产品创新与定制化、服务品质提升、国际化发展以及政策支持与监管加强等特点。这些趋势将推动研学旅行保险市场不断发展壮大,为研学旅行提供更加全面、便捷、高效的保险保障。

(一)互联网化与智能化

1. 线上投保便捷化

随着互联网的普及和移动支付的便捷日益凸显,越来越多的家长和学生倾向于通过线上平台购买研学旅行保险。保险公司将推出更多便捷的线上投保渠道,优化投保流程,提升用户体验。[①]

2. 智能风险评估

利用大数据和人工智能技术,保险公司可以更加精准地评估研学旅行中的风险,为投保人提供更加个性化和精准的保险方案。[②]

(二)产品创新与定制化

1. 多样化保险产品

为满足不同研学旅行场景和需求,保险公司将不断推出新的保险产品,涵盖更广泛的保障范围和更高的保障额度。

2. 定制化服务

针对学校、旅行社等团体客户,保险公司将提供定制化的保险服务,根据研学旅行的具体行程、目的地、参与人数等因素,设计专属的保险方案。

---

① 陈婷婷,李秀梅.蹭"6·18"热度保险花式线上营销[N].北京商报,2023-06-19(8).
② 张哲宇,孙胤雯,孙倩文.网络安全保险如何量化评估风险[J].保密工作,2024(1):51-53.

(三)服务品质提升

1.快速理赔服务

保险公司将加强理赔服务建设,提高理赔效率,确保在发生意外时能够迅速为投保人提供经济支持。

2.增值服务拓展

除了基本的保险保障外,保险公司还将拓展增值服务,如紧急救援、医疗咨询、行李丢失找回等,为投保人提供更加全面的保障。

(四)国际化发展

1.跨国合作

随着全球化的加速,研学旅行市场将不断拓展至国际领域。保险公司将加强与国际救援机构的合作,为跨境研学旅行提供更加全面的保障。

2.国际化产品

针对国际研学旅行市场,保险公司将推出符合国际标准和当地法规的保险产品,满足跨国研学旅行的特殊需求。

(五)政策支持与监管加强

1.政策引导

政府将继续出台相关政策,支持研学旅行市场的发展,并鼓励保险公司为研学旅行提供全面保障。

2.监管加强

监管部门将加大对研学旅行保险市场的监管力度,规范市场秩序,保障投保人的合法权益。

【任务实训】

根据任务导入中的案例,请以四名同学为一组,每组学生交一份完整的实训报告,包括安全风险评估报告、保险产品选择说明、合同解析报告以及突发安全事件处理模拟记录等。

【任务完成】

通过该任务的学习,学生能够思考如何进一步增强自己的安全意识和应急处理能力。本任务强调研学旅行安全与保险法律法规的重要性,鼓励学生将所学知识应用于实际生活中。

思考与练习

1. 请简述突发事件的种类与级别。
2. 请简述突发事件应急处置与救援的原则和流程。
3. 请梳理国内旅游安全相关政策法规的发展历程。
4. 请解读研学旅行安全相关政策法规。
5. 请简述研学旅行保险必须具备的基本保障。
6. 请分析我国研学旅行保险的发展趋势。

项目九
解决研学旅行纠纷的相关法律法规

【思维导图】

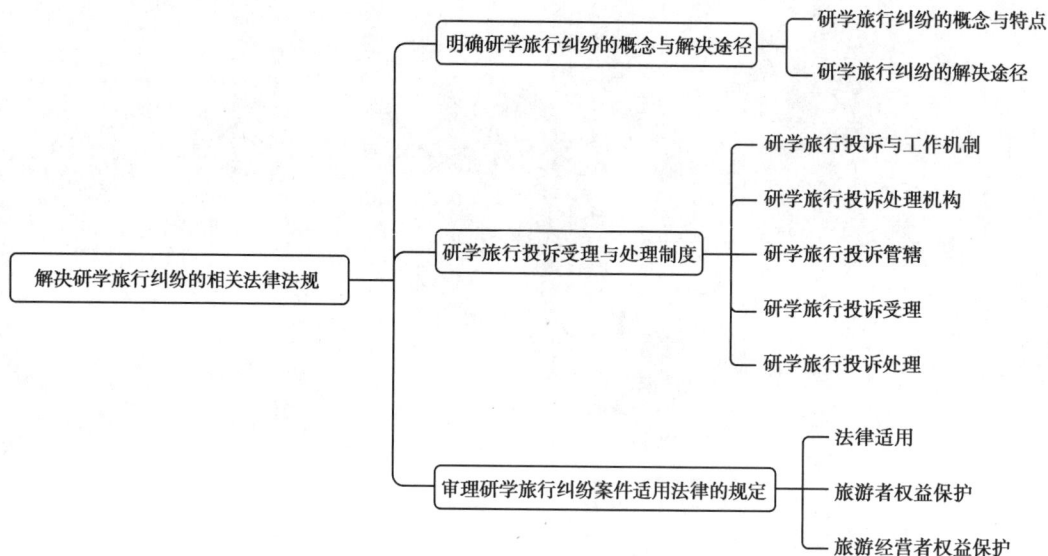

【知识目标】

1. 了解研学旅行纠纷及其特点。

2. 熟悉《中华人民共和国民法典》《旅游投诉处理办法》《中华人民共和国消费者权益保护法》《最高人民法院关于审理旅游纠纷案件适用法律若干问题的规定》《最高人民法院关于民事诉讼证据的若干规定》等的主要内容。

3. 掌握研学旅行投诉案件的受理和处理。

【能力目标】

1. 能依据有关法律法规有效地预防研学旅行社中的纠纷与投诉。

2. 能依据有关法律法规有效地处理研学旅行社中的纠纷与投诉。

3. 能依据有关法律法规准确地分析研学旅行纠纷与投诉中的具体问题。

【素养目标】

1. 能够树立法治观念,增强法律意识,具备运用法律手段维护自身合法权益的能力。

2. 能够认识到在研学旅行中各方应承担的责任和义务,明确自己在纠纷解决中的角色和定位,积极履行自己的责任。

3. 在处理研学旅行纠纷时,能够具备良好的沟通能力和团队协作精神,能够与纠纷各方进行有效沟通,共同寻求解决方案。

【项目导入】

研学之旅的意外插曲:学生在研学活动中受伤,责任归谁?

16 岁的小周系某中学高一学生。2023 年 2 月 18 日,小周所在班级集体前往某研学基地参加研学活动。2 月 20 日,根据研学课程安排,小周与其他同学前往问梅村景区参加户外活动,景区还安排了带班老师全程指导。活动中,小周不慎在滑梯项目中受伤,导致右脚踝骨骨折,并当即被送往医院治疗。后经司法鉴定机构鉴定,小周的伤残等级为十级。因各方就赔偿事宜协商未果,小周遂将研学基地、景区诉至法院,要求双方共同承担后期治疗费、残疾补偿金等各项损失 112 221.57 元。

考虑到该案涉及未成年人权益保护和研学基地、景区企业的发展,为达到案结事了人和的良好效果,承办法官秉持“调解优先,调判结合”原则,引导双方当事人开展诉前调解。

为详细了解案情,承办法官特地到问梅村景区查看事故发生现场,实地勘验游乐设施安全保障系数,并向带班老师了解事故发生经过。

调解中,研学基地认为,其与景区是合作关系,事故发生在景区,与基地无关系,基地不应承担赔偿责任。景区则辩称,景区乐园滑梯设施有安全保障,警示牌标识清楚,小周受伤是其自身操作不当所致,景区不应当承担责任。因原告、被告就赔偿主体责任问题始终未达成一致意见,诉前调解未果后,承办法官迅速将该案转入诉讼程序。

在案件审理阶段,为准确查明事实、实质化解纠纷,承办法官发挥法庭调查职能,主动联系学校、研学基地和景区,了解学生研学托管期间的管理单位。在获悉景区为规避风险,已在某保险公司投保了特定活动保险、公众责任险后,承办法官遂建议原告追加保险公司为共同被告参加诉讼。

保险公司在庭审中说道:“保险公司已经在保额范围内垫付了小周的医疗费,如有不足,应该由其他单位来赔偿。”

景区负责人在一旁附和:“保险是我们买的,保险作了赔付就相当于我们景区承担了责任,如果不足,学校和研学基地都应承担责任。”

学校和研学基地也纷纷表示,小周是在景区乐园场地受伤,与学校、研学基地无关,学校和研学基地不应被追加为被告或第三人。

“依据《中华人民共和国民法典》第一千一百九十八条、第一千二百条规定,本案中,学校和研学基地在其职责范围内履行了教育、管理义务,不应该承担赔偿责任。小周作为限制民事行为能力人,对外界和身边的危险有一定的判断力,其对事故的发生应承担部分责任。

景区作为娱乐场所的经营者,在学生研学体验中没有注意安全教育和防护,未尽到安全保障义务,应当承担相应侵权责任,保险公司需在承保的险种限额内承担赔付责任。"针对各方争议焦点,承办法官依据相关法律法规作出合理认定。

为避免景区和保险公司之间因该纠纷进行二次诉讼,浪费司法资源,承办法官在逐条研究保险条款后,认定此次事故均在两份保险的理赔范围内,遂再次组织各方开展调解。

"小周的意外受伤已经影响了整个家庭。尽快落实赔偿,让其家庭回归正轨,正常恢复小周学业,是我们共同的责任。景区和保险公司之间的纠纷如处理不好,任何一方不满,都有可能提起上诉,漫长的诉讼周期不仅会增加各方的负担,也会影响大家彼此间的合作。我们依法依规、公正处理,希望各方担起应尽的社会责任,尽快案结事了。"经过承办法官多番协调和不懈努力,双方最终达成一致调解意见,由保险公司在调解协议签订后二十日内一次性支付小周医疗费、护理费、营养费等各项损失共计 85 000 元,小周放弃了其他诉讼请求。

至此,该纠纷得以圆满化解,既保障了未成年学生的合法权益,又降低了诉讼对景区企业造成的不利影响,有助于旅游振兴的发展和法治化营商环境的营造。

任务一　明确研学旅行纠纷的概念与解决途径

【任务导入】

假如你是一位研学从业人员。请对研学旅行纠纷进行解释,并概述其特点。同时,请分享一些解决研学旅行纠纷的常用途径。

【任务剖析】

由于参与方众多、活动环节复杂、法律法规尚不完善等因素,研学旅行过程中难免会出现各种纠纷。这些纠纷不仅影响研学活动的顺利进行,还可能对参与者的权益造成损害。因而,了解这些纠纷并积极预防和处理这些纠纷至关重要。本任务主要介绍研学旅行纠纷的概念、特点以及解决研学旅行纠纷的主要途径。

《中华人民共和国民法典》《旅游投诉处理办法》《中华人民共和国消费者权益保护法》《最高人民法院关于审理旅游纠纷案件适用法律若干问题的规定》《最高人民法院关于民事诉讼证据的若干规定》等法律法规的颁布与实施,为维护研学旅行中的学校、学生、家长、研学旅行服务机构、研学旅行基(营)地等利益相关者的合法权益,依法公正处理投诉和纠纷,提供了有力保障。

一、研学旅行纠纷的概念与特征

(一)概念

研学旅行纠纷一般被认为是研学旅行活动中,相关当事人之间所产生的矛盾与冲突,可能是因服务内容与宣传不符、行程调整、服务质量降低、事故发生等问题引发的争议。依据《最高人民法院关于审理旅游纠纷案件适用法律若干问题的规定》第一条中对于旅游纠纷概念的界定,可以将研学旅行纠纷理解为:旅游者与旅游经营者、旅游辅助服务者之间因研学旅行发生的合同纠纷或侵权纠纷。

当前的研学旅行纠纷主要涉及以下四个方面。

①虚假宣传:研学旅行机构可能存在虚假宣传的风险,如过度夸大行程内容、住宿条件、导师水平等,导致实际体验与宣传不符,家长和学生感到受骗。

②合同纠纷:研学旅行涉及的教育培训、旅店服务、租赁、旅游合同等不同法律关系可能导致在合同订立、变更、履行、解除过程中产生纠纷,包括因格式条款发生的合同效力纠纷、因变更或解除合同产生的赔偿纠纷等。

③服务质量问题:由于选任招揽服务单位的标准不明确、审查不严格,导致供应质量不达标,违背《研学旅行服务规范》关于交通、住宿、餐饮、人员配置等基本服务要求,易侵害参训学生的人身及财产安全。

④安全保障问题:研学旅行机构未能尽到安全保障义务,如未尽安全保障义务致使游客受伤等,导致旅游者与旅行社发生纠纷。

(二)特征

与一般纠纷相比,研学旅行纠纷因研学旅行的参与群体、组织方式、消费方式等特点表现出以下四种特征。

1.研学旅行纠纷涉及的法律关系复杂

研学旅行活动通常涉及多个法律主体,包括主办方(如学校、教育培训机构)、承办方(如旅行社、文化传媒公司等)、服务提供方(如交通、住宿、餐饮、教育活动的具体执行者)以及学生及其家长等。这些主体之间通过合同等法律形式建立起复杂的法律关系,一旦发生纠纷,往往需要综合考虑各方的权利和义务。另外,研学旅行活动不仅涉及旅游合同关系,还可能涉及教育培训合同关系、安全保障义务关系、侵权责任关系等多种法律关系。例如,学生在研学旅行过程中受伤,可能既涉及旅游合同中的安全保障义务,又涉及侵权责任法中的过错责任或无过错责任等问题。这些法律关系的交织使得纠纷处理变得更加复杂。

2.研学旅行纠纷的主体地位不平等

研学旅行的组织方(如学校、旅行社等)往往掌握更多的信息以及更专业的知识和经验,研学旅行的合同往往由组织方提供,其中可能包含一些对消费者不利的条款,如高额违约金、不可退款等。当合同条款存在歧义或模糊时,组织方可能会利用自己的优势地位进行有利于自己的解释,从而损害学生及其家长的利益。在研学旅行过程中,组织方通常负有安全保障责任。然而,在实际操作中,由于各种原因(如疏忽大意、设施老化等),组织方可能未能充分履行这一责任,导致安全事故的发生。而学生及其家长在事故中往往处于被动地位,难以追究组织方的责任。

3.研学旅行纠纷的内容多样

研学活动涉及多方主体,研学旅行具有异地性、移动性和综合性的特点。因而,研学旅行纠纷的内容多样且复杂,涵盖了多个方面,例如,服务质量与宣传不符、合同条款争议、安全保障问题、知识产权侵权、退改政策争议、法律责任追究等,这必然会引起执法检查、纠纷处理、投诉处理等各种问题,牵涉到众多部门。

4. 研学旅行纠纷的影响范围广

研学旅行纠纷一方面会影响学生权益:研学旅行的主要参与者是学生,他们的权益保护是首要任务。纠纷的发生可能对学生的身心健康、学习成果等方面造成不良影响。另一方面会引发社会关注:由于研学旅行具有教育性和公益性,其纠纷往往容易引起社会各界的关注,进而引发广泛讨论和反思。

二、研学旅行纠纷的解决途径

(一)法律依据

研学旅行纠纷处理的法律依据主要来源于多个法律法规,包括但不限于《中华人民共和国旅游法》《最高人民法院关于审理旅游纠纷案件适用法律若干问题的规定》以及《中华人民共和国民法典》等。以下内容是对这些法律依据的详细归纳。

①《中华人民共和国旅游法》中规定了旅游者的权利和义务:旅游者在旅游活动中应遵守社会公共秩序和公德,尊重当地的风俗习惯、文化传统和宗教信仰,爱护旅游资源,保护生态环境,并遵守旅游文明行为规范(第十三条)。旅游者在旅游活动中或者在解决纠纷时,不得损害当地居民和其他旅游者的合法权益,不得干扰他人的旅游活动,不得损害旅游经营者和旅游从业人员的合法权益(第十四条)。旅游者购买、接受旅游服务时,应当向旅游经营者如实告知与旅游活动相关的个人健康信息,遵守旅游活动中的安全警示规定(第十五条)。同时,其也规定了旅游业的发展原则:国家发展旅游事业,完善旅游公共服务,依法保护旅游者在旅游活动中的权利(第三条)。旅游业发展应当遵循社会效益、经济效益和生态效益相统一的原则。国家鼓励各类市场主体在有效保护旅游资源的前提下,依法合理利用旅游资源(第四条)。

②《最高人民法院关于审理旅游纠纷案件适用法律若干问题的规定》指明了安全保障义务:旅游经营者、旅游辅助服务者未尽到安全保障义务,造成旅游者人身损害、财产损失,旅游者请求旅游经营者、旅游辅助服务者承担责任的,人民法院应予支持(第七条)。这一规定在研学旅行纠纷中尤为重要,因为旅行社作为旅游经营者,负有保障学生在研学旅行过程中人身安全的义务。

③《中华人民共和国民法典》明确了侵权责任:当研学旅行中发生侵权行为时,可依据《中华人民共和国民法典》的相关规定追究责任。例如,被侵权人对同一损害的发生或者扩大有过错的,可以减轻侵权人的责任(第一千一百七十三条)。《中华人民共和国民法典》也明确了合同责任:研学旅行通常涉及旅游服务合同的签订,双方应依据合同约定履行义务。例如,旅行社未按照合同约定提供服务,旅游者有权要求其承担违约责任。

④研学旅行还可能涉及消费者权益保护、未成年人保护等方面的法律法规,这些法律法规也为研学旅行纠纷的处理提供了法律依据。

综上所述,研学旅行纠纷处理的法律依据是多方面的,包括《中华人民共和国旅游法》《中华人民共和国民法典》以及相关的司法解释和部门规章等。在处理研学旅行纠纷时,应综合考虑相关法律法规的规定,确保纠纷得到公正、合理的解决。

(二)解决途径

研学旅行纠纷处理的法律依据主要来源于多个法律法规,包括但不限于《中华人民共和国旅游法》《最高人民法院关于审理旅游纠纷案件适用法律若干问题的规定》以及《中华人民共和国民法典》等。以下内容是对这些法律依据的详细归纳。

1. 与旅游经营者协商和解

协商是指双方当事人在自愿互谅的基础上,按照有关法律或合同条款的规定,直接进行磋商或谈判,自行达成和解协议的一种争议解决方式。这种方式强调双方的平等、尊重和对话,通过妥协和共识来解决分歧。协商解决纠纷,应遵守自愿、达成一致、平等互利和合法的原则。这是最直接、最快速的解决方式。

采用协商方式解决纠纷的优点明显:协商通常只需要双方投入少量的人力、物力和时间,相比其他纠纷解决方式(如诉讼、仲裁)能够节省成本;协商可以在任何时间、任何地点进行,不受形式和程序的限制,双方可以根据实际情况灵活调整协商内容和方式;协商有助于改善双方的关系,避免矛盾的激化,为未来的合作打下良好的基础;协商过程通常不对外公开,有助于保护双方的隐私和秘密。

协商方式也存在一定的局限性:由于双方利益诉求的差异,协商过程中可能因立场、观点不同而难以达成一致意见,导致协商陷入僵局;协商达成的协议一般不具有法律强制执行力,如果一方违反协议,另一方可能需要通过其他法律手段来维护自身权益;协商的结果取决于双方的意愿和妥协程度,因此具有一定的不确定性。

当发生研学旅行纠纷时,家长和学校可以先尝试与旅行社或相关旅游经营者进行协商,寻求双方都能接受的解决方案。通过友好沟通,明确各自的责任和权益,争取达成和解协议。

2. 请求消费者协会或旅游投诉受理机构调解

调解是指双方或多方当事人就争议的实体权利、义务,在人民法院、人民调解委员会及有关组织主持下,自愿进行协商,通过教育疏导,促成各方达成协议,进而解决纠纷的办法。调解作为一种非诉讼纠纷解决机制,具有其独特的定义和运作方式。依据《中华人民共和国人民调解法》,调解主要适用于民间纠纷的化解,通过第三方中立者的协助,促成双方自愿达成协议。调解方式包括人民调解、行政调解等,选择哪种方式取决于纠纷性质、双方意愿及调解机构的可用性。调解作为一种非诉讼纠纷解决机制,在解决研学旅行纠纷等多种场合中具有独特的优势和适用性。

调解的优点主要表现为:调解以合意为基础,更易为当事人所接受和自愿履行,也可避免执行中的困难,实现调解与执行的有机统一。解决纠纷的地点、时间的选择上更尊重当事人的意愿,不轻易扰乱当事人的工作、生活,申请、应答、送达程序等都简便迅速。调解员审时度势地引导当事人达成调解协议,可以使调解结果照顾到双方当事人的长远利益,使纠纷获得更加切合实际的解决。促进当事人双方的互谅互让和友好合作,有利于在解决纠纷时维护双方当事人的长远利益和友好关系。调解不必公开进行,在调解过程中,双方当事人告知调解员的信息,调解员会严加保密,不会透露给任何人。调解的费用比同等情况下诉讼的花费更低,且节约时间成本,使当事人不必陷入到漫长的诉讼期限中。

调解的局限性主要表现为:调解协议书不具有法律强制力,一方不履行时,对方不能请求法院强制执行。这可能导致调解结果无法得到有效执行,影响纠纷的彻底解决。调解结果可能受到调解人个人经验、专业知识、情感倾向等因素的影响,导致调解结果不够公正或合理。

如果双方协商无果,利益受损者可以向当地的消费者协会或旅游投诉受理机构投诉,并请求其进行调解。这些机构通常具有独立的调解职能,能够客观、公正地处理研学旅行纠纷,为相关人员提供有效的帮助。

3. 向有关行政部门申诉

申诉是指公民、法人或其他组织,认为对某一问题的处理结果不正确,而向国家的有关机关申述理由,请求重新处理的行为。这也是公民维护自身权益的一种方式,并具有法律效力。申诉通常发生在法律、行政或其他领域,当事人对已经发生法律效力的判决、裁定或行政决定等不服时,可以向相应的机关提出申诉,请求重新审查并作出处理。申诉作为一种重要的救济途径,为当事人提供了维护自身权益的机会和渠道。

首先,申诉不受时间限制。申诉一般没有时间上的严格限制,当事人可以随时提出申诉,这为当事人提供了更多的时间和机会来维护自己的权益。其次,申诉不受案件限制。申诉可以针对任何类型的案件或问题提出,包括民事、刑事、行政等各个领域,为当事人提供了广泛的救济途径。再次,申诉不受申诉主体限制。申诉的提出者可以是案件的当事人、利害关系人,也可以是其他相关公民或组织,这增加了申诉的多样性和灵活性。另外,申诉有助于发现错误。通过申诉,有关机关可以重新审查案件或问题,有助于发现原处理结果中的错误或不当之处,从而进行纠正。

除以上优势外,申诉还存在一些局限性。例如,由于申诉需要提出充分的理由和证据来推翻原处理结果,因此成功率相对较低。此外,一些申诉可能因缺乏有效证据或法律依据而被驳回。申诉过程可能需要耗费大量的时间和精力,包括准备材料、提交申请、参加听证等程序。对于一些当事人来说,这可能会增加其负担和困扰。在申诉过程中,双方可能会因意见不合而产生更多的矛盾和冲突,这不利于问题的解决和双方关系的和谐。

利益受损者可以选择向相关行政部门(如文化和旅游局、市场监管局等)申诉,反映研学旅行中的问题。行政部门会根据相关法律法规进行调查处理,维护旅游者的合法权益。

4. 根据仲裁协议提请仲裁机构仲裁

仲裁是指纠纷当事人在自愿基础上达成协议,将纠纷提交非司法机构的第三者审理,并由第三者作出对争议各方均有约束力的裁决的一种解决纠纷的制度和方式。仲裁在性质上是兼具契约性、自治性、民间性和准司法性的一种争议解决方式。其法律依据主要来自《中华人民共和国仲裁法》。仲裁作为一种灵活高效的纠纷解决方式,在尊重当事人意思自治、保障裁决法律效力、维护独立公平公正等方面具有显著优势。

仲裁的优势体现为:

①充分尊重当事人意思自治:仲裁以双方自愿为前提,包括自愿选择仲裁方式、自愿决定仲裁事项和选择仲裁机构等,体现了对当事人自主权的尊重。

②裁决具有法律效力:根据《中华人民共和国仲裁法》的规定,仲裁裁决与法院判决一样具有法律约束力,当事人必须履行。若一方不履行,另一方可以向人民法院申请强制执行。

③一裁终局:仲裁裁决一旦作出即发生法律效力,不允许当事人就同一纠纷再向仲裁委员会申请复议或向法院起诉,避免了诉讼程序可能带来的烦琐和拖延。

④不公开审理:仲裁审理过程一般不公开,这有利于保护当事人的商业秘密和个人隐私,同时也有助于维护当事人的商业信誉和感情关系。

⑤独立、公平、公正:仲裁庭独立进行仲裁,不受任何机构和个人干涉。仲裁员多为专家,能够公正、专业地处理经济纠纷。

仲裁的局限性体现为:

①仲裁协议的限制:仲裁的启动依赖于双方之间的仲裁协议,如果当事人之间没有有效的仲裁协议,则无法通过仲裁方式解决纠纷。

②仲裁费用的考虑:虽然仲裁通常比诉讼更为高效和便捷,但仲裁费用可能相对较高,特别是当争议金额较小时,可能不太划算。

③仲裁裁决的执行问题:虽然仲裁裁决具有法律效力,但在某些情况下,其执行可能受到国内外法律环境的影响,存在一定的不确定性。

④仲裁机构的受案范围限制:不同的仲裁机构可能有不同的受案范围,某些特定类型的纠纷可能无法在某些仲裁机构得到受理。

如果研学旅行合同中约定了仲裁条款,或者在纠纷发生后达成了仲裁协议,那么可以依据该仲裁协议向指定的仲裁机构提请仲裁。仲裁裁决具有法律效力,双方应当履行。

5. 向人民法院提起诉讼

诉讼是指国家审判机关即人民法院,依照法律规定,在当事人和其他诉讼参与人的参加下,依法解决讼争的活动。它是公民、法人或其他组织依法告诉(起诉)、申诉、控告或司法机关依职责追究他人法律责任,由人民法院裁决的法律行为。诉讼包括民事诉讼、刑事诉讼和行政诉讼三种类型,分别处理不同类型的纠纷。诉讼主要适用于无法通过协商、调解等其他方式解决的纠纷。根据《中华人民共和国民事诉讼法》等相关法律规定,诉讼的适用范围主要涵盖因财产关系和人身关系引起的民事纠纷,包括但不限于合同纠纷、侵权损害赔偿、婚姻家庭纠纷等。当公民、法人或其他组织之间的权益受到侵害或发生争议时,可以通过向人民法院提起诉讼来维护自己的合法权益。

此外,刑事诉讼适用于解决被追诉者刑事责任的问题,而行政诉讼则是公民、法人或其他组织因认为行政机关的具体行政行为侵犯其合法权益而提起的诉讼。这些不同类型的诉讼共同构成了我国完整的诉讼体系,为当事人提供了多样化的纠纷解决途径。

诉讼的优势体现为:

①客观性:诉讼基于法院代表国家作为纠纷处理的主体主持活动,保证了解决过程和结果的客观性,处理过程与结果均不受当事人的干扰。

②公平性:诉讼活动严格依照民事诉讼法等相关法律制度规定的程序进行案件审理,追求程序公平,保证了纠纷的有序公平解决。

③强制执行力:诉讼是法院处理合同纠纷等争议的最终、具有强制执行力的解决方式,由国家行政、司法力量保证强制执行。

④稳定性与有效性:诉讼结果稳定有效,能够充分全面保护当事人的合法权益,处理结果生效后具有终局的法律效力。

诉讼的局限性体现为:

①高成本:从国家层面来说,整个诉讼过程的顺利进行到结果的最终执行,国家要投入大量的人力、财力。从当事人层面来说,不管纠纷处理结果如何,当事人均要耗费大量的精力、财力。

②费时间:诉讼程序严格,环节过多,甚至出于各级人民法院案件过多造成"积案"等原因,耗费大量时间,导致诉讼效率低下。

③保密性不强:诉讼的结果需要公开,可能不符合某些当事人希望保持隐私的需求。

如果上述四种途径均无法解决研学旅行纠纷,利益受损者可以选择向人民法院提起诉讼。通过司法途径解决研学旅行纠纷,需要提起诉讼者提供充分的证据材料,并承担一定的诉讼费用。人民法院会根据事实和法律作出判决,维护相关人员的合法权益。

【任务实训】

把全班分成四个小组,每个小组需提交一份案例分析报告,包括案例描述、纠纷类型、解决途径、效果评估及启示等内容。

【任务完成】

通过该任务的学习,学生能够清晰界定研学旅行中可能发生的各种纠纷类型,理解其产生的原因和影响,能够熟悉并灵活运用多种研学旅行纠纷的解决方式,包括协商、调解、仲裁和诉讼等,提高应对研学旅行纠纷的应变能力。

任务二 研学旅行投诉受理与处理制度

【任务导入】

请从研学从业人员的视角谈谈研学旅行中为什么会出现投诉问题,投诉的受理与处理过程中存在哪些问题,如何避免类似投诉的发生。

【任务剖析】

作为研学从业人员,面对工作中时常会遇到各种投诉问题,因此,需要深入分析研学旅行投诉受理与处理制度的内容、流程、原则以及在实施过程中可能遇到的问题,掌握投诉处理的基本技能和方法。本任务介绍研学旅行投诉及其工作机制、研学旅行投诉处理机构、研学旅行投诉管辖、研学旅行投诉的受理和处理。

一、研学旅行投诉与工作机制

目前,我国并没有专门针对研学旅行投诉颁布的单一法律。然而,研学旅行作为旅游和教育相结合的一种形式,其投诉处理可以依据现有的相关法律法规进行:自 2010 年 7 月 1 日起施行的《旅游投诉处理办法》;由第十二届全国人民代表大会第二次会议于 2013 年 4 月 25 日通过,自 2013 年 10 月 1 日起施行的《中华人民共和国旅游法》;由十三届全国人大三次会议于 2020 年 5 月 28 日表决通过,自 2021 年 1 月 1 日起施行的《中华人民共和国民法典》。

(一)研学旅行投诉的概念与特点

基于研学旅行自身的特点,并在借鉴《旅游投诉处理办法》第二条对于旅游投诉的概念界定的基础上,本教材将研学旅行投诉定义为:在研学旅行活动过程中,旅游者或其代表因对研学机构、旅行社或其他旅游服务提供者提供的服务不满意,或认为其权益受到侵害,而向旅游投诉处理机构、消费者协会或其他相关机构提出的投诉。这种投诉旨在寻求问题的解决、权益的维护和赔偿等。

从上述研学旅行的概念可知,研学旅行投诉具有以下特点:①投诉主体是旅游者或其代表;②被投诉主体是研学机构、旅行社或其他旅游服务提供者;③受理机关是旅游投诉处理机构、消费者协会或其他相关机构;④投诉的目的是寻求问题的解决、权益的维护和赔偿等。

(二)研学旅行投诉工作机制

1. 研学旅行投诉工作机制的特点

研学旅行投诉工作机制是我国在研学旅行纠纷处理中仍在不断完善的一项规章制度。其特点是:①研学旅行投诉工作机制是旅游投诉处理机构、消费者协会或其他相关机构协同处理的机制;②研学旅行投诉工作机制是按职履责的处理机制;③研学旅行投诉工作机制是依法行政的处理机制;④研学旅行投诉工作机制是遵守移送管辖原则的处理机制。投诉工作机制不仅仅是处理现有的投诉,更重要的是通过投诉的收集和分析,发现研学旅行中的问题和不足,从而推动相关方面的持续改进和优化。这种持续改进的精神有助于提升研学旅行的整体质量和满意度。

2. 研学旅行投诉工作机制的意义

建立研学旅行投诉工作机制有利于保障参与者权益,通过及时接收和处理投诉,可以迅速解决参与者的困扰,减少因问题未解决而产生的不满和负面影响;有利于提升服务质量,通过制定明确的投诉处理流程和标准,可以确保投诉处理的规范性和一致性,进而提升服务的标准化水平;有利于推动行业健康发展,通过及时处理投诉和曝光违规行为,可以打击不法商家和机构,维护市场的公平竞争和健康发展;有利于促进教育与旅游的深度融合,通过及时解决研学旅行中的问题,可以确保教育活动的顺利进行和教育目标的实现。同时,也可以为旅游行业提供更多具有教育意义的产品和服务,推动旅游行业的转型升级和高质量发展。

二、研学旅行投诉处理机构

旅游投诉处理的机构在旅游投诉处理中各司其职,共同维护旅游者的合法权益和旅游市场的秩序。主要包括以下几类。

旅游投诉管理部门是县级以上(含县级)的旅游行政管理机关,可分为国家旅游投诉管理部门和地方旅游投诉管理部门。具体的旅游投诉管理机关是旅游行政机关根据分级设立的原则设置的旅游质量监督管理所(简称质监所)。其职责体现为,质监所代表设置它的旅游行政管理部门办理投诉案件,做出投诉决定。但质监所不具有独立行政法人的地位,其做出的投诉处理决定的后果,应由设立它的旅游行政管理部门承担责任。国家旅游投诉管理部门还负责协助上一级旅游投诉管理机关调查涉及本辖区内的旅游投诉,并向上一级旅游投诉管理机关报告本辖区内的重大旅游投诉调查处理情况。

旅游质量监督管理机构作为旅游投诉处理的重要机构之一,负责具体处理旅游者的投诉,并根据相关法律法规和规章制度进行调查和调解。

旅游执法机构在旅游投诉处理中也扮演着重要角色。它们负责执行旅游法律法规,对违法违规行为进行查处,并对旅游投诉中涉及的违法问题进行调查和处理。

消费者协会是经国家有关部门批准成立的具有社会性质的组织,其设立的目的在于保护消费者免受因不合格产品或者低质量服务等而遭受的合法权益侵害。在旅游投诉处理中,消费者协会主要通过居中调解的方式,促使纠纷双方当事人在自愿平等的基础上达成调解协议,从而解决纠纷。

需要注意的是,不同地区的旅游投诉处理机构可能有所不同,具体可咨询当地旅游行政管理部门或相关机构以获取准确信息。同时,在处理旅游投诉时,应遵循相关法律法规和规章制度,确保投诉处理的公正、公平和有效。

三、研学旅行投诉管辖

(一)研学旅行投诉管辖的概念与原则

研学旅行投诉管辖是指各级旅游投诉管理机关(包括国家、省、市、县等各级旅游行政管理部门设立的投诉管理机关)之间,在受理和处理研学旅行投诉案件时的具体分工和权限划分。这旨在确保投诉能够得到及时、有效的处理,维护旅游者和研学旅行经营者的合法权益。

研学旅行投诉管辖应遵循以下原则:

效率原则:既要便于投诉者进行投诉,又要便于旅游投诉管理机关及时、准确地处理投诉。这通常是通过确定损害行为发生地或损害结果发生地的旅游投诉管理机关来受理投诉案件得以实现的。

兼顾旅游行政管理部门的分工与案件性质的原则:根据旅游行政管理部门的级别和职责范围,合理划分不同级别的旅游投诉管理机关的受理权限。一般来说,级别越高的机关处理具有重大影响的案件,而级别较低的机关则侧重于处理具体案件和事务。

原则性与灵活性相结合的原则:在明确具体实施主体的同时,也要保持一定的机动性,以适应各种变化。例如,当涉及跨地区的旅游投诉时,可以由收到投诉的机关协商确定管理机关或由共同的上一级机关协调指定管理机关。

(二)研学旅行投诉管辖的划分

依据《旅游投诉处理办法》中第五、六、七条的相关规定,我国各级研学旅行投诉管辖主要包括以下四种类型。

1.级别管辖

级别管辖是指不同级别的旅游投诉管理机关之间对处理投诉案件的分工和权限。例如,国家旅游投诉管理机关管辖全国范围内有重大影响的、跨省(自治区、直辖市)的旅游投诉案件以及各地方旅游投诉管理机关处理有困难的案件。

级别管辖的原则主要基于旅游纠纷的性质、影响范围以及处理难度等因素。一般来说,级别越高的旅游投诉管理机关,其职责中的决策、综合、协调、指导、监督职能越多,而级别较低的机关则更侧重于处理具体案件和事务。

各级别研学旅行投诉管理机关(通常是县级以上旅游行政管理部门设立的旅游投诉管理机关)管辖本辖区内的投诉案件。这些案件可能涉及研学旅行的服务质量、合同履行、安全保障等方面的问题。省级旅游投诉管理机关负责管辖本辖区内有重大影响的和跨地市(州)的研学旅行投诉案件。这些案件可能涉及多个地区、多个机构,需要更高层次的协调和处理。国家旅游投诉管理机关(如文化和旅游部或文化和旅游部下设的相关机构)管辖全国范围内有重大影响的、跨省(自治区、直辖市)的研学旅行投诉案件以及各地方旅游投诉管理机关处理有困难的案件。这些案件通常具有较大的社会影响,需要国家层面的协调和处理。

当地方研学旅行投诉管理机关受理投诉后,发现该案件机关无权管辖或处理有困难时,可以依法将案件移送至有管辖权的上级旅游投诉管理机关审理。在跨行政区的研学旅行投诉案件中,如果发生管辖纠纷且无法协商解决时,可以由共同的上一级旅游投诉管理机关指定受理案件的机关。

2.地域管辖

地域管辖是指同级旅游投诉管理机关之间处理旅游投诉的分工和权限,通常以行政区划为基础来确定。投诉者可以向被投诉者所在地、损害行为发生地或者损害结果发生地的旅游投诉管理机关进行投诉。

地域管辖的基本管辖原则包括：①合同签订地管辖。根据相关法规，旅游投诉（包括研学旅行投诉）通常由旅游合同签订地县级以上地方旅游投诉处理机构管辖。这意味着，如果研学旅行的合同在某个地方签订，那么该地的旅游投诉处理机构就具有处理相关投诉的管辖权。②被投诉人所在地管辖。即，如果研学旅行的被投诉机构或服务提供商位于某个地方，那么该地的旅游投诉处理机构也具有处理相关投诉的管辖权。③损害行为发生地管辖。在某些情况下，如果研学旅行过程中发生了损害行为，且需要立即制止或纠正，那么损害行为发生地的旅游投诉处理机构将具有管辖权。

需要注意的是，上级旅游投诉处理机构有权处理下级旅游投诉处理机构管辖的投诉案件。这确保了在不同层级之间，投诉能够得到及时、有效的处理。

如果发生管辖争议，旅游投诉处理机构可以协商确定管辖权，或者报请共同的上级旅游投诉处理机构指定管辖。这有助于解决因管辖权不明确而产生的纠纷。如果某个旅游投诉处理机构发现自己无管辖权，它应当依据相关法律法规，将投诉材料转交给有管辖权的旅游投诉处理机构或其他相关行政管理部门，并书面告知投诉人。

研学旅行投诉的地域管辖主要依据旅游合同签订地、被投诉人所在地以及损害行为发生地等因素来确定。在投诉过程中，应遵循相关法律法规的规定，合理表达诉求并提供充分证据以支持自己的主张。

3. 移送管辖

移送管辖是指旅游投诉处理机构在受理投诉后，发现该投诉不属于其管辖范围，而应当由其他具有管辖权的机构处理时，将投诉材料转交给该机构的行为。其基本管辖原则包括：①依法移送。旅游投诉处理机构在发现无管辖权时，必须依据相关法律法规的规定进行移送，确保投诉得到妥善处理。②及时告知。在移送投诉材料的同时，应当书面告知投诉人，确保投诉人了解投诉处理的进展和结果。

具体操作部分包括：①识别无管辖权。旅游投诉处理机构在接到投诉后，首先应当审查投诉内容，确定自己是否具有管辖权。如果发现无管辖权，应当及时进行移送。②确定有管辖权的机构。根据相关法律法规的规定，确定具有管辖权的机构，通常包括旅游合同签订地、被投诉人所在地或损害行为发生地的旅游投诉处理机构。③转交投诉材料。将投诉材料转交给有管辖权的机构，并附上移送函或通知书，说明移送的原因和依据。④书面告知投诉人。书面告知投诉人投诉已被移送至有管辖权的机构，并提供该机构的联系方式，以便投诉人了解后续处理情况。

针对研学旅行投诉，由于其涉及旅游和教育两个领域，因此，在移送管辖时可能需要更加谨慎地处理。一方面，要确保投诉得到及时、有效的处理；另一方面，也要避免将投诉材料随意移送或延误处理时间。因此，在处理研学旅行投诉时，应当充分考虑其特殊性，并采取相应的措施来确保投诉得到妥善处理。

4. 指定管辖

指定管辖是指当两个或两个以上的旅游投诉处理机构对某一投诉案件都有管辖权，或者出于某种特殊原因需要由特定机构管辖时，由共同的上级旅游投诉处理机构或有权机关指定其中一个机构行使管辖权。这通常发生在跨行政区的投诉案件出现管辖纠纷且不能协商解决时。例如,研学旅行活动涉及多个地区,被投诉人所在地、损害行为发生地或损害结果发生地的旅游投诉处理机构均可能认为自己对案件有管辖权,此时可通过上级机构指定管辖来解决争议。

对于某些具有重大影响、涉及复杂法律问题或需要专业处理的研学旅行投诉案件,上级旅游投诉处理机构或权力机关可以指定具有相应能力和经验的机构进行管辖。

指定管辖的程序为:①协商与申请。发生管辖争议时,相关旅游投诉处理机构应首先进行协商,努力达成一致意见。协商不成的,可以向共同的上级旅游投诉处理机构或权力机关提出指定管辖的申请。②审查与决定。接到指定管辖申请后,上级旅游投诉处理机构或权力机关将审查相关材料,综合考虑各种因素(如案件性质、影响范围、处理能力等),作出是否指定管辖的决定。③执行与反馈。一旦指定管辖决定作出,被指定的旅游投诉处理机构将负责该案件的后续处理工作,并及时向上级机构反馈处理结果。

研学旅行投诉的指定管辖是解决管辖争议、确保案件得到妥善处理的重要措施。在实际操作中,应严格遵循相关法律法规及规范性文件的规定,确保指定管辖的合法性和有效性。

(三)研学旅行投诉管辖权的转移

管辖权转移是级别管辖中的特殊情况,具体指上级旅游投诉处理机构有权处理下级旅游投诉处理机构管辖的投诉案件;同时,下级旅游投诉处理机构对其管辖的投诉案件,认为需要由上一级旅游投诉处理机构管辖的,可以报请上一级旅游投诉处理机构管辖。这种管辖权的转移是基于案件处理的需要和效率考虑,旨在确保投诉案件能够得到更加公正、及时和有效的处理。[①]

管辖权转移的情形主要有两种:一是上级机关主动管辖。当上级旅游投诉处理机构认为某一下级机构处理的投诉案件具有重大影响或处理存在困难时,可以主动接管该案件。这有助于确保案件得到更高层次的处理和协调。二是下级机关报请管辖。下级旅游投诉处理机构在处理其管辖范围内的投诉案件时,如果认为案件涉及复杂问题或需要更高层次的指导,可以报请上一级旅游投诉处理机构管辖。这种报请管辖的行为需要符合相关程序和规定。

管辖权的转移与移送管辖权在前提、对象、法院、作用和审批程序等方面存在显著的区别,具体内容见表9-1。这些区别体现了两者在司法实践中的不同功能和作用。

表9-1 管辖权的转移与移送管辖权的区别

区别的内容	管辖权的转移	移送管辖权
前提和原因	其前提是由上级人民法院决定或者同意,主要是为了解决不便于审理、案情复杂、涉及面广、受诉法院审理有困难等问题。这是一种对级别管辖的变更和补充,旨在更好地保障当事人的合法权益和实现司法公正。	其前提是受理案件的法院原本就没有管辖权,移送的原因是法院发现受理的案件不属于本院管辖。这是一种对管辖错误的纠正措施,确保案件能够由有管辖权的法院进行审理。

---

① 李挺.论管辖权转移制度及其完善[J].重庆三峡学院学报,2009,25(1):138-142.

续表

区别的内容	管辖权的转移	移送管辖权
对象和客体	转移的是案件的管辖权,即案件本身并不移动,而是管辖权在上下级法院之间进行调整。	移送的是具体的案件,即将案件从一个法院移送到另一个有管辖权的法院进行审理。
法院和级别	发生在上下级法院之间,即上级法院可以将案件管辖权转移给下级法院,或者下级法院报请上级法院将案件管辖权转移给自己。	虽然主要发生在同级法院之间,但也可以发生在上下级法院之间。不过,其本质是案件在法院之间的移动,而不是管辖权的转移。
作用和目的	其主要作用是对级别管辖的补充和变通,旨在解决特定情况下受诉法院审理案件的困难,确保案件得到公正、有效的审理。	其主要目的是纠正错误,即纠正受理案件的法院原本就没有管辖权的错误,确保案件能够由有管辖权的法院进行审理。
是否需要上级批准	需要由上级人民法院决定或者同意,下级法院不能自行决定管辖权的转移。	虽然不需要经过上级法院批准,但受移送的法院如果认为被移送的案件不属于本院管辖,应当报请上级人民法院指定管辖,不得再自行移送。

四、研学旅行投诉受理

(一)研学旅行投诉受理的概念与特点

研学旅行投诉受理,是指在研学旅行活动过程中,当参与者对研学旅行的组织、实施、服务质量、安全保障等方面存在不满或认为自身权益受到侵害时,向相关投诉管理部门提出投诉,并由该部门接收、登记、调查、处理这一系列投诉事项的过程。这一过程旨在确保研学旅行活动的透明度和公正性,保护参与者的合法权益,促进研学旅行市场的健康发展。投诉受理部门会依据相关法律法规和政策规定,对投诉事项进行客观、公正的调查和处理,力求解决纠纷,满足参与者的合理诉求,同时也会对研学旅行服务机构进行监管,推动其提升服务质量和管理水平。

研学旅行投诉受理具有以下特点:

①研学旅行投诉受理需要符合受理条件,并遵循一定的处理流程和原则。受理并非等同于进行法律裁判,它并不要求立即对案件的具体事实或争议点进行法律上的判断和决策。

②是否受理的决定是相关投诉处理机构所作出的具体行政行为。如果投诉者对不予受理的决定感到不满,认为这一决定侵犯了自己的合法权益,他们有权选择向上级的投诉处理机构提出复议申请,以寻求更高层次的审查与裁决。此外,他们也可以选择直接向人民法院提起行政诉讼,通过司法途径来维护自己的权益和寻求公正的裁决。这两种途径均为投诉者提供了在法律框架内表达不满并寻求解决的可能。

(二)研学旅行投诉受理的范围与投诉时效

1. 受理范围

研学旅行投诉受理的受理范围主要涵盖了与研学旅行活动相关的各个方面,具体包括但不限于以下几个方面:①合同执行问题。包括研学旅行合同中的条款未得到履行,如行程安排、服务标准、费用明细等与实际不符或存在争议。②服务质量问题。涉及研学旅行过程中提供的各项服务,如交通、住宿、餐饮、导游讲解、课程质量等未达到约定的标准或存在明显瑕疵。③安全问题。研学旅行中的安全问题是投诉的重点,包括交通安全、住宿安全、食品安全、活动场所安全等方面的问题,以及研学机构未能提供必要的安全保障措施。④宣传误导。研学机构在宣传过程中夸大其词、虚假宣传或误导消费者,导致学生和家长对研学旅行的期望与实际体验存在巨大差距。⑤费用争议。涉及研学旅行的费用问题,如收费不透明、擅自增加费用、退费难等,以及费用与服务质量不匹配的情况。⑥工作人员行为。研学机构工作人员的服务态度、专业能力、行为举止等方面的问题,服务态度恶劣、专业能力不足、私自收受回扣等。⑦其他损害权益的行为。除了上述具体方面外,还包括任何违反法律法规、损害学生和家长合法权益的行为,如侵犯个人隐私、泄露个人信息等。

研学旅行投诉不予受理的情形主要包括以下几个方面,这些情形主要依据《旅游投诉处理办法》及相关法律法规的规定:①人民法院、仲裁机构、其他行政管理部门或者社会调解机构已经受理或者处理了的相关投诉。②旅游投诉处理机构已经对同一投诉作出了处理决定,且后续没有出现新的情况或理由。③旅游投诉处理机构有其特定的职责范围和管辖范围,对于不属于其职责范围或管辖范围的投诉,将不予受理。例如,如果投诉内容与研学旅行的直接服务内容无关,或者涉及其他非旅游服务行业的问题,可能会被认定为不属于旅游投诉处理机构的职责范围。④根据《旅游投诉处理办法》的规定,投诉人应当在旅游合同结束之日起 90 天内提出投诉。如果投诉提出的时间超过了这一期限,旅游投诉处理机构将不予受理。⑤旅游投诉应当符合一定的条件,如投诉人与投诉事项有直接利害关系,有明确的被投诉人,有具体的投诉请求、事实和理由等。如果投诉不符合这些条件,旅游投诉处理机构将不予受理。⑥如果投诉内容属于《旅游投诉处理办法》规定情形之外的其他经济纠纷,旅游投诉处理机构也将不予受理。这类纠纷可能需要通过其他法律途径进行解决。

2.投诉时效

旅游投诉时效,亦称旅游追诉时效,是指依照相关规定,投诉人在法定有效期限内不行使权利,就丧失了请求旅游投诉管理机关(或其他相关机构)保护其合法旅游权益的权利。超过投诉规定所规定的期限,就不能再对违法人追究相应责任。

按照《旅游投诉处理办法》的规定,当事人向旅游投诉处理机构请求保护合法权益的投诉时效期间为 90 天,从旅游合同结束之日起算。这一规定确保了投诉人在旅游活动结束后有一定的时间窗口来提出投诉,以便维护自己的合法权益。旅游合同作为旅行社提供服务的依据和游客维权的凭证,其重要性不言而喻。此外,电子数据如微信、QQ 或电子邮件等,只要符合规定,也可被视为合同的一部分,为游客提供了更多的维权手段。旅游投诉处理机构在接到投诉后,会积极安排双方进行调解,并提出调解方案,以促成双方达成调解协议。如果双方达成调解协议,旅游投诉处理机构会制作《旅游投诉调解书》,载明投诉请求、查明的事实、处理过程和调解结果,并由当事人双方签字及加盖旅游投诉处理机构印章,以确保调解结果的正式性和法律效力。

此规定旨在保障游客的权益,提升旅游投诉处理的透明度,提高游客维权的效率,同时也保障了旅游企业的权益,促进了旅游行业的健康发展。需要注意的是,如果旅游者在投诉时效期间内未提出投诉,或者超过了规定的投诉时效,旅游投诉处理机构可能不再受理该投诉。因此,旅游者应及时行使自己的权利,保护自己的合法权益。

(三)研学旅行投诉受理的构成要件

1.实质要件

根据《旅游投诉处理办法》第十条规定和研学旅行的特点,研学旅行投诉需要符合以下条件。

(1)投诉人与投诉事项有直接利害关系

这里的直接利害关系,是指投诉人必须是研学旅行活动中的直接利益关系者,即其权益在研学旅行过程中受到了损害或影响。投诉人本人与所投诉的问题或事件之间存在着直接的、法律上可识别的利益关联。这种利害关系可以是经济上的、财产上的、名誉上的,或是其他形式的合法权益受到侵犯或影响。

(2)有明确的被投诉人和具体的投诉请求

明确的被投诉人是指投诉人需要明确指出被投诉的对象,如研学旅行的组织者、导游、服务提供商等。明确被投诉人的重要性在于,它有助于投诉处理机构快速定位问题所在,并确定责任归属。同时,也有助于被投诉人及时了解投诉内容,并采取相应的措施来解决问题。如果投诉人没有明确指出被投诉人,那么投诉处理机构可能无法有效地开展调查和处理工作。具体的投诉请求,是指投诉人应明确提出自己的诉求,如要求赔偿损失、道歉、改进服务等。提出具体的投诉请求的重要性在于,它有助于投诉处理机构了解投诉人的期望和需求,并据此制定解决方案。同时,也有助于被投诉人明确自己需要承担的责任和义务,从而更积极地解决问题。如果投诉请求过于模糊或笼统,那么投诉处理机构可能无法有效地制定解决方案,也无法满足投诉人的合理需求。

(3)投诉请求具有事实和理由

事实和理由,是指投诉人需要提供充分的事实依据和理由来支持其投诉请求。这些事实依据可以包括合同、收据、照片、视频、证人证言等,用以证明其权益受损的情况和原因。这是一个至关重要的条件,它确保了投诉的合理性、合法性和有效性。这一条件要求投诉人在提出投诉请求时,必须提供充分的事实依据和合理的理由来支持其主张。

2.形式条件

(1)研学旅行投诉形式

研学旅行社投诉的书面形式和口头形式是游客在遇到不满或问题时,向旅行社表达投诉的两种主要方式。这两种形式各有特点,适用于不同的情况和需求:①书面形式。这是指投诉人通过书写的方式,向相关行政管理部门提交投诉的一种正式途径。这种形式通常更为详尽、具体,且具备法律效力,能够作为后续处理或法律诉讼的依据。其内容主要包括投诉人信息、被投诉对象信息、投诉事项、证据材料、投诉请求、其他说明。②口头形式。这是指投诉人通过口头表达的方式,直接向研学旅行中的个人或组织提出投诉的一种途径。这种形式具有即时性、直接性和灵活性的特点,能够迅速传达游客的不满和请求,并寻求即时的解决方案。口头投诉的主要方式包括电话投诉和现场投诉。虽然口头投诉具有即时性和直接性的优势,但为了确保投诉的正式性和可追溯性,投诉人在条件允许的情况下,也可以考虑同时提交书面投诉材料。书面投诉材料可以作为口头投诉的补充和佐证,有助于受理者更全面地了解问题,并作出妥善处理。

(2)投诉状应写明事项

这里的投诉状是指在旅游投诉者(或其他领域的权益被侵害者)的合法权益遭受侵害或与他人发生纠纷时,向有关国家机关或行政管理部门提交的一种书面文件。该文件详细陈述了投诉的事实、理由和请求,旨在要求受理机关依法解决纠纷、维护投诉者的合法权益。投诉状是投诉者维护自身合法权益的重要工具,也是受理机关了解问题、作出处理决定的重要依据。因此,在撰写投诉状时,投诉者应真实、准确、完整地载明以下几个关键要素:投诉者基本信息、被投诉者信息、投诉事项及事实、投诉请求、证据材料、声明与签名,并尽可能提供证据材料来支持自己的诉求。同时,投诉者也应注意遵守法律法规和受理机关的规定,确保投诉行为的合法性和有效性。

(3)研学旅行诉求主要内容

诉求,即投诉请求,是投诉的目的和要求。内容主要包括:①开头部分。简要介绍自己的身份和背景(如游客身份、旅游时间、旅游地点等),并直接点明诉求的核心内容。②事实陈述。详细陈述旅游过程中遇到的问题或未满足的需求,包括时间、地点、具体情况等。可以使用具体的数据、证据来支持陈述的真实性。③影响分析。分析这些问题或未满足需求对投诉人造成的影响和损失,如时间浪费、经济损失、精神伤害等。④法律依据。如适用,可以引用相关法律法规或合同条款来支持诉求的合法性。例如,如果旅游服务商违反了合同约定或法律规定的服务标准,则可以明确指出这一点。⑤诉求表达。明确提出具体的诉求和期望的解决方案。诉求应具体、可行且符合法律法规的规定。例如,可以要求旅游服务商退还部分或全部费用、提供额外补偿或重新安排行程等。⑥结尾部分。表达对问题能够得到妥善解决的期望和感谢。同时,可以附上联系方式以便对方回复或进一步沟通。

(四)研学旅行投诉受理依据与分类

1.法律依据

《旅游投诉处理办法》规定,投诉人可以就旅游经营者违反合同约定、因旅游经营者责任致使投诉人人身或财产受到损害、因不可抗力或意外事故导致旅游合同不能履行或不能完全履行等事项向旅游投诉处理机构投诉。同时,投诉需符合一定条件,如投诉人与投诉事项有直接利害关系、有明确的被投诉人、具体的投诉请求、事实和理由等。旅游投诉处理机构在接到投诉后,应在规定时间内作出处理决定。对于符合受理条件的投诉,将进行立案并通知被投诉人;对于不符合受理条件的投诉,将向投诉人送达《旅游投诉不予受理通知书》。在处理过程中,旅游投诉处理机构将积极安排当事双方进行调解,并在规定期限内作出调解协议或终止调解的决定。

2. 分类

研学旅行投诉的分类可以从多个维度进行划分,以下是根据投诉性质、投诉内容以及投诉处理流程等方面进行的分类:①按投诉性质可以将研学旅行投诉分为售后服务问题、合同问题、质量问题、价格问题、虚假宣传问题、安全问题和其他问题的投诉;②按投诉内容可以分为行程安排问题、服务质量问题、教育质量问题、费用问题和安全问题方面的投诉;③按投诉对象分类可以分为针对研学机构的投诉和针对合作方的投诉;④按投诉渠道分类可以分为直接投诉和第三方投诉。

(五)研学旅行投诉受理机构的处置职责

1. 投诉接收与登记

接收投诉:研学旅行投诉受理机构负责接收来自学生、家长或其他相关方的投诉,这些投诉可能涉及研学活动的各个方面,如行程安排、服务质量、教育质量、费用问题等。

登记记录:对接收到的投诉进行详细登记,包括投诉人信息、投诉内容、投诉时间等,以便后续跟踪处理。

2. 投诉调查与核实

开展调查:对投诉内容进行深入调查,收集相关证据,包括合同、发票、照片、视频等,以了解投诉事实的真相。

核实情况:与研学机构、合作方等相关方面进行沟通和核实,确保投诉内容的真实性和准确性。

3. 投诉处理与调解

依法处理:根据相关法律法规和研学旅行投诉管理制度,对投诉进行公正、公平、合理的处理。

调解纠纷:积极组织投诉人和被投诉方进行调解,寻求双方都能接受的解决方案。在调解过程中,应充分听取双方的意见和诉求,确保调解结果的公正性和合法性。

4. 处理结果反馈与跟踪

反馈结果:将投诉处理结果及时告知投诉人,确保投诉人了解处理进展和结果。

跟踪反馈:对投诉处理结果进行跟踪和反馈,确保处理结果的落实和执行。同时,对投诉案例进行总结和分析,为改进研学旅行服务提供参考。

5. 制度完善与宣传

完善制度:根据投诉处理过程中发现的问题和不足,不断完善研学旅行投诉管理制度和机制,提高服务质量和管理水平。

宣传解读:通过多种渠道向学生、家长和公众宣传研学旅行投诉管理制度和投诉处理流程,提高公众对研学旅行投诉的认识和了解程度。

6. 其他职责

协调合作:与相关部门和机构建立沟通协调机制,共同处理研学旅行投诉案件。

保护权益：依法保护投诉人的合法权益，确保投诉人不受任何形式的打击报复。

五、研学旅行投诉处理

(一)研学旅行投诉处理的概念、调解原则与调解制度

1. 概念

研学旅行投诉处理，是指针对研学旅行活动中发生的各类问题或不满，由相关管理部门或机构接受投诉、进行调查核实，并依据相关法律法规和规章制度，对投诉事项进行调解、裁决或采取其他必要措施，以维护投诉者的合法权益，促进研学旅行市场的健康有序发展。

2. 调解原则

《旅游投诉处理办法》第十六条规定：旅游投诉处理机构处理旅游投诉，除《旅游投诉处理办法》另有规定外，实行调解制度。研学旅行投诉处理的调解原则主要包括自愿、合法、公正和及时。调解时应当注意保证当事人平等地行使权利，切实保护双方当事人的合法权益，做到法理与情理的高度统一。

3. 调解制度

在研学旅行投诉处理的调解过程中，双方可能达成调解协议，也可能调解不成。当投诉人与被投诉人(如研学机构、旅行社等)在旅游投诉处理机构的调解下达成调解协议时，处理机构应当制作《旅游投诉调解书》。该调解书应详细载明投诉请求、查明的事实、处理过程和调解结果，并由当事人双方签字并加盖旅游投诉处理机构的印章。双方应严格按照调解协议的内容执行，确保投诉问题得到妥善解决。如果在调解过程中，双方无法达成一致意见，旅游投诉处理机构应当终止调解，并向双方当事人出具《旅游投诉终止调解书》。投诉人可以按照国家法律、法规的规定，向仲裁机构申请仲裁。这需要投诉人准备好相关证据和材料，按照仲裁机构的程序进行申请。另外，投诉人还可以选择向人民法院提起诉讼。在此过程中，建议咨询专业律师，了解自己的权利和义务，以及可能的法律后果。

4. 旅行社质量保证金划拨情形

旅行社质量保证金的划拨情形主要依据《旅游投诉处理办法》和《旅行社条例》等相关法律法规。具体来说，在以下情况下，旅游投诉处理机构应当做出划拨旅行社质量保证金进行赔偿的决定，或向旅游行政管理部门提出划拨旅行社质量保证金的建议：

①旅行社因解散、破产或其他原因造成旅游者预交旅游费用损失。在这种情况下，如果旅行社因经营不善或其他原因解散、破产，导致旅游者预交的旅游费用无法退还或遭受损失，旅游投诉处理机构可以依据相关规定，从旅行社的质量保证金中划拨相应金额用于赔偿旅游者的损失。

②因旅行社中止履行旅游合同义务、造成旅游者滞留，而实际发生了交通、食宿或返程等必要及合理费用。如果旅行社在旅游合同履行过程中突然中止服务，导致旅游者被迫滞留，并因此产生了额外的交通、食宿或返程等费用，如果这些费用属于必要且合理的开支，旅游投诉处理机构也可以从旅行社的质量保证金中划拨相应金额进行赔偿。

此外,《旅行社条例》还规定了其他可以使用旅行社质量保证金的情形,如旅行社违反旅游合同约定、侵害旅游者合法权益且经旅游行政管理部门查证属实等。但需要注意的是,这些情形的处理通常更多地依赖于旅游行政管理部门的行政监管和执法行为,而非直接通过旅游投诉处理机构进行调解和质量保证金划拨。

（二）研学旅行投诉的处理程序

根据《旅游投诉处理办法》第十七条至第二十三条的有关规定,可以将研学旅行投诉的处理程序分为立案、调查和结案三大步骤。

1. 立案

投诉需符合《旅游投诉处理办法》中规定的受理条件,如投诉人与投诉事项有直接利害关系、有明确的被投诉人、具体的投诉请求和事实依据等。对于符合受理条件的投诉,旅游投诉处理机构会作出立案决定。立案后,应填写《旅游投诉立案表》,并附有关投诉材料。在受理投诉之日起5个工作日内,旅游投诉处理机构应将《旅游投诉受理通知书》和投诉书副本送达被投诉人。对于事实清楚、应当及时制止或纠正被投诉人损害行为的,可以不填写《旅游投诉立案表》和送达《旅游投诉受理通知书》,但应对处理情况进行记录存档。

2. 调查

被投诉人应在接到通知之日起10日内作出书面答复,提出答辩的事实、理由和证据。旅游投诉处理机构对双方当事人提出的事实、理由及证据进行审查。如有必要,旅游投诉处理机构可以根据有关法律、法规的规定,自行收集或召集有关当事人进行调查。对专门性事项需要鉴定或检测的,可由当事人双方约定的鉴定或检测部门鉴定。没有约定的,当事人一方可自行向法定鉴定或检测机构申请鉴定或检测。鉴定、检测费用按双方约定承担,无约定的由申请方先行承担,达成调解协议后按协议承担。

3. 结案

研学旅行投诉处理机构在查明事实的基础上,遵循自愿、合法的原则进行调解,促使投诉人与被投诉人相互谅解,达成协议。调解达成协议的,应制作《旅游投诉调解书》,载明投诉请求、查明的事实、处理过程和调解结果,由当事人双方签字并加盖旅游投诉处理机构印章。调解不成的,终止调解,并向双方当事人出具《旅游投诉终止调解书》。调解不成的或调解书生效后未执行的,投诉人可依法向仲裁机构申请仲裁或向人民法院提起诉讼。

在特定情况下(如旅行社因解散、破产等造成旅游者预交旅游费用损失等),经调解无法达成协议的,旅游投诉处理机构可做出划拨旅行社质量保证金赔偿的决定,或向旅游行政管理部门提出划拨旅行社质量保证金的建议。

研学旅行投诉处理机构应定期公布旅游者的投诉信息,并使用统一规范的旅游投诉处理信息系统。同时,应为受理的投诉制作档案并妥善保管相关资料。

（三）研学旅行投诉处理机构的工作职责

依据《旅游投诉处理办法》第二十七条至第二十九条的有关规定,研学旅行投诉处理机构在处理研学旅行投诉时,承担着多项重要工作职责,其中包括公布投诉信息、使用统一的信息处理系统、制作投诉档案以及保管相关资料。①公布投诉信息。研学旅行投诉处理机构应定期或不定期地通过官方网站、社交媒体平台、公告栏等渠道,发布投诉案例、处理结果及统计分析等信息。对外公布投诉举报电话、电子邮箱等联系方式,方便研学旅行者和公众进行投诉和咨询。这有助于提高透明度,增强公众对研学旅行服务质量的监督意识,同时也能对旅游经营者起到警示作用,促使其改进服务质量。②使用统一的信息处理系统。为了确保投诉处理的规范性和效率性,研学旅行投诉处理机构应使用统一的信息处理系统来管理投诉信息。例如,采用先进的信息化技术手段,如大数据、云计算等,构建统一的信息处理平台。对投诉信息进行数字化处理,实现信息的自动分类、智能分析和动态更新。确保信息处理系统的安全性和稳定性,防止信息泄露和丢失。这有助于实现投诉信息的快速录入、分类、查询和统计分析,提高处理效率和质量。③制作投诉档案。对于每一起研学旅行投诉,投诉处理机构都应制作详细的投诉档案。对每一起投诉进行编号和登记,确保档案的完整性和可追溯性。将投诉书、调查取证材料、处理决定等相关文件整理归档,形成完整的投诉档案。对投诉档案进行妥善保管,防止丢失和损毁。这有助于记录投诉处理的全过程,为后续的统计分析、政策制定和法律诉讼提供依据。④保管资料。研学旅行投诉处理机构应妥善保管与投诉处理相关的所有资料。建立完善的资料保管制度,明确保管责任人、保管期限和保管方式。对重要资料进行备份和加密处理,防止信息泄露和丢失。定期对保管的资料进行检查和整理,确保资料的完整性和可用性。这些资料包括但不限于投诉书、调查取证材料、处理决定、调解协议等。保管资料是确保投诉处理工作的连续性和规范性的重要措施。

【任务实训】

把全班分成四个小组,每个小组设定不同的投诉情景,如服务质量不达标、行程变更未通知、安全问题等,要求学生根据情景进行投诉和处理。

【任务完成】

通过该任务的学习,学生能够了解研学旅行投诉及其工作机制,熟悉研学旅行投诉处理的方法和流程,从而进一步提升其在实际工作中的效率和能力。

任务三　审理研学旅行纠纷案件适用法律的规定

【任务导入】

请思考:学生在研学旅行过程中遭遇服务质量问题、安全事故或合同违约等情况,导致与研学机构产生纠纷,这些纠纷通常会涵盖哪些研学旅行中常见的法律问题和争议点?

【任务剖析】

如果要处理好研学旅行纠纷案件,首先,需要了解纠纷产生的原因和背景;其次,明确各方当事人的权利和义务;再次,熟悉适用的法律规定和司法解释;然后,确定责任归属和赔偿范围;最后,提出和实施解决方案。

一、法律适用

(一)制定依据与适用范围

1. 制定依据

2010 年 9 月 13 日由最高人民法院审判委员会第 1496 次会议通过,并于 2010 年 11 月 1 日起正式施行的《最高人民法院关于审理旅游纠纷案件适用法律若干问题的规定》旨在正确审理旅游纠纷案件,依法保护当事人的合法权益,其根据《中华人民共和国民法通则》《中华人民共和国合同法》《中华人民共和国消费者权益保护法》《中华人民共和国侵权责任法》《中华人民共和国民事诉讼法》等有关法律规定,结合民事审判实践而制定。

2. 适用范围

该规定中的多项内容均适用于研学旅行纠纷,因为研学旅行本质上是旅游活动的一种特殊形式。该规定所称的旅游纠纷,包括旅游者与旅游经营者、旅游辅助服务者之间因旅游发生的合同纠纷或者侵权纠纷。其中,第七条规定:旅游经营者、旅游辅助服务者未尽到安全保障义务,造成旅游者人身损害、财产损失,旅游者请求旅游经营者、旅游辅助服务者承担责任的,人民法院应予支持。在研学旅行中,若旅行社或景区等未尽到安全保障义务导致学生受伤,应承担相应责任。第八条规定:旅游经营者、旅游辅助服务者对可能危及旅游者人身、财产安全的旅游项目未履行告知、警示义务,造成旅游者人身损害、财产损失,旅游者请求旅游经营者、旅游辅助服务者承担责任的,人民法院应予支持。这同样适用于研学旅行中的各项活动。第十条规定:旅游经营者将旅游业务转让给其他旅游经营者,旅游者不同意转让,请求解除旅游合同、追究旅游经营者违约责任的,人民法院应予支持。在研学旅行中,若旅行社擅自转让业务,学生有权解除合同并要求赔偿。第十条规定:旅游经营者将旅游业务转让给其他旅游经营者,旅游者不同意转让,请求解除旅游合同、追究旅游经营者违约责任的,人民法院应予支持。在研学旅行中,若旅行社擅自转让业务,学生有权解除合同并要求赔偿。第十四条规定:因旅游辅助服务者的原因造成旅游者人身损害、财产损失,旅游者选择请求旅游辅助服务者承担侵权责任的,人民法院应予支持。若研学旅行中的景区、交通等辅助服务者存在过错,学生可选择向其追责。若旅游经营者对旅游辅助服务者未尽谨慎选择义务,学生还可请求旅游经营者承担相应补充责任。

(二)适用条件与涉及内容

1. 适用条件

2010 年 9 月 13 日由最高人民法院审判委员会第 1496 次会议通过,并于 2010 年 11 月 1

日起正式施行的《最高人民法院关于审理旅游纠纷案件适用法律若干问题的规定》合理界定了研学旅行纠纷案件的受案范围的适用条件：①研学旅行纠纷发生在旅游者与旅游经营者之间，以及可能涉及的旅游辅助服务者之间。②研学旅行纠纷发生在研学旅行活动过程中。③研学旅行纠纷涉及合同纠纷或侵权纠纷。在解决这些纠纷时，应首先尝试通过协商、调解等非诉讼方式解决；若无法达成和解，则可根据具体情况选择仲裁或诉讼等法律途径解决。同时，相关部门也应加强对研学旅行市场的监管和规范，确保研学旅行活动的健康有序发展。

2. 涉及内容

研学旅行纠纷案件涉及的主要内容包括合理界定研学旅行纠纷案件的受案范围；明确学生、家长在旅游合同中的诉权；全方位维护消费者的合法权益；合理界定侵权者或违约者的责任。

（三）个人诉权与诉讼地位

1. 集体旅游合同中的个人诉权

《最高人民法院关于审理旅游纠纷案件适用法律若干问题的规定》第二条规定：以单位、家庭等集体形式与旅游经营者订立旅游合同，在履行过程中发生纠纷，除集体以合同一方当事人名义起诉外，旅游者个人提起旅游合同纠纷诉讼的，人民法院应予受理。该规定为旅游者个人诉权提供了明确的法律支持，确保旅游者在发生纠纷时能够依法维权。人民法院在受理旅游者个人提起的旅游合同纠纷诉讼后，将依法进行审理并作出判决，保障旅游者的合法权益得到实现。研学旅行合同通常涉及多个学生和他们的家长，以及学校和教育培训机构作为主办方与承办方（多为旅行社或个人）之间的合同关系。这种合同形式更接近于集体合同的性质，因为它涉及一组人（学生和家长）与承办方之间的权利和义务关系。在研学旅行集体旅游合同中，个人诉权指的是以单位、家庭等集体形式与旅游经营者（如研学旅行组织方）订立旅游合同后，在合同履行过程中发生纠纷时，任何一位旅游者均可以自己的名义向人民法院提起诉讼的权利。

2. 保险公司的诉讼地位

《最高人民法院关于审理旅游纠纷案件适用法律若干问题的规定》第五条明确指出：旅游经营者已投保责任险，旅游者因保险责任事故仅起诉旅游经营者的，人民法院可以应当事人的请求将保险公司列为第三人。这一条款为保险公司在旅游纠纷案件中的诉讼地位提供了明确的法律依据。当旅游者因保险责任事故起诉旅游经营者时，如果旅游者或旅游经营者请求将保险公司列为第三人，法院通常会予以支持。这是因为保险公司的赔偿责任与旅游纠纷的处理结果具有法律上的利害关系。作为第三人，保险公司在诉讼中主要就旅游经营者是否应承担赔偿责任以及保险责任是否成立等问题发表意见，并参与相关证据的质证和辩论。保险公司作为第三人参与诉讼，享有与案件处理结果相关的诉讼权利，如提出抗辩、举证质证等。同时，保险公司也应承担相应的诉讼义务，如按时参加庭审、遵守法庭纪律等。

在研学旅行中涉及旅游纠纷并与保险公司相关时,保险公司的诉讼地位可能以第三人的形式出现。这有助于法院全面审查案件事实、准确适用法律并作出公正的裁判。同时,这也有利于保障旅游者的合法权益,促进旅游市场的健康发展。

二、旅游者权益保护

(一)明确旅游经营者和旅游辅助服务者的义务

1. 安全保障

《最高人民法院关于审理旅游纠纷案件适用法律若干问题的规定》第七条规定:旅游经营者、旅游辅助服务者未尽到安全保障义务,造成旅游者人身损害、财产损失,旅游者请求旅游经营者、旅游辅助服务者承担责任的,人民法院应予支持。因此,在研学旅行中,如果因为旅行社或相关机构未尽到安全保障义务而导致学生受伤或财产损失,旅行社或相关机构应当承担相应的责任。根据该规定的第八条,如果旅游者未按旅游经营者、旅游辅助服务者的要求提供与旅游活动相关的个人健康信息,且未履行如实告知义务,或者不听从旅游经营者、旅游辅助服务者的告知、警示,参加不适合自身条件的旅游活动,导致旅游过程中出现人身损害、财产损失,旅游者请求旅游经营者、旅游辅助服务者承担责任的,人民法院不予支持。因此,在研学旅行中,学生也应当对自己的安全负责,遵守相关规定和警示。

2. 告知、警示

《最高人民法院关于审理旅游纠纷案件适用法律若干问题的规定》中关于研学旅行中的告知和警示义务,主要体现在第八条的相关规定中。这一条款明确规定:旅游经营者、旅游辅助服务者(在研学旅行的情境下,可能包括研学旅行组织方、导游、教育机构等)对可能危及旅游者(包括参与研学旅行的学生及家长)人身、财产安全的旅游项目未履行告知、警示义务,造成旅游者人身损害、财产损失时,旅游者请求旅游经营者、旅游辅助服务者承担责任的,人民法院应予支持。

在研学旅行过程中,组织方和相关服务人员有义务对可能存在的安全隐患进行充分的评估和预测,并通过合适的方式(如口头告知、书面提示、设置警示标志等)向参与者明确告知,以确保他们的安全和财产不受损害。这些告知和警示内容应当包括但不限于:研学旅行的行程安排、注意事项及安全须知;目的地和途经地的安全状况、气候条件、特殊风俗等信息;涉及交通、游览、住宿、餐饮、娱乐等各个环节的具体安全要求和注意事项;研学项目本身可能存在的风险点及预防措施;紧急情况下的自救互救知识和联系方式等。

如果研学旅行组织方或相关服务人员未能履行上述告知和警示义务,导致参与者在旅行过程中遭受人身损害或财产损失,那么他们可能要依法承担相应的法律责任。此外,该规定还强调了旅游经营者、旅游辅助服务者的安全保障义务。如果因未尽到安全保障义务而造成旅游者人身损害、财产损失,那么旅游者同样有权请求其承担责任。

因此,对于研学旅行的组织方和相关服务人员来说,严格遵守《最高人民法院关于审理旅游纠纷案件适用法律若干问题的规定》中关于告知和警示义务的规定,加强安全管理,确保参与者的安全和权益,是至关重要的。

3. 保守秘密

《最高人民法院关于审理旅游纠纷案件适用法律若干问题的规定》第九条规定:旅游经营者、旅游辅助服务者泄露旅游者个人信息或者未经旅游者同意公开其个人信息,旅游者请求其承担相应责任的,人民法院应予支持。这一条款在研学旅行中也同样适用。研学旅行组织方及参与提供服务的各方应严格遵守保密义务,不得泄露学生的个人信息,包括姓名、年龄、联系方式、家庭住址等敏感信息。若因泄露个人信息给学生造成损害,相关责任方则需承担相应的法律责任。

(二)保护旅游者合法权益的主要内容

1. 请求权竞合

《最高人民法院关于审理旅游纠纷案件适用法律若干问题的规定》第三条规定:因旅游经营者方面的同一原因造成旅游者人身损害、财产损失,旅游者选择要求旅游经营者承担违约责任或者侵权责任的,人民法院应当根据当事人选择的案由进行审理。这种情形即为典型的请求权竞合。例如,在研学旅行中,若因旅游经营者的不当行为导致学生受伤,学生或其家长既可以选择基于旅游合同追究旅游经营者的违约责任,也可以选择基于侵权行为追究其侵权责任。

2. 霸王条款认定

《最高人民法院关于审理旅游纠纷案件适用法律若干问题的规定》第六条规定:旅游经营者以格式合同、通知、声明、告示等方式作出对旅游者不公平、不合理的规定,或者减轻、免除其损害旅游者合法权益的责任,旅游者请求依据消费者权益保护法第二十四条的规定认定该内容无效的,人民法院应予支持。

在研学旅行的实践中,这一规定对于保护研学参与者的合法权益具有重要意义。它要求研学旅行组织方在提供研学服务时,必须尊重研学参与者的知情权、选择权、公平交易权等消费者权益,确保研学活动的合法性、安全性和有效性。同时,也为研学参与者在遇到不公平、不合理待遇时提供了法律救济途径。

3. 合同转让

《最高人民法院关于审理旅游纠纷案件适用法律若干问题的规定》第十条规定:旅游经营者将旅游业务转让给其他旅游经营者,旅游者不同意转让,请求解除旅游合同、追究旅游经营者违约责任的,人民法院应予支持。旅游经营者擅自将其旅游业务转让给其他旅游经营者,旅游者在旅游过程中遭受损害,请求与其签订旅游合同的旅游经营者和实际提供旅游服务的旅游经营者承担连带责任的,人民法院应予支持。该规定在研学旅行的背景下同样具有适用性和重要性。它要求旅游经营者在转让业务时必须尊重旅游者的意愿和权益,确保研学旅行的顺利进行和旅游者合法权益的保护。

4. 转让合同的效力

《最高人民法院关于审理旅游纠纷案件适用法律若干问题的规定》第十一条规定:除合

同性质不宜转让或者合同另有约定之外,在旅游行程开始前的合理期间内,旅游者将其在旅游合同中的权利义务转让给第三人,请求确认转让合同效力的,人民法院应予支持。因前款所述原因,旅游经营者请求旅游者、第三人给付增加的费用或者旅游者请求旅游经营者退还减少的费用的,人民法院应予支持。研学旅行作为一种特殊的旅游活动,其合同转让的效力同样受到该规定的规范。在选择研学旅行项目时,家长和学生应当谨慎选择,确保自己的权益得到充分保障。

5. 单方解除合同

《最高人民法院关于审理旅游纠纷案件适用法律若干问题的规定》第十二条规定:旅游行程开始前或者进行中,因旅游者单方解除合同,旅游者请求旅游经营者退还尚未实际发生的费用,或者旅游经营者请求旅游者支付合理费用的,人民法院应予支持。这一条款明确了旅游者在因自身原因(如身体不适、行程变化等)需要单方解除合同时的权益和责任分配。对于研学旅行项目,这一规定同样适用。在研学旅行中,如果学生或家长因故需要取消行程,应尽早通知旅行社,以便旅行社能够及时调整预定安排并减少损失。同时,旅行社应当退还尚未实际发生的费用给旅游者。

6. 公共交通工具延误

《最高人民法院关于审理旅游纠纷案件适用法律若干问题的规定》第十八条规定:因飞机、火车、班轮、城际客运班车等公共客运交通工具延误,导致合同不能按照约定履行,旅游者请求旅游经营者退还未实际发生的费用的,人民法院应予支持。但需要注意的是,如果合同中有特别约定,应依据合同约定处理。在研学旅行中,如果发生公共交通工具延误或其他纠纷,旅游者可以依据该规定的相关条款维护自己的合法权益。同时,旅行社等旅游经营者也应严格遵守法律法规,提供优质的旅游服务,确保旅游者的安全和权益不受损害。

7. 证照纠纷

《最高人民法院关于审理旅游纠纷案件适用法律若干问题的规定》第二十四条规定:旅游经营者因过错致其代办的手续、证件存在瑕疵,或者未尽妥善保管义务而遗失、毁损,旅游者请求旅游经营者补办或者协助补办相关手续、证件并承担相应费用的,人民法院应予支持。同时,因上述行为影响旅游行程,旅游者请求旅游经营者退还尚未发生的费用、赔偿损失的,人民法院应予支持。这一规定旨在保护旅游者的合法权益,确保旅游经营者在提供代办服务时能够尽到相应的注意和保管义务,避免因手续、证件等问题给旅游者带来不必要的困扰和损失。

8. 违约赔偿

《最高人民法院关于审理旅游纠纷案件适用法律若干问题的规定》中的第十七条指出,旅游经营者违反合同约定,有擅自改变旅游行程、遗漏旅游景点、减少旅游服务项目、降低旅游服务标准等行为,旅游者请求旅游经营者赔偿未完成约定旅游服务项目等合理费用的,人民法院应予支持。旅游经营者提供服务时有欺诈行为,旅游者请求旅游经营者双倍赔偿其遭受的损失的,人民法院应予支持。该规定为研学旅行中的合同违约情况提供了明确的法律依据和解决方案。旅游者(学生及其家长)在参加研学旅行时应当注意保护自己的权益,一旦发现旅游经营者(研学机构或旅行社)违反合同约定,应当及时采取措施维护自己的合法权益。

9. 欺诈赔偿

《最高人民法院关于审理旅游纠纷案件适用法律若干问题的规定》第十七条第二项规定:旅游经营者提供服务时有欺诈行为,旅游者请求旅游经营者双倍赔偿其遭受的损失的,人民法院应予支持。这一条款明确了旅游经营者在实施欺诈行为时的赔偿责任,为旅游者提供了法律保障。

10. 购物收费

《最高人民法院关于审理旅游纠纷案件适用法律若干问题的规定》第二十三条规定了旅游者要求旅游经营者返还特定费用的情形。根据该规定,人民法院应予支持旅游者要求旅游经营者返还以下费用:因拒绝旅游经营者安排的购物活动或者另行付费的项目被增收的费用;在同一旅游行程中,旅游经营者提供相同服务,因旅游者的年龄、职业等差异而增收的费用。

三、旅游经营者权益保护

(一)旅游经营者的责任界定

《最高人民法院关于审理旅游纠纷案件适用法律若干问题的规定》中关于旅游经营者的连带责任,主要涉及以下几个方面。

①旅游经营者与旅游辅助服务者的连带责任。根据规定,如果因旅游辅助服务者(如交通、游览、住宿、餐饮、娱乐等服务的提供者)的原因导致旅游经营者违约,旅游者仅起诉旅游经营者的,人民法院可以将旅游辅助服务者追加为第三人。这表明,在研学旅行中,如果旅游辅助服务者出现问题导致旅游者受损,旅游经营者可能需要与旅游辅助服务者承担连带责任。

②旅游经营者擅自转让业务的连带责任。旅游经营者擅自将其旅游业务转让给其他旅游经营者,旅游者在旅游过程中遭受损害,请求与其签订旅游合同的旅游经营者和实际提供旅游服务的旅游经营者承担连带责任的,人民法院应予支持。这意味着,在研学旅行中,如果旅游经营者未经旅游者同意擅自将业务转让,导致旅游者受损,原旅游经营者和实际提供服务的旅游经营者需承担连带责任。

③挂靠经营的连带责任。旅游经营者准许他人挂靠其名下从事旅游业务,造成旅游者人身损害、财产损失,旅游者请求旅游经营者与挂靠人承担连带责任的,人民法院应予支持。在研学旅行中,如果存在挂靠经营且导致旅游者受损的情况,挂靠人和被挂靠的旅游经营者则需承担连带责任。

④旅游经营者对旅游辅助服务者的谨慎选择义务。旅游经营者对旅游辅助服务者未尽谨慎选择义务,导致旅游者人身损害、财产损失的,旅游者可以请求旅游经营者承担相应补充责任。这表明,旅游经营者在选择旅游辅助服务者时需要尽到谨慎义务,否则在研学旅行

中因辅助服务者问题导致旅游者受损时,旅游经营者需承担补充责任。

⑤安全保障义务的连带责任。旅游经营者、旅游辅助服务者未尽到安全保障义务,造成旅游者人身损害、财产损失的,需承担责任。如果因第三人的行为造成损害,但旅游经营者、旅游辅助服务者未尽到安全保障义务,则需承担相应补充责任。在研学旅行中,这一规定同样适用,旅游经营者和旅游辅助服务者需确保提供安全的环境和服务。

(二)保护旅游经营者合法权益的主要内容

《最高人民法院关于审理旅游纠纷案件适用法律若干问题的规定》中的一些规定在广义上也适用于研学旅行,并间接地保护了旅游经营者的合法权益。

1. 旅游合同的订立与履行

旅游者与旅游经营者之间应基于平等、自愿的原则订立旅游合同。旅游经营者应明确合同内容,包括旅游行程、服务标准、费用等,确保合同的真实性和合法性。

旅游经营者应按照合同约定提供旅游服务,如因旅游经营者方面的原因导致旅游合同无法履行或履行不符合约定,旅游者有权要求旅游经营者承担相应的违约责任。

2. 旅游经营者的安全保障义务

旅游经营者应确保旅游服务过程中的安全,对可能危及旅游者人身、财产安全的旅游项目应履行告知、警示义务。如果旅游经营者未尽到安全保障义务,导致旅游者人身损害、财产损失,旅游者有权要求旅游经营者承担相应的责任。

但如果旅游者未按旅游经营者、旅游辅助服务者的要求提供与旅游活动相关的个人健康信息并履行如实告知义务,或者不听从旅游经营者、旅游辅助服务者的告知、警示,参加不适合自身条件的旅游活动,导致旅游过程中出现人身损害、财产损失,旅游者请求旅游经营者、旅游辅助服务者承担责任的,人民法院不予支持。

3. 旅游经营者的责任限制

因不可抗力等不可归责于旅游经营者、旅游辅助服务者的客观原因导致旅游合同无法履行或变更旅游行程的,旅游经营者可以请求旅游者分担因此增加的费用或退还因此减少的费用。这在一定程度上限制了旅游经营者的责任范围。

4. 旅游经营者的追偿权

因旅游辅助服务者的原因导致旅游经营者违约的,旅游经营者承担相应责任后,有权向旅游辅助服务者追偿。这确保了旅游经营者在对外承担责任后,可以向有过错的第三方追偿,从而保护其合法权益。

5. 旅游经营者的合同转让与委托

旅游经营者将旅游业务转让给其他旅游经营者或委托其他旅游经营者提供部分旅游服务的,应确保受让方或受托方具备相应的资质和条件。如因受让方或受托方的原因导致旅游者受损的,旅游经营者应承担相应的责任。但旅游经营者可以在承担责任后向有过错的受让方或受托方追偿。

6.旅游经营者的保险责任

旅游经营者已投保责任险的,如因保险责任事故导致旅游者受损的,旅游者可以请求保险公司承担相应的赔偿责任。这在一定程度上减轻了旅游经营者的经济负担。

【任务实训】

把全班分成四个小组,每组负责撰写不同类型的法律文书,如起诉状、答辩状、代理词等。设置模拟法庭场景,学生们分别扮演法官、原告、被告、律师等角色。

【任务完成】

通过该任务的学习,学生能够熟悉并掌握关于研学旅行纠纷的法律条款,特别是涉及旅游经营者、旅游辅助服务者、安全保障义务、责任承担等方面的规定。

思考与练习

1.什么是研学旅行纠纷? 其具有哪些特征?

2.请简述研学旅行纠纷的解决途径。

3.请简述研学旅行投诉管辖的四种类型。

4.请分析管辖权的转移与移送管辖权的区别。

5.请分析研学旅行投诉受理的范围。

6.请简述研学旅行投诉受理的构成要件。

7.请简述研学旅行投诉的处理程序。

8.请分析保护旅游者合法权益的主要内容。

参考文献

图书:

[1] 程冰,钟泓.研学旅行培训指南[M].重庆:重庆大学出版社,2023.

[2] 邓建华,蒋先福.教育法学基础[M].长沙:湖南师范大学出版社,2001.

[3] 法律出版社法规中心.中华人民共和国文化和旅游法律法规全书(含相关政策)[M].北京:法律出版社,2023.

[4] 龚鹏.旅游学概论[M].北京:北京理工大学出版社,2016.

[5] 国家工商行政管理局培训中心.现代法学基础教程[M].北京:中国统计出版社,2000.

[6] 胡光明.研学旅行实务运营(微课版)[M].北京:人民邮电出版社,2022.

[7] 金向洁.旅游法规常识[M].广州:广东旅游出版社,2009.

[8] 高君智.教育法学[M].兰州:甘肃人民出版社,2011.

[9] 李岑虎.研学旅行案例选评[M].北京:旅游教育出版社,2021.

[10] 李罡,谢志东,高益民.教育法学基础[M].北京:民族出版社,2001.

[11] 李海峰.旅游政策与法规[M].北京:清华大学出版社,2020.

[12] 李建刚,谷音,王军.研学导师实务[M].武汉:华中科技大学出版社,2022.

[13] 李捷.消费者行为学[M].北京:北京理工大学出版社,2020.

[14] 梅继开,曹金平.研学旅行导师实务[M].武汉:华中科技大学出版社,2021.

[15] 潘淑兰,王晓倩.研学旅行概论[M].武汉:华中科技大学出版社,2022.

[16] 舒伯阳.旅游政策与法规[M].武汉:华中师范大学出版社,2006.

[17] 孙月飞,朱嘉奇,杨卫晶.解码研学旅行[M].长沙:湖南教育出版社,2019.

[18] 谭细龙.教育法学[M].武汉:武汉理工大学出版社,2001.

[19] 王德山,米新丽,刘胜江.合同法学[M].2版.北京:对外经济贸易大学出版社,2022.

[20] 魏巴德,邓青.研学旅行实操手册[M].北京:教育科学出版社,2020.

[21] 许昌斌,李玺.研学旅行项目开发与运营[M].武汉:华中科技大学出版社,2022.

[22] 薛兵旺,杨崇君,官振强.研学旅行实用教程[M].武汉:华中科技大学出版社,2020.

[23] 薛兵旺,杨崇君.研学旅行概论[M].2版.北京:旅游教育出版社,2021.

[24] 叶芸.教育法学[M].北京:北京师范大学出版社,2015.

[25] 张维平,石连海.教育法学[M].北京:人民教育出版社,2008.

法律：

[1] 全国人民代表大会常务委员会.中华人民共和国民法典[Z].2020-05-28.

[2] 中华人民共和国第九届全国人民代表大会.中华人民共和国合同法[Z].1999-03-15.

[3] 中华人民共和国第十三届全国人民代表大会.中华人民共和国教育法[Z].2021-04-29.

[4] 中华人民共和国第十三届全国人民代表大会.中华人民共和国未成年人保护法[Z].
2020-10-17.

[5] 中华人民共和国第十三届全国人民代表大会.中华人民共和国义务教育法[Z].2018-
12-29.

[6] 中华人民共和国全国人民代表大会常务委员会.中华人民共和国旅游法[Z].2013-
04-25.

学位论文：

[1] 陈超彦.新冠疫情对旅行社包价旅游合同履行的影响及对策研究[D].广东:广东财经
大学,2023.

[2] 黄倩.旅游目的地脆弱性对旅游突发事件的影响机制[D].泉州:华侨大学,2020.

[3] 李斌.论双方违约规则的司法适用[D].昆明:云南财经大学,2023.

[4] 邹越.履行不能情形下的合同终止研究[D].南昌:南昌大学,2024.

[5] 李虹.日本中小学修学旅行的实践经验及其对中国的启示[D].武汉:华中科技大
学,2019.

[6] 李雅娟.服务合同任意解除权的适用与法律效果[D].北京:北京外国语大学,2023.

[7] 倪佳欣.预期违约责任制度研究[D].上海:华东政法大学,2008.

[8] 吴泊涯.《民法典》侵权责任不可抗力规则适用问题研究[D].南昌:南昌大学,2023.

期刊：

[1] 蔡睿.民法典恢复"可变更合同"规则之必要性——围绕"重大误解"与"显失公平"案件
的实证分析[J].北方法学,2020,14(1):146-160.

[2] 陈成建,郭翔峰.非金钱债务继续履行责任的司法适用[J].法律适用(司法案例),2018
(10):68-74.

[3] 陈立武.不妨学学日本的"修学旅行"[J].教书育人,2018(8):41-42.

[4] 陈运来.农业保险法基本原则的体系构造及逻辑展开[J].政治与法律,2024(9):35-50.

[5] 崔建远.论强制履行[J].法治研究,2023(4):3-17.

[6] 邓叶芬.合同解除与合同终止之辨析——兼评我国"大"合同解除观[J].朝阳法律评
论,2011(2):129-139.

[7] 范爽.违约责任"过错相抵规则"的"过错"认定与区分适用[J].天津法学,2022,38(3):
29-40.

[8] 龚蒙蒙.论可撤销合同[J].法制与社会,2016(16):262-263.

[9] 韩硕.以"法律效果"为标准对合同变更进行分类——兼浅谈合同变更规范的完善[J].

法制博览,2022(25):133-135.

[10] 姜怡合,周维国,贾梦婷,等.基于交通运输的跨学科研学旅行活动设计——以山东省日照港为例[J].地理教学,2023(8):61-64.

[11] 姜英敏,闫旭.研学旅行制度建设的国际经验[J].人民教育,2019(24):24-27.

[12] 李树学.正确理解和适用校方责任险[J].山西教育(管理),2018(8):13-15.

[13] 李挺.论管辖权转移制度及其完善[J].重庆三峡学院学报,2009,25(1):138-142.

[14] 李文成.什么是无效合同?[J].经营者,2002(6):66.

[15] 李文英,金怡璇.日本中小学修学旅行:嬗变、路径与启示[J].比较教育学报,2020(1):75-85.

[16] 李晓燕.学生的权利和义务论纲[J].河北师范大学学报(教育科学版),2009,11(10):94-99.

[17] 梁希理.研学旅行:要考虑长久发展,稳步推进——访中国教育科学院学者高峡[J].教育家,2017(9):61-62.

[18] 林婷婷.《民法典》视域下金钱债务合同僵局的化解[J].经贸法律评论,2024(2):55-73.

[19] 刘贵祥.关于合同成立的几个问题[J].法律适用,2022(4):3-17.

[20] 罗昆.当事人约定合同成立时间的限制[J].法律适用,2023(5):32-42.

[21] 孟强.合同格式条款效力的法律控制——以《民法典》合同编及其司法解释为中心[J].广东社会科学,2024(1):243-260.

[22] 苏秀武,杨永才,钱雯君.违约责任中可得利益损失的确定[J].人民司法,2023(26):63-64.

[23] 孙雷蕾,王国军.旅游保险:发展潜力、市场需求与制度设计[J].暨南学报(哲学社会科学版),2021,43(12):107-119.

[24] 谈乔雪.浅析合同的成立与生效[J].法制博览,2018(17):232.

[25] 谭佐财.论公法责任承担对合同无效的阻却[J].法学,2024(8):132-145.

[26] 汤苏莉.合同变更的法律效力认定问题[J].中国民营科技与经济,2001(1):53.

[27] 唐钧,龚琬岚.综合应急救援负面舆情治理的八大原则[J].中国减灾,2019(23):39-43.

[28] 王国辉,杨红.日本中小学修学旅行制度体系建设研究[J].比较教育研究,2021(6):44-50.

[29] 王霞,何云峰,高志强.研学实践活动的国际向度及本土镜鉴[J].煤炭高等教育,2021,39(3):71-77.

[30] 王伟.合同履行不能的法律后果[J].法制博览,2015(19):253.

[31] 文志林,朱文欣.以对方未履行从合同义务主张行使同时履行抗辩权的法律认定[J].公民与法(审判版),2024(5):56-60.

[32] 谢鸿飞.定金责任的惩罚性及其合理控制[J].法学,2023,496(3):83-98.

[33] 徐清宇,高小刚,姚栋材.疫情影响下旅游合同的解除及处理[J].人民司法,2021(35):

49-52.

[34] 杨漪旎.旅游服务合同转让研究[J].西部旅游,2023(20):84-87.

[35] 曾彬,蔡琳.合同法律的约束力与效力作用分析[J].法制博览,2024(23):105-107.

[36] 张哲宇,孙胤雯,孙倩文.网络安全保险如何量化评估风险[J].保密工作,2024(1):
51-53.

[37] 周洪波,柴焰,张杨.我国省级研学旅行政策的时间演进和空间差异研究[J].生产力研
究,2024(6):6-14.

[38] 邹燕舞.法国夏令营的特色[J].教学与管理,2015(24):121-124.

[39] 邹永广.意识与应景:中国旅游安全政策演进特征研究[J].旅游学刊,2018,33(6):
110-122.

报纸:

[1] 陈婷婷,李秀梅.蹭"6·18"热度保险花式线上营销[N].北京商报,2023-06-19(7).

[2] 莫小雪.规范突发事件应对增强应急救援水平[N].人民法院报,2024-06-27(4).

[3] 斯琴塔娜.我市24家旅行社全部投保旅行责任险[N].通辽日报,2010-05-13(5).

[4] 朱宁宁.我国首部旅游法十年回看[N].法治日报,2023-05-09(5).

电子资源:

[1] 华高莱斯.文旅瞭望:研学旅行——诗与远方的相聚[EB/OL].(2019-08-01)[2024-08-
23].

[2] 山林田野.日本修学旅行发展模式与经验探究[EB/OL].(2020-11-25)[2024-08-23].

[3] 中国政府网.中共中央 国务院关于弘扬教育家精神 加强新时代高素质专业化教师队伍
建设的意见[EB/OL].(2024-08-06)[2024-08-29].

[4] 中国政府网.作为消费者您享有哪些权利?[EB/OL].(2009-03-03)[2024-08-25].